Die Rechtsangleichung gemäß Art. 100 des EWG-Vertrages

Von

Dr. Christoph Eiden

DUNCKER & HUMBLOT / BERLIN

CIP-Kurztitelaufnahme der Deutschen Bibliothek

Eiden, Christoph:
Die Rechtsangleichung gemäss Art. 100 des EWG-Vertrages / von Christoph Eiden. — Berlin: Duncker und Humblot, 1984.
(Schriften zum Internationalen Recht; Bd. 31)
ISBN 3-428-05575-6
NE: GT

D 6

Gedruckt 1984 bei Buchdruckerei A. Sayffaerth - E. L. Krohn, Berlin 61
Printed in Germany

ISBN 3-428-05575-6

Vorwort

Die vorliegende Arbeit hat im Sommersemester 1983 dem Fachbereich Rechtswissenschaft der Westfälischen Wilhelms-Universität zu Münster als Dissertation vorgelegen. Das Manuskript wurde Ende März 1983 abgeschlossen. Später erscheinende Literatur wurde, soweit möglich, noch berücksichtigt.

An dieser Stelle gilt mein herzlicher Dank Herrn Professor Dr. Dr. Albert Bleckmann für die Anregung zu dieser Arbeit und ihre Betreuung sowie Herrn Professor Dr. Dirk Ehlers.

Viele Personen haben das Entstehen der Abhandlung mit reger Kritik und vielen Hilfen begleitet. Ihnen allen, insbesondere aber Frau Dr. Christel Offermann-Clas, Luxemburg/Trier, und Herrn Dr. Hans Claudius Taschner von der Kommission der Europäischen Gemeinschaften möchte ich dafür Dank sagen.

Die Fertigstellung der Dissertation wurde durch ein Stipendium der EG-Kommission und ein Robert-Schumann-Stipendium des Europäischen Parlaments, die Drucklegung durch einen Zuschuß der EG-Kommission gefördert. Auch dafür schulde ich Dank.

Herrn Ministerialrat a. D., Senator e. h., Professor Dr. J. Broermann danke ich für die Aufnahme der Arbeit in sein Verlagsprogramm.

Ich widme sie meinen Eltern sowie dem Andenken meines Paten.

Münster, im Dezember 1983

Christoph Eiden

Inhaltsverzeichnis

B. Grenzen der Rechtsangleichung

Abkürzungsverzeichnis

ABL	=	Amtsblatt
AWD	=	Außenwirtschaftsdienst des Betriebs-Beraters (Recht der internationalen Wirtschaft)
Cah.Dr.Eur.	=	Cahiers de Droit Européen
CMLR	=	Common Market Law Review
DOK. EP	=	Sitzungsdokument des Europäischen Parlaments
DVBl	=	Deutsches Verwaltungsblatt
EA	=	Europa-Archiv
EGKS	=	Europäische Gemeinschaft für Kohle und Stahl
ELR	=	European Law Review
EP	=	Europäisches Parlament
EuR	=	Europarecht
EWGV	=	Vertrag zur Gründung der Europäischen Wirtschaftsgemeinschaft
FS	=	Festschrift
G-B-Th	=	v. d. Groeben / v. Boeckh / Thiesing / Ehlermann
GRUR Int.	=	Gewerblicher Rechtsschutz und Urheberrecht / Auslands- und internationaler Teil
GS	=	Gedächtnisschrift
GYIL	=	German Yearbook of International Law
ICLQ	=	The International and Comparative Law Quarterly
JÖR NF	=	Jahrbuch des öffentlichen Rechts der Gegenwart — Neue Folge
KSE	=	Kölner Schriften zum Europarecht
LB	=	Lehrbuch
MglW	=	Maßnahmen gleicher Wirkung
NJW	=	Neue Juristische Wochenschrift
OEEC	=	Organisation for European Economic Cooperation (Organisation für europäische wirtschaftliche Zusammenarbeit)
PE	=	Parlément Européen
RL	=	Richtlinie
RMC	=	Revue du Marché Commun
RS	=	Rechtssache
RTDE	=	Revue trimestrielle du droit européen
RTW	=	Recht-Technik-Wirtschaft
SEW	=	Social-economische wetgeving
Slg.	=	Sammlung
VVDStRL	=	Veröffentlichungen der Vereinigung Deutscher Staatsrechtslehrer
WbVR	=	Wörterbuch des Völkerrechts
WEU	=	Westeuropäische Union

WRP	=	Wettbewerb in Recht und Praxis
ZaöRV	=	Zeitschrift für ausländisches öffentliches Recht und Völkerrecht
ZfRV	=	Zeitschrift für Rechtsvergleichung
ZfU	=	Zeitschrift für Umweltpolitik
ZfZ	=	Zeitschrift für Zollrecht
ZHR	=	Zeitschrift für das gesamte Handelsrecht und Wirtschaftsrecht
ZRP	=	Zeitschrift für Rechtspolitik
ZVP	=	Zeitschrift für Verbraucherpolitik

Einleitung

Artikel 100 des Vertrages zur Gründung der Europäischen Wirtschaftsgemeinschaft (EWGV)[1] ermächtigt den Ministerrat zum Erlaß von Richtlinien mit dem Ziel der Angleichung nationaler Rechts- und Verwaltungsvorschriften, wenn ihre Unterschiedlichkeit sich unmittelbar auf die Errichtung oder das Funktionieren des Gemeinsamen Marktes auswirkt.

Eine nähere Beschreibung des Aufgabenbereiches enthält der EWGV nicht. Die Vorschrift macht aber deutlich, daß die Vertragsparteien den Abbau von Zöllen und die Errichtung des gemeinsamen Zollkaufs allein nicht für ausreichend halten, um einen gemeinsamen Markt zu schaffen[2], der durch binnenmarktähnliche Verhältnisse gekennzeichnet ist[3]. Dazu bedarf es unter anderem auch der Angleichung von Rechtsbestimmungen. Ebenso macht Art. 100 deutlich, daß die Rechtsangleichung nicht eines der wesentlichen Ziele der Wirtschaftsgemeinschaft ist, die sich ja an die Verwirklichung des alten Traumes eines einheitlichen Rechts gemacht haben könnte[4]. Die Rechtsangleichung hat vielmehr einen instrumentalen Charakter. Sie dient der Verwirklichung des Gemeinsamen Marktes[5]. Andererseits muß in Betracht gezogen werden, daß durch die Bestimmungen des EWG-Vertrages die Angleichung unterschiedlicher nationaler Rechtsvorschriften ersmals nicht mehr allein „dem freien Spiel der Kräfe", d. h. dem Willen der Staaten überlassen wurde. Seit 1957 bemühen sich die Organe der Gemeinschaft, insbesondere die Kommission, intensiv um die Rechtsangleichung. Die Chance liegt darin, daß in der Konzentrierung auf bestimmte Bereiche der Abbau von Rechtsunterschieden eher erreicht werden kann[6].

Eine über diese allgemeinen Bemerkungen hinausgehende Klärung der Funktion und der Grenzen der Rechtsangleichung müßte sich durch eine Analyse des Art. 100 erlangen lassen. Sie erscheint auch deswegen

---

[1] Alle im folgenden genannten und nicht besonders bezeichneten Rechtsvorschriften sind Artikel dieses Vertrages.

[2] *Schwartz*, Rechtsangleichung, FS Hallstein, S. 474 (475).

[3] *Hallstein*, RabelsZ 28 (1964), S. 211 (214).

[4] *Cicero*, De re publica, 3. Buch, Abschnitt 22 (33), S. 280/281.

[5] *Everling*, Möglichkeit und Grenzen der Rechtsangleichung, FS Reimer Schmidt, S. 165 (166).

[6] *Hallstein*, RabelsZ 28 (1964), S. 211 (214); *Ipsen*, LB, S. 687; *Taschner*, Rechtsangleichung in der Bewährung? S. 765 (766).

erforderlich, weil die Rechtsangleichung immer ein wesentliches Tätigkeitsfeld der Gemeinschaft gewesen ist. Vielfach hat man geglaubt, daß durch sie die Integration trotz der Stagnation auf anderen Gebieten vorangetrieben werden könnte. Die Gesamtzahl von insgesamt 394 Richtlinien[7], die bis zum 1. November 1982 erlassen wurden und für die Art. 100 allein oder zusammen mit anderen Artikeln Ermächtigungsgrundlage war, scheinen diesen Eindruck zu bestätigen. Dabei muß jedoch berücksichtigt werden, daß die Rechtsangleichung sich hauptsächlich auf die Bereiche „Beseitigung technischer Handelshemmnisse", Landwirtschaftsrecht und Steuerrecht konzentriert[8]. Mittlerweile hat die Stagnation allerdings auch die Vorhaben zur Harmonisierung von Rechtsvorschriften erreicht[9].

Angesichts dieser Sachlage, die in einem Zusammenhang mit der lauter werdenden Kritik an der zu extensiven Auslegung des EWG-Vertrages steht, sollen im folgenden Funktion und Grenzen der Rechtsangleichung nach Art. 100 erneut erörtert werden in der Hoffnung, einen Beitrag zur Klärung des Anwendungsbereiches dieser Vorschrift zu leisten.

---

[7] 142 Richtlinien ergänzen, vervollständigen oder ändern lediglich andere Richtlinien. 3 Richtlinien dienen der Verwirklichung anderer Richtlinien, 4 betreffen den Beitritt neuer Mitglieder zur EG und 11 legen Sonderregelungen für einzelne Länder fest. „Originäre" Rechtsangleichung wird somit nur von 234 Richtlinien verwirklicht. Quelle für diese Auflistung ist der Computer der Kommission der EG.

[8] Von den 234 „Hauptrichtlinien" befassen sich
135 mit der Beseitigung technischer Handelshemmnisse,
46 mit der Angleichung des Agrarrechts und
13 mit der Angleichung des Steuerrechts.

Bei der Aufzählung der Aktivitäten der EG beispielsweise im Bereich des Umweltschutzes und des Verbraucherschutzes finden sich Richtlinien, die auch unter dem Punkt technische Handelshemmnisse und Landwirtschaft genannt sind. Siehe dazu die Erörterungen unter C. Siehe auch *Taschner*, Rechtsangleichung in der Bewährung? S. 765 (768 f.).

[9] Nach einer internen Aufstellung der Kommission lagen dem Rat am 1. 9. 1982 101 Richtlinienvorschläge vor. Dabei sind alle Änderungen von Richtlinienvorschläge und solche Vorschläge, die bereits erlassene Richtlinien abändern sollen, nicht mitgezählt.

A. Auslegung des Artikels 100 EWGV

I. Angleichung von nationalen Rechts- und Verwaltungsvorschriften

Dem Wortlaut des Art. 100 folgend soll zunächst darauf eingegangen werden, was unter Angleichung nationaler Rechts- und Verwaltungsvorschriften zu verstehen ist.

1. Angleichung

Die Verwendung des Begriffes „Angleichung" macht klar, daß über den Weg der Anwendung des Art. 100 weder nationales Recht durch Gemeinschaftsrecht ersetzt[1] werden soll noch eine Vereinheitlichung nationaler Vorschriften erfolgen soll[2]. Ziel der Angleichung ist es vielmehr, unter Beachtung der Eigenheiten der einzelstaatlichen Rechtsordnungen[3] Unterschiede zu beseitigen, soweit sie der Erfüllung der Vertragsziele entgegenstehen. Sie erfolgt letztlich durch eine Änderung des nationalen Rechts[4], die vom nationalen Gesetzgeber vorgenommen wird.

Grundsätzlich bleiben divergierende Regeln jedoch erlaubt. Die Uniformität der nationalen Regeln ist kein unbedingtes Ziel der Rechtsangleichung. Insofern ergibt sich ein grundsätzlicher Unterschied in der Intention zwischen Rechtsangleichung und Rechtsvereinheitlichung[5]. Teilweise enthalten jedoch auch Richtlinien zur Rechtsangleichung derart detaillierte Regelungen, daß eine faktische Vereinheitlichung der nationalen Rechtsvorschriften die Folge ist[6]. Hinzu kommt, daß die Rechtsangleichung durch den EWGV einer Zweckbindung unterworfen

---

[1] *Ipsen*, LB, S. 693 f.; *Taschner* in: G-B-Th, 3. Aufl., Art. 100, RN 7; *Constantinesco*, S. 575 f.; *Goldman* in: Les Novelles, S. 883, Nr. 2210.

[2] *Zweigert*, FS Dölle II, S. 401 (404 f.); *Hallstein*, RabelsZ 28 (1964), S. 211 (218 f.). Hallstein unterscheidet zwischen der Schaffung gleichen Rechts durch Angleichung und der Schaffung einheitlichen Rechts.

[3] *v. d. Groeben*, NJW 1970, S. 359 (362).

[4] Anders anscheinend *Bleckmann*, LB, S. 401.

[5] Siehe dazu: *Zweigert* in: WbVR III, S. 74 ff.

[6] Siehe unten unter A. VI. 2.; weiterhin: *Ipsen*, LB, S. 696; *Röhling*, S. 48 vor FN 117; *Taschner* in: G-B-Th, 3. Aufl., Art. 100, RN 11, 32; *Bleckmann*, LB, S. 400.

worden ist[7]. Aus diesem Zweck heraus bestimmt sich der Gegenstand der Angleichung im Einzelfall. Die Bemühungen um die Rechtsvereinheitlichung im Wege internationaler Abkommen verfolgen einen anderen Ansatz und befassen sich immer mit bestimmten Rechtsinstituten[8]. Schließlich ist darauf hinzuweisen, daß Angleichung nicht dann am besten verwirklicht wird, wenn die Staaten ein „arithmetisches Mittel" der bisherigen nationalen Regelungen einführen. Ihr Ziel ist die in den Augen der Mitglieder sachlich beste Lösung[9].

2. Nationale Rechts- und Verwaltungsvorschriften

a) Begriff

Angeglichen werden sollen nur nationale Rechts- und Verwaltungsvorschriften. Außer Frage steht, daß von diesem Begriff alle Gesetze im formellen und materiellen Sinn erfaßt werden, ebenso alle von einer zuständigen staatlichen Stelle erlassenen Vorschriften mit hoheitlichem Charakter[10].

Fraglich ist jedoch, ob noch weitere Rechtssätze von diesem Begriff erfaßt werden können. Für seine Beschränkung auf geschriebenes Recht spricht der Wortsinn[11]. Allerdings verlangt der Zweck der Rechtsangleichung eine umfassendere Deutung des Begriffs der nationalen Rechts- und Verwaltungsvorschriften[12]. Auch verwaltungsinterne Vorschriften können ein Hindernis für die Verwirklichung der Ziele des EWGV darstellen. Selbst in den kontinental-europäischen Ländern hat die Rechtsprechung der Obergerichte trotz der umfassenden Kodifikation des Rechts noch eine starke rechtsetzende Kraft, man denke nur an die Auslegung der Generalklauseln des BGB durch den Bundesgerichtshof. Auf diesem Weg gesetztes Recht, Richterrecht, kann Unterschiede zwischen den nationalen Rechtsordnungen hervorrufen und muß daher angleichbar sein, wenn die Ziele der Gemeinschaft der vorrangige Beweggrund jedes Tätigwerdens ihrer Organe sein soll. Entsprechendes gilt für die Reste des Gewohnheitsrechts, die sich in den Ländern des römischen Rechtskreises erhalten haben.

---

[7] *Everling*, ZHR Beiheft 29 (1965), S. 60 (64 f.); *Röhling*, S. 56 m.w.N.; *Zweigert*, FS Dölle II, S. 401 (405).

[8] *Zweigert*, FS Dölle II, S. 401 (405).

[9] *Ipsen*, LB, S. 694.

[10] *Taschner* in: G-B-Th, 3. Aufl., Art. 100, RN 18; *Bleckmann*, LB, S. 401 f.; *Goldman* in: Les Novelles, S. 885, Nr. 2215.

[11] In diesem Sinn: *Goldman* in: Les Novelles, S. 885, Nr. 2215.

[12] *Taschner* in: G-B-Th, 3. Aufl., Art. 100, RN 19; *Bleckmann*, LB, S. 401 f.; *Mégret*, RMC 1967, S. 181 (183); *VerLoren van Themaat* in: Smit/Herzog, Art. 100, Nr. 05.

Die Frage nach dem Begriff der nationalen Rechts- und Verwaltungsvorschriften hat mit dem Beitritt des Vereinigten Königreichs und der Republik Irland eine völlig neue Dimension bekommen. Beide Länder kennen zwar durchaus Gesetze, „statutes", die wesentlichen Teile des geltenden Rechts sind jedoch durch Gerichtsentscheidungen entwickelt worden und werden auf diese Weise fortgebildet[13]. Angesichts dieser Sachlage kann eine enge Interpretation der nationalen Rechts- und Verwaltungsvorschriften, wie sie Goldman[14] vorgenommen hat, nicht mehr aufrechterhalten werden. Die Vermutung liegt nahe, daß Goldman im Jahre 1969 nur die damaligen sechs Mitgliedsstaaten im Auge hatte.

Es bleibt zu klären, wie eine Angleichung von Gewohnheits- und insbesondere von Richterrecht erfolgen muß. Dem Richter kann nicht durch eine entsprechende Richtlinie eine bestimmte Entscheidung vorgeschrieben werden. Eine Angleichung erfordert regelmäßig eine gesetzliche Regelung[15], die dann bei einer richterlichen Entscheidung zu beachten ist. Allerdings hat der Richter im Vereinigten Königreich einen größeren Interpretationsspielraum bei der Auslegung von Gesetzen als sein Kollege auf dem Kontinent[16]. Nichts anderes kann für Gewohnheitsrecht gelten. Wenn die Gemeinschaft den Versuch unternehmen möchte, Handelsbräuche etwa als ein Beispiel für noch lebendiges Gewohnheitsrecht, zu harmonisieren, dann hat sie gar keine andere Möglichkeit als den Erlaß von Richtlinien, die durch Gesetze umgesetzt werden. Sie kann ja nicht die dem Gewohnheitsrecht zugrundeliegende Überzeugung einfach per Dekret ändern. Diese Rechtsüberzeugung wird jedes Angleichungsvorhaben allerdings vor erhebliche Probleme stellen.

---

[13] Siehe dazu die Ausführungen von *René David, Otto Kahn-Freund, L. Neville Brown, John H. Merryman* and *J. A. Jolowicz* in: Cappelletti (Hrsg.), S. 113 ff.; *Taschner*, Rechtsangleichung in der Bewährung? S. 765 (777—779); *Behrens*, S. 242 f. Nähere Ausführungen zu den möglichen Problemen, die sich aus der Unterschiedlichkeit der Rechtssysteme für die Rechtsangleichung ergeben, unten unter B. III. 3.

[14] *Goldman* in: Les Novelles, S. 885, Nr. 2215.

[15] Der brit. European Communities Act eröffnet dem Vereinigten Königreich allerdings die Möglichkeit, die Richtlinien durch untergesetzliche Maßnahmen durchzusetzen (Section 2 (2)), dazu: *Lasok/Bridge*, S. 222.

Allerdings ist auch im Vereinigten Königreich der Erlaß von „statutes" die Regel, *Hene* in: Campbell III, S. 1 (9).

Der EuGH hat in drei Entscheidungen: RS 102/79 (Kommission ./. Belgien), Slg. XXVI (1980), S. 1473 (1473, 1485 f.); RS 96/71 (Kommission ./. Niederlande), Slg. XXVIII (1982), S. 1791 (1792, 1804 f.); RS 97/81 (Kommission ./. Niederlande), Slg. XXVIII (1982), S. 1819 (1820, 1833) entschieden, daß die Umsetzung einer Richtlinie auf jeden Fall durch eine verpflichtende nationale Regelung erfolgen muß.

[16] Siehe erneut die Vorträge bei *Cappelletti* (Hrsg.), S. 113 ff.; *Taschner*, Rechtsangleichung i. d. Bewährung? S. 765 (777 f.) und unten unter B. III. 3.

b) Sind Vorschriften in allen Ländern notwendig?

Der Klärung bedarf weiterhin die Frage, ob eine Rechtsangleichung nur erfolgen darf, wenn in allen Mitgliedsländern Vorschriften in dem betreffenden Rechtsgebiet existieren.

Als Argument für eine solche Annahme könnte ins Feld geführt werden, daß eine Rechts*angleichung* schon begrifflich voraussetzt, daß anzugleichendes Recht existiert. Weiterhin kann darauf hingewiesen werden, daß in Art. 100 II zwar von einer Änderung bestehender gesetzlicher Vorschriften die Rede ist, nicht jedoch von einer völlig neuen gesetzlichen Regelung[17].

Diesen Argumenten ist jedoch entgegenzuhalten, daß Unterschiede in den gesetzlichen Regelungen, die durch Art. 100 angeglichen werden sollen, nicht nur bei divergierenden Vorschriften vorliegen, sondern auch dann, wenn es in einigen Mitgliedsstaaten entsprechende Vorschriften gibt, in anderen hingegen nicht[18]. Eine Befugnis zur Rechtsangleichung muß daher bereits bejaht werden, wenn nur in einem Land eine rechtliche Regelung besteht[19].

Teilweise wird jedoch darüberhinausgehend die Ansicht vertreten, daß eine Rechtsangleichung auch zulässig sei, wenn in keinem Mitgliedsland eine gesetzliche Regelung existiere, die Notwendigkeit einer harmonisierten Rechtsgestaltung jedoch unabweisbar sei[20]. Eine solche Ausweitung des Anwendungsbereiches des Art. 100 könnte allerdings mit dem Begriff der Rechtsangleichung nicht mehr vereinbar sein[21]. Dies wäre zu bejahen, wenn die Rede von der Befugnis der Gemeinschaft zur Rechtsschöpfung[22] oder von ihrer Präventivkompetenz[23] in dem Sinn zu verstehen wäre, daß sie ohne weiteres die einheitliche Regelung immer neuer Sachbereiche anstreben könnte.

Eine derartige Schlußfolgerung ist jedoch angesichts der eingangs vorgenommenen Abgrenzung von Rechtsangleichung und Schaffung

---

[17] Siehe zu diesen beiden Argumenten: Select Committee, S. 11.

[18] *Mégret,* RMC 1967, S. 181 (183); *Goldman* in: Les Novelles, S. 885, Nr. 2217 f.; *Seidl-Hohenveldern,* KSE 11 (1971), S. 170 (177); *Taschner* in: G-B-Th, 3. Aufl., Art. 100, RN 22; *Lukes,* RTW Bd. 2, S. 151 (161, 164); *Vignes* in: Mégret/Louis/Vignes/Waelbroeck, Bd. V, S. 154 f.

[19] *Lukes,* RTW 2, S. 151 (161, 164); Select Committee, S. 11; *Taschner* in: G-B-Th, 3. Aufl., Art. 100, RN 22.

[20] *Ficker,* ZfRV 1973, S. 161 (164); *Rambow,* EuR 1981, S. 240 (243); wohl auch: *Ipsen,* LB, S. 694; *Nicolaysen,* LB, S. 166; *Offermann-Clas,* DVBl 1981, S. 1125 (1127, FN 32).

[21] Select Committee, S. 11; *Lukes,* RTW Bd. 2, S. 151 (161); *Kaiser,* EuR 1980, S. 97 (114); *Goldman* in: Les Novelles, S. 886, Nr. 2218; *Seidl-Hohenveldern,* KSE 11 (1971), S. 170 (196, These 9).

[22] *Taschner* in: G-B-Th, 3. Aufl., Art. 100, RN 23.

[23] *Bleckmann,* LB, S. 401.

von Gemeinschaftsrecht und des dabei betonten instrumentalen Charakters der Angleichung nicht zulässig. Sie wird jedoch auch von Taschner und Bleckmann nicht gezogen. Es geht vielmehr darum, ob die EG befugt ist, eine einheitliche europäische Regelung zu finden, um der drohenden Schaffung nationaler Regelungen zuvorzukommen, die dann ohne Zweifel eine Rechtsangleichung erforderlich machen würden, und die deshalb bloß als „Umweg“ anzusehen sind[24].

Zur Befürwortung einer Präventivkompetenz könnte Art. 102 ins Feld geführt werden, welcher der Gemeinschaft vorbeugende Maßnahmen zur Verhinderung von Wettbewerbsverzerrungen aufträgt[25]. Allerdings bezieht sich diese Vorschrift nur auf Art. 101 und enthält lediglich eine Verpflichtung zu Konsultationen. Daraus kann nicht geschlossen werden, daß Art. 100 diese Präventivkompetenz nicht zukommt[26]. Andererseits ist auch der Schluß auf eine solche Befugnis aus Art. 102 heraus nicht zwingend.

Folglich bleibt für ihre Rechtfertigung allein das oben bereits angedeutete Argument des „Umweges“: wenn aufgrund von Gesetzgebungsvorhaben in einem oder mehreren Mitgliedsländern mit einiger Sicherheit vorauszusehen ist, daß in der Zukunft Unterschiede in den gesetzlichen Regelungen eines Rechtsgebietes entstehen werden und diese potentiell die Verwirklichung der Ziele des EWGV beeinträchtigen, dann erscheint es widersinnig, erst bis zu dem Inkrafttreten der ersten gesetzlichen Regelung warten zu müssen, ehe eine Rechtsangleichung erfolgen kann. Allerdings müssen die Gesetzesvorhaben bereits in ein Stadium getreten sein, welches ihre Verwirklichung und damit die Gefahr der Beeinträchtigung des Gemeinsamen Marktes wahrscheinlich sein läßt. Unter diesen Einschränkungen ist eine Präventivkompetenz des Rates zur Rechtsangleichung zu bejahen. Sie wird damit nicht zum Ansatzpunkt für die von den einen befürchtete, von den anderen erhoffte große Ausweitung der Gemeinschaftskompetenzen.

II. Richtlinien

Als Instrument für die Rechtsangleichung nennt Art. 100 die Richtlinie. Ihre Eignung zu diesem Zweck ist zwar nicht unbestritten[27]. Die

[24] *Taschner* in: G-B-Th, 3. Aufl., Art. 100, RN 23.

[25] Siehe dazu: *Bleckmann*, LB, S. 401.

[26] *Taschner* in: G-B-Th, 3. Aufl., Art. 100, RN 23.

[27] „... flexibles und adäquates Angleichungsinstrument ...“: *Schmeder*, S. 53; *Ipsen*, LB, S. 695; *Taschner* in: G-B-Th, 3. Aufl., Art. 100, RN 30 f.
Von der Unzulänglichkeit des zweistufigen Verfahrens geht aus: *Seidel*, KSE 11 (1971), S. 733 (758).
Siehe weiterhin: *Ipsen*, Richtlinien-Ergebnisse, FS Ophüls, S. 67 (69); *Röhling*, S. 76 f.; *Behrens*, S. 251 f.

Einführung eines anderen Rechtsetzungsverfahrens, etwa der Verordnung, in den Art. 100 ist jedoch nur aufgrund einer Vertragsänderung möglich[28]. Angesichts der geringen Kompetenzen des Europäischen Parlaments in Fragen der Rechtsangleichung würden sich in diesem Fall darüberhinaus noch weitaus größere Legitimationsprobleme stellen[29], als sie nach den derzeit geltenden Bestimmungen des EWGV bestehen.

Somit muß für eine Erörterung der Funktion der Rechtsausgleichung nach Art. 100 eine Angleichung durch Verordnungen[30] außer Betracht bleiben. Der Art. 235, der diese Art der Rechtsangleichung ermöglicht[31], muß gegenüber dem Art. 100 abgegrenzt werden[32]. Art. 100 selbst erlaubt auch keine Rechtsangleichung durch multilaterale Abkommen. Ihr Abschluß ist damit jedoch nicht untersagt, er wird für bestimmte Materien durch Art. 220 sogar vorgeschrieben. Allerdings sollte die Harmonisierung ansonsten grundsätzlich und soweit irgend möglich im Wege des Erlasses einer Richtlinie erfolgen[33].

Entscheidend für die Rechtsangleichung ist in diesem Zusammenhang, daß durch das Instrument der Richtlinie, welche gemäß Art. 189 III hinsichtlich des zu erreichenden Ziels verbindlich ist, der Erfolg der Harmonisierung gesichert werden kann. Bei Nichtbefolgung der sich aus einer Richtlinie für einen Staat ergebenden Verpflichtung, kann die Kommission ihre Einhaltung durch die Eröffnung eines Vertragsverletzungsverfahrens (Art. 169) und ein nachfolgendes Urteil des EuGH (Art. 171) erzwingen[34]. Der verpflichtende Charakter der Richtlinie wird zusätzlich durch die Rechtsprechung des Europäischen Gerichtshofes unterstrichen, der es für möglich hält, daß einzelnen Bestimmungen einer Richtlinie auch ohne die Umsetzung durch den nationalen Gesetzgeber eine unmittelbare Rechtswirkung zukommt[35].

---

[28] *Seidel*, KSE 11 (1971), S. 733 (758); *derselbe* in: Einführung, S. 207 (208).

[29] *VerLoren van Themaat* in: FS Ophüls, S. 243 (254); siehe auch unter B. II.

[30] Siehe dazu *Schmeder*, S. 53 f.

[31] Dieser Weg wird zum Beispiel im Zollrecht häufig beschritten: *Schmeder*, S. 136 und unten B. IV.
Zum Verhältnis von Art. 100 zu Art. 235 vergleiche u. a.: *Everling*, Allgemeine Ermächtigung, S. 2 (13); *derselbe* in: Diskussionsbeitrag, KSE 11 (1971), S. 767 (768 f.); Select Committee, S. 12.

[32] Siehe unter B. V.

[33] Siehe dazu: *Schmeder*, S. 54 ff.; *Ipsen*, LB, S. 696 ff.; *Taschner* in: G-B-Th, 3. Aufl., Art. 100, RN 36; *Goldman* in: Les Novelles, S. 883, Nr. 2210; *Schwartz*, Übereinkommen, FS Grewe, S. 551 (554 ff.).

[34] *Taschner* in: G-B-Th, 3. Aufl., Art. 100, RN 37.

[35] RS 41/74 (van Duyn), Slg. XX (1974), S. 1337 (1348 f.); RS 148/78 (Ratti), Slg. XXV (1979), S. 1629 (1641 f.); siehe im besonderen die Ausführungen von Generalanwalt Reischl, S. 1647 (1650 f.).
Siehe dazu auch: *Lauwaars*, Lawfulness, S. 32—36; *Seidel*, Direktwirkung, S. 6 ff.

Die der Gemeinschaft zukommende Hoheitsgewalt ist allerdings nicht unbegrenzt. Dieshalb soll die Richtlinie den Staaten regelmäßig einen gewissen Freiraum bei der Verwirklichung der verpflichtenden Ziele belassen[36]. Trotz dieses Freiraums besteht bei vielen Mitgliedstaaten eine gewisse Reserve gegenüber Richtlinien, insbesondere bezüglich der damit verbundenen Schaffung von Gemeinschaftskompetenzen. Dies führt mitunter dazu, daß in Entwürfen vorgesehene Regelungen vor Erlaß einer Richtlinie in eigener Regie getroffen werden, nur um den Erlaß einer Richtlinie zu vermeiden[37].

III. Errichtung und Funktionieren des Gemeinsamen Marktes

Art. 100 bestimmt weiter, daß eine Angleichung nur derjenigen Vorschriften erfolgen darf, welche die Errichtung oder das Funktionieren des Gemeinsamen Marktes betreffen. Seine Errichtung ist in Art. 2 als ein Mittel zur Verwirklichung der Ziele der Europäischen Wirtschaftsgemeinschaft genannt. Diese Verbindung verdeutlicht in besonderem Maß den Stellenwert der Rechtsangleichung im EWG-Vertrag. Sie dient der Verwirklichung der Ziele der Gemeinschaft, hat, wie bereits gesagt, Instrumentscharakter[00]. Dle Interpretatlon des Art. 100 muß folglich vor dem Hintergrund der in Art. 2 genannten Aufgaben der Gemeinschaft und ihrer sich daraus gemäß Art. 3 ergebenden Tätigkeiten erfolgen[39].

Fraglich ist, was unter dem Begriff „Gemeinsamer Markt" im Sinn des EWG-Vertrages zu verstehen ist. Der Vertrag enthält selbst keine eindeutige Erklärung[40]. Vielmehr scheint dem Begriff sogar in den verschiedenen Vertragsvorschriften eine unterschiedliche Bedeutung zuzukommen[41]. Es bleibt daher nur die Möglichkeit, die Elemente dessen, was den Gemeinsamen Markt im Sinn des Art. 100 ausmacht, einzeln darzustellen, um damit den allgemeinen Begriff des Gemeinsamen

---

[36] Siehe dazu die näheren Ausführungen unter A. VI.; *Bleckmann,* LB, S. 62 ff.; *Pipkorn* in: Beutler/Bieber u. a., S. 178—180.

[37] *Taschner,* Rechtsangleichung in der Bewährung? GS Constantinesco, S. 765 (770).

[38] *Taschner* in: G-B-Th, 3. Aufl., Art. 100, RN 28; *Röhling,* S. 56; *Schwartz,* FS Hallstein, S. 474 (486); *v. d. Groeben,* NJW 1970, S. 359 (360); *Hallstein,* RabelsZ 28 (1964), S. 211 (214 f.): Hallstein geht jedoch weiter und nennt die Rationalisierung des Rechts als weiteren Zweck; gegen ihn *Schwartz,* FS Hallstein, S. 486.

[39] *VerLoren van Themaat* in: Smit/Herzog, Art. 100, Prelimin. Observations Nr. 4.

[40] *VerLoren van Themaat* in: Smit/Herzog, Art. 100, Prelimin. Observations Nr. 5.

[41] Siehe dazu: *Bleckmann,* LB, S. 13.

Marktes zu ermitteln. Ein Blick auf die Gliederung des Gründungsvertrages läßt den Gedanken aufkommen, daß die im zweiten Teil des Vertrages genannten Grundlagen der Gemeinschaft den Begriff des Gemeinsamen Marktes umreißen[42]. Hinzu kommt, daß die fünf Freiheiten und die gemeinsame Landwirtschaftspolitik bis zum Ende der Übergangszeit zu verwirklichen sind, während Art. 8 bestimmt, daß der Gemeinsame Markt bis zu diesem Zeitpunkt errichtet werden soll[43]. Bei der folgenden Untersuchung ist von der Tätigkeitsbeschreibung des Art. 3 auszugehen.

1. Fünf Freiheiten

a) Freier Warenverkehr

Art. 3 besagt, daß eine der Tätigkeiten der Europäischen Wirtschaftsgemeinschaft die Verwirklichung des freien Warenverkehrs innerhalb der Mitgliedstaaten durch die Schaffung eines einheitlichen Wirtschaftsgebietes ist. Diesem Ziel dienen die in Art. 3 a, b enthaltenen Vorschriften.

aa) Zollunion und gemeinsamer Zolltarif

Wichtigstes Mittel für die Schaffung eines einheitlichen Wirtschaftsgebietes ist die Errichtung einer Zollunion. Sie wird in Art. 9 ausdrücklich als Grundlage der Gemeinschaft bezeichnet und ist einerseits durch die Abschaffung der Zölle zwischen den Mitgliedstaaten (Art. 12 ff.) geprägt und andererseits durch die Aufstellung eines gemeinsamen Zolltarifs gegenüber Drittstaaten (Art. 18 ff.).

bb) Abgaben gleicher Wirkung wie Zölle

Art. 9 und 12 verbieten jedoch nicht nur Zölle, sondern auch Abgaben mit gleicher Wirkung. Entsprechend der Funktion der Zölle, die als Warenverkehrssteuer bei Grenzübertritt einer Ware erhoben werden, sind damit auch alle anderen staatlichen Abgaben verboten, die einer Ware anläßlich der Grenzüberschreitung auferlegt werden[44] und dadurch einen Nachteil für die ausländische Ware hervorrufen[45]. Etwaige

---

[42] In diesem Sinn *Bleckmann*, Grundsatzartikel, Art. 2, Abschn. II 1 a.

[43] Dazu: *Bleckmann*, Grundsatzartikel, Art. 2, Abschnitt II 1 a.

[44] So bereits: EuGH RS 2 und 3/62, Slg. VIII (1962), S. 867 (882).

Siehe dazu die weitere Rechtsprechung des EuGH: RS 24/68 (Kommission ./. Italien) Slg. XV (1969), S. 193 (201); RS 2 und 3/69, Slg. XV (1969), S. 211 (221 f.); RS 29/72 (Marimex), Slg. XVIII (1972), S. 1309 (1318 f.); RS 39/73 (Rewe), Slg. XIX (1973), S. 1030 (1043 f.); RS 63/74 (Cadsky), Slg. XXI (1975), S. 281 (290); RS 21/75 (Schroeder), Slg. XXI (1975), S. 905 (912 f.); RS 87/75 (Bresciani), Slg. XXII (1976), S. 129 (138 f.); RS 46/76 (Bauhuis), Slg. XXIII (1977), S. 5 (15).

andere oder weitergehende Wirkungen sind für die Qualifizierung einer Abgabe als zollgleich nicht von Bedeutung.

Von dem Verbot der Abgaben mit zollgleicher Wirkung werden daher inländische Abgaben grundsätzlich nicht erfaßt. Gemäß Art. 95 dürfen derartige Abgaben auf ausländische Waren lediglich nicht höher sein als Abgaben auf vergleichbare inländische Produkte[46]. Eine Benachteiligung ausländischer Waren scheidet daher aus[47].

Allerdings macht der EuGH von diesem Grundsatz gewisse Ausnahmen in Fällen, in denen die inländischen Abgaben im Ergebnis doch ausschließlich der Bevorzugung heimischer Erzeugnisse dienen[48].

cc) Handelsmonopole und diskriminierende innerstaatliche Abgaben

Für den freien Warenverkehr ist es weiterhin unerläßlich, daß ihn weder Diskriminierungen durch staatliche Handelsmonopole (Art. 37)[49] noch diskriminierende innerstaatliche Abgaben beeinträchtigen (Art. 95 ff.)[50].

dd) Verbot mengenmäßiger Beschränkungen

Ein weiteres entscheidendes Element des freien Warenverkehrs ist gemäß Art. 3 a, 30 ff. die Beseitigung aller mengenmäßigen Beschränkungen bei der Ein- und Ausfuhr von Waren[51], d. h. von staatlichen Maßnahmen, die ein völliges oder teilweises Verbot der Ein- und Ausfuhr von Waren darstellen[52].

---

[45] *Ipsen*, LB, S. 579.

[46] *Bleckmann*, LB, S. 286; *Schmeder*, S. 65.

[47] Siehe *Graf*, S. 34 ff.; EuGH, RS 2, 3/69, Slg. XV (1969), S. 211 (222).

[48] RS 77/72 (Capolongo), Slg. XIX (1973), S. 611 (624); RS 51/74 (van der Hulst), Slg. XXI (1975), S. 79 (92); RS 94/74 (IGAV), Slg. XXI (1975), S. 699 (711); RS 78/76 (Steinicke), Slg. XXIII (1977), S. 595 (614); RS 77/76 (Cucchi), Slg. XXIII (1977), S. 987 (1006); siehe weiterhin: *Streil* in: Beutler/Bieber u. a. S. 261; *Maag*, EuR 1978, S. 56 ff.

[49] Siehe dazu: *Streil* in: Beutler/Bieber u. a., S. 272—274; *Bleckmann*, LB, S. 290 ff.

[50] Siehe dazu: *Streil* in: Beutler/Bieber u. a., S. 275 ff.

[51] Siehe dazu allgemein: *Ehlermann* in: G-B-Th, 2. Aufl., Vor Art. 30 ff., S. 253 f.

[52] EuGH RS 2/73 (Geddo), Slg. XIX (1973), S. 865 (879).

ee) Verbot von Maßnahmen gleicher Wirkung wie mengenmäßige Beschränkungen

Schließlich untersagt der EWGV auch Maßnahmen gleicher Wirkung wie mengenmäßige Beschränkungen. Ihr Begriffsinhalt ist allerdings außerordentlich umstritten.

Ausgehend von der Annahme, daß den Mitgliedstaaten nach dem EWGV sowohl die Befugnis zur Regelung der Erzeugung und Vermarktung von Produkten als auch zur Steuerung der Wirtschaftspolitik zukommt, werden als Maßnahmen gleicher Wirkung teilweise nur solche Vorschriften angesehen, die ausländische Produkte gegenüber einheimischen Waren diskriminieren[53].

Entgegen dieser Ansicht, der vorgeworfen wurde, sie ermögliche eine weitgehende Umgehung der in Art. 30 ff. enthaltenen Verbote, wollen andere Autoren allein auf die Einfuhrhemmung abstellen, d. h. auf die Wirkung der Maßnahme[54].

Die Kommission neigte dieser weiten Auffassung mit gewissen Differenzierungen zu. Sie differenzierte vor allem zwischen auf in- und ausländische Waren unterschiedlich oder unterschiedslos anwendbaren Maßnahmen. Letztere wurden nur dann als Maßnahmen gleicher Wirkung wie mengenmäßige Beschränkungen angesehen, wenn sie eine den Warenverkehr erheblich einschränkende Wirkung hatten[55].

Der EuGH hat in einer früheren Entscheidung[56] wohl noch auf eine Diskriminierung durch staatliche Ein- und Ausfuhrverbote abgestellt. In späteren Entscheidungen hat er hingegen eine sehr weitgehende Begriffserklärung für die Maßnahmen gleicher Wirkung gefunden, indem er allein auf die Eignung der Maßnahmen zur Handelsbehinderung abstellte[57]. Diese Auffassung hat der Gerichtshof erneut in der Rechtssache 120/78 (Cassis de Dijon) bestätigt[58] und ausgeführt, daß

---

[53] *Marx*, S. 108 f.; *Graf*, S. 31 ff. (insbes. S. 81 ff.); *Seidel*, MglW, NJW 1967, S. 2081 (2084, 2086); allgemein zu diesem Streit: *Ehlermann*, FS Ipsen, S. 579 (582 ff.); *Veelken*, EuR 1977, S. 311 (314 ff.).

[54] *VerLoren van Themaat*, SEW 1970, S. 258 (263, 265); *Ehle*, AWD 1967, S. 453 (456); *Waelbroeck* in: Mégret/Louis/Vignes/Waelbroeck, Vol. 1, S. 103 f.; wohl auch *Ipsen*, LB, S. 589.

[55] Siehe dazu: Richtlinie 70/50, ABL L 13/1970, S. 29; ähnlich *Béraud*, RTDE 1968, S. 265 (286 f.); *Röhling*, S. 43 ff.; *Ulmer*, GRUR Int. 1973, S. 502 (513).

[56] RS 78/70 (Dt. Grammophon ./. Metro), Slg. XVII (1971), S. 487 (499 f.).

[57] RS 8/74 (Dassonville), Slg. XX (1974), S. 837 (852); RS 4/75 (Rewe), Slg. XXI (1975), S. 843 (858); RS 65/75, Slg. XXII (1976), S. 291 (308 f.); RS 41/76 (Donckerwolcke), Slg. XXII (1976), S. 1921 (1935); RS 37/76 (Simmenthal), Slg. XXII (1976), S. 1871 (1874); siehe dazu weiterhin: *Pipkorn*, Maßnahmen gleicher Wirkung, S. 9 (14 ff.).

[58] Slg. XXV (1979), S. 649 (665); siehe die weiteren Entscheidungen des EuGH: RS 788/79 (Weinessig), Slg. XXVI (1980), S. 2071 (2078 f.); RS 27/80

jedes im Herkunftsland ordnungsgemäß in den Verkehr gebrachte Erzeugnis grundsätzlich in einem anderen Land vertrieben werden können muß. Jede anderslautende Regelung stellt nach Ansicht des Gerichts eine verbotene Maßnahme gleicher Wirkung wie mengenmäßige Beschränkungen dar. Die praktische Bedeutung der gefestigten Rechtsprechung und die daraus von der Kommission gezogenen Konsequenzen[59] haben nicht zu einer Beendigung des oben dargelegten Streites geführt[60], sondern andere dringliche Fragen aufgeworfen, auf die im Rahmen der folgenden Erörterungen einzugehen ist.

ff) Abgrenzung von Liberalisierungsvorschriften und Rechtsangleichung

Der freie Warenverkehr wird einerseits durch die Liberalisierungsvorschriften der Art. 12 ff. und Art. 30 ff. verwirklicht und andererseits auch durch Maßnahmen zur Rechtsangleichung gemäß Art. 27 und insbesondere Art. 100, da nur diese Vorschrift verpflichtende Regeln vorsieht. Die Liberalisierungsvorschriften verbieten hauptsächlich gesetzliche Regelungen, in denen inländische Produkte anders behandelt werden als ausländische. Insofern unterscheiden sie sich von den Vorschriften zur Rechtsangleichung, die nur nationale Vorschriften erfassen, welche für in- wie ausländische Waren gleichermaßen gelten und bei denen die Hindernisse für den Warenverkehr aus unterschiedlichen Regelungen in den verschiedenen Rechtsordnungen herrühren[61].

Im Bereich des Verbots von Maßnahmen mit gleicher Wirkung wie mengenmäßige Beschränkungen[62] ergeben sich allerdings Überschneidungen. Die extensive Auslegung dieses Begriffs durch den EuGH[63] läßt hier eine klare Abgrenzung zwischen Liberalisierungs- und Rechtsangleichungsvorschriften nicht zu. Diese Feststellung ist unter rechtsdogmatischen Gesichtspunkten zu bedauern[64]. Es ergeben sich auch Be-

---

(Fietje), Slg. XXVI (1980), S. 3839 (3840, 3853—3855); RS 53/80 (Nisin), Slg. XXVII (1981), S. 409 (421—423); RS 130/80 (Kelderman), Slg. XXVII (1981), S. 527 (528, 535—537) sowie die Aufzählung bei *VerLoren van Themaat*, libre circulation, Cah. Dr. Eur. 1982, S. 123 (136).

[59] *Deringer*, FS Kutscher, S. 95 (97).

[60] Anderer Ansicht anscheinend: *Deringer*, FS Kutscher, S. 95.

[61] Siehe dazu die eingehenden Erörterungen von *Marx*, S. 87—105; *Ehlermann*, Community Policy, S. 43 (45); *Steindorff*, S. 36; *Aubin*, S. 53. In diesem Sinn auch die RL 70/50 vom 22. 12. 1969, ABL 1970, 13/29; ebenso die Ansicht der Bundesregierung in: EuGH RS 120/78, Slg. XXV (1979), S. 649 (655). Siehe auch *Masclet*, RTDE 1980, S. 611 (626 ff.).

[62] Fallgruppen zu diesem Begriff bei: *Moench*, NJW 1982, S. 2689 (2695 ff.).

[63] Siehe dazu die Ausführungen oben unter ee).

[64] Siehe dazu *Marx*, S. 56 ff., der wesentliche Teile seiner Arbeit auf die Abgrenzung von Liberalisierung und Angleichungsvorschriften verwendet.

denken, ob der Gerichtshof sich selbst nicht überfordert, weil es noch einer Reihe von Urteilen bedürfen wird, bis die Rechtsprechung den Anwendungsbereich des Art. 30 und des Art. 36 für alle Fälle geklärt hat[65]. Allerdings ist dem EuGH zuzugeben, daß sich seine Auslegung an der Idee des freien Warenverkehrs in einem einheitlichen Markt orientiert. Er kann nur dann verwirklicht werden, wenn alle Vorschriften, die allein dem Schutz heimischer Erzeugnisse dienen und damit eine ähnliche Wirkung wie früher die Zölle und mengenmäßigen Beschränkungen haben, wegfallen[66].

Letztlich ist von der weiten Bestimmung des Begriffs der Maßnahmen gleicher Wirkung aber deshalb auszugehen, weil sie anscheinend von den Rechtsunterworfenen akzeptiert worden ist. Diese Bereitschaft ist die wesentliche Legitimationsgrundlage für alle gerichtlichen Entscheidungen und damit auch solche des EuGH. Erst wenn ein solcher Konsens offensichtlich nicht mehr vorhanden ist, erhebt sich erneut die Frage nach der Begriffsbestimmung der Maßnahmen gleicher Wirkung.

Aus der jüngsten Rechtsprechung erwachsen Unklarheiten bezüglich des Anwendungsbereichs der Rechtsangleichung. Selbst wenn man davon ausgeht, daß Art. 30 ff. und Art. 100 nebeneinander anwendbar sind[67], könnte der Art. 100 durch die eindeutigen Bestimmungen der Art. 30 ff. faktisch überspielt und in seinem Anwendungsbereich stark beschränkt werden. Für Maßnahmen zur Rechtsangleichung blieben im Extremfall nur noch die einzelstaatlichen Bestimmungen zur öffentlichen Sicherheit und Ordnung, die nach Art. 36 Maßnahmen gleicher Wirkungen wie mengenmäßige Beschränkungen doch noch rechtfertigen können, zugänglich. Welches Interesse soll ein Land noch an der Rechtsangleichung haben, wenn doch der EuGH in der RS 120/78 (Cassis de Dijon) festgestellt hat, daß jedes Erzeugnis, welches im Herstellungsland ordnungsgemäß in Verkehr gebracht worden ist, auch in den anderen Ländern der EG angeboten werden können muß? Letztlich kommt es dann doch bloß auf die nationalen Regeln an. Vor allem die sogenannte optionelle Harmonisierung[68], die es einem Staat ermöglicht, für Produkte, die nur für den heimischen Markt erzeugt werden, von der europäischen Regelung abweichende Bestimmungen zu erlassen, wird in Frage gestellt[69]. Womöglich besteht die Gefahr einer faktischen

---

[65] Darauf weist *VerLoren van Themaat*, libre circulation, Cah. Dr. Eur. 1982, S. 123 (132) hin, der sich darum bemüht, das Kriterium des ordnungsgemäßen Inverkehrbringens im Zusammenhang mit dem Diskriminierungsverbot und dem Grundsatz der Verhältnismäßigkeit zu bestimmen (S. 125).

[66] Siehe dazu: *Pipkorn*, Maßnahmen gleicher Wirkung, S. 9.

[67] Generalanwalt *Capotorti* in seinem Schlußantrag zu EuGH RS 120/78, Slg. XXV (1979) S. 668 (671); siehe auch: *Masclet*, RTDE 1980, S. 611 (628 f.).

[68] Nähere Ausführungen dazu unten bei A. VI.

Rechtsangleichung auf dem niedrigsten Stand[70]. Wenn es allein auf das rechtmäßige Inverkehrbringen eines Erzeugnisses in seinem Herstellungsland ankommt und strengere Anforderungen an diese Ware in einem anderen Land nur noch bei Vorliegen besonderer Schutzinteressen im Sinn des Art. 36 gerechtfertigt sind, wird der Wettbewerb unter den Herstellern die Produzenten des Staates mit strengeren Anforderungen an das Inverkehrbingen einer Ware zur Ausübung von Druck auf ihre Regierung veranlassen, die Vorschriften zu entschärfen, um besser konkurrieren zu können[71].

Gegenüber diesen Befürchtungen sind einige Anmerkungen zu machen:

— Das Urteil des EuGH in der RS 120/78 wird zu weitgehend interpretiert, wenn daraus die Annahme hergeleitet wird, daß das ordnungsgemäße Inverkehrbringen einer Ware nach nationalem Recht ausreicht, um die durch die Angleichung von Rechtsvorschriften geschaffenen Voraussetzungen für den Vertrieb und Verkauf auf dem europäischen Markt zu unterlaufen. Wo eine Angleichung erfolgt ist, gilt die europäische Regelung. Jede andere Annahme, durch die der Erfolg der Rechtsharmonisierung ausgehöhlt werden könnte, läuft dem Sinn und Zweck der entsprechenden Vorschriften entgegen. Man müßte sich dann fragen: Warum enthält der EWG-Vertrag überhaupt diese Bestimmungen[72]? Entsprechendes gilt für den Fall, daß noch keine Rechtsangleichung erfolgt ist. Dann dürfen die zuständigen Stellen durchaus die Einfuhr eines Produktes verweigern, das den gerechtfertigten besonderen Anforderungen eines Landes nicht entspricht[73], auch wenn es im Herstellungsland ordnungsgemäß in Verkehr gebracht worden ist.

  Im übrigen soll durch den Gemeinsamen Markt nicht allein der freie Wettbewerb gefördert werden. Dieses Ziel könnte auch durch einen Abbau aller Diskriminierungen im Weg der faktischen Rechtsangleichung auf dem niedrigsten Stand erreicht werden, wie es oben angedeutet wurde. Die Erforderlichkeit einheitlicher Bestimmungen ergibt sich auch aus dem Gesichtspunkt, daß im Interesse der übrigen Teilnehmer am Marktgeschehen, den Nachfragern, eine

---

[69] Siehe hierzu die schriftliche Anfrage 1176/81 des Abgeordneten des EP *Beyer de Ryke* bezügl. der RL 80/232, ABL L 51/1980, abgedruckt in ABL C 91 v. 13. 4. 1982.

[70] *Deringer*, FS Kutscher, S. 95 (97, 104 f., 107); siehe auch *Reich*, FS Coing II, S. 441 (457) und *Micklitz*, NJW 1983, S. 483 (483, 488).

[71] *Bourgoignie*, RTDE 1982, S. 1 (48).

[72] In diesem Sinne wohl auch die Antwort der Kommission auf die Frage des Abgeordneten Beyer de Ryke, ABL C 92 vom 13. 4. 1982; *Oliver*, CMLR 1982, S. 217 (235, RN 24 ii).

[73] *Barents*, CMLR 1981, S. 271 (293).

qualitativ zulängliche europäische Regelung gefunden werden muß[74]. Dieser Gesichtspunkt darf auch dann nicht außer Acht gelassen werden, wenn Kritik an Bestrebungen für eine völlige Vereinheitlichung aller Produkte auf dem europäischen Markt geübt und demgegenüber eine Rücksichtnahme auf nationale Besonderheiten gefordert wird[75].

— Nachdem damit klargestellt ist, daß die Ergebnisse der Rechtsangleichung nicht einfach unterlaufen werden können und die Rechtsangleichung zur Verwirklichung des freien Warenverkehrs nicht in der Folge der „Cassis de Dijon"-Entscheidung überflüssig geworden ist, kann die positive Erwartung einer teilweisen Entlastung des Art. 100 durch die extensive Auslegung des Begriffs der Maßnahmen gleicher Wirkung akzeptiert werden. Gerade bei der Beseitigung technischer Handelshemmnisse ist die Rechtsangleichung über Art. 100 ein mühsames und langwieriges, angesichts der schnellen technischen Entwicklung und der daraus resultierenden Möglichkeit zur Schaffung immer neuer nicht tarifärer Handelshemmnisse, häufig zu langwieriges Geschäft[76]. Das Wissen um die Bedeutung des Verbots von Maßnahmen gleicher Wirkung kann die Rechtsangleichung in Teilbereichen tatsächlich entbehrlich machen. Man könnte sich statt dessen im Rahmen des Art. 100 mehr mit grundsätzlichen Problemen befassen[77]. Damit sind die vielfältigen Behinderungen des Wettbewerbs im Gemeinsamen Markt gemeint, die auch durch eine noch so weitgehende Interpretation der Art. 30 ff. nicht erfaßt werden, weil die unmittelbare Beeinträchtigung des Warenverkehrs nicht vorliegt. Als Beispiel sei in diesem Zusammenhang auf die Heimarbeitsgesetze in den Mitgliedsländern verwiesen, die starke Unterschiede aufweisen. Sie beeinflussen den Wettbewerb in der Textilbranche erheblich.

— Die Erwartung der Entlastung des Art. 100 darf allerdings nicht zu hoch gespannt werden. Der Kreis der Schutzgüter des Art. 36, die den Mitgliedstaaten unter bestimmten Voraussetzungen abweichende Regeln erlauben, ist spätestens seit der Entscheidung „Cassis de

---

[74] Auch der EuGH hat sich selbst für den Schutz des Allgemeininteresses ausgesprochen. Er versucht, berechtigte Verbraucherinteressen zu schützen und lehnt nur eine Argumentation unter Verbrauchergesichtspunkten ab, die letztlich jedoch allein der Verhinderung eines lästigen Wettbewerbs dient; siehe dazu *Reich*, FS Coing II, S. 441 (447, 457 f.).

[75] Siehe dazu: *Mattera*, RMC 1980, S. 505 (513).

[76] Siehe dazu: *Narjes*, Rechtsangleichung, S. 5; *Mattera*, RMC 1980, S. 505 (509 f.).

[77] Die fehlende Beschäftigung mit solchen grundsätzlichen Fragen in der Vergangenheit beklagt *Taschner*, Rechtsangleichung in der Bewährung?, GS Constantinesco, S. 765 (767—769).

Dijon" ausgeweitet worden[78]. Hier eröffnet sich somit ein vergrößertes Anwendungsgebiet für die Rechtsangleichung, denn unterschiedliche Maßstäbe hinsichtlich der für den Schutz von Sicherheit und Ordnung erforderlichen Sonderregelungen in den einzelnen Staaten behindern den freien Warenverkehr.

— Inwieweit der Anwendungsbereich des Art. 100 in der Folge der beschriebenen Entwicklung tatsächlich eingeschränkt wird, muß sich in der Zukunft erweisen. Zwar scheint es so, als sei die extensive Auslegung des EuGH für die Unternehmen durchweg positiv, andererseits ist zu bedenken, daß gerade die Wirtschaft ein Interesse an klaren und eindeutigen Regeln hat, die nur im Weg der Rechtsangleichung geschaffen werden können. Vor allem die Unsicherheit, auf welche Schutzgüter sich die einzelnen Staaten berufen, um besondere nationale Vorschriften gemäß Art. 36 zu rechtfertigen, kann sich zu einer unerträglichen Belastung für den freien Warenverkehr entwickeln. Es ist anzunehmen, daß die Wirtschaft lieber Rechtsvorschriften akzeptiert, auf deren Geltung sie sich jedoch verlassen kann, als sich auf das Verbot von Maßnahmen gleicher Wirkung zu berufen und staatliche Entscheidungen fürchten zu müssen, über deren Rechtfertigung erst in einem gerichtlichen Verfahren entschieden werden kann. Das setzt allerdings voraus, daß die Richtlinien und die daraufhin erlassenen nationalen Regelungen tatsächlich von einer Art sind, die geeignet ist, die gewünschte Rechtssicherheit zu schaffen.

Im Ergebnis ist festzustellen, daß trotz der Probleme der Abgrenzung von Liberalisierungs- und Rechtsangleichungsvorschriften bei dem Verbot von Maßnahmen gleicher Wirkung wie mengenmäßige Beschränkungen, die Bedeutung des Art. 100 bestenfalls teilweise hinter die Art. 30 ff. zurücktritt.

b) Die übrigen Freiheiten

Art. 3 c nennt neben dem freien Warenverkehr noch weitere Ziele des Vertrages. Der Gemeinschaft ist gemäß Art. 48—79 die Verwirklichung der Freiheit der Arbeitsplatzsuche, der Niederlassungsfreiheit sowie des freien Dienstleistungs- und Kapitalverkehrs zur Aufgabe gemacht. Dadurch wird deutlich, daß der Gemeinsame Markt einen einheitlichen Wirtschaftsraum darstellen soll. Dazu müssen über den freien Warenverkehr hinausgehende Voraussetzungen erfüllt sein[79].

---

[78] *Deringer*, FS Kutscher, S. 95 (97—99); dazu bereits früher: *Ehlermann*, FS Ipsen, S. 579 (589 ff.). Zur neueren Rechtsprechung des EuGH auch *Verloren van Themaat*, libre circulation, Cah. Dr. Eur. 1982, S. 123 (127 ff.).

[79] *Ipsen*, LB, S. 550 f.

Das ergibt sich aus den weitreichenden Zielen des Art. 2, welche die Tätigkeit der Gemeinschaft bestimmen[80].

aa) Freizügigkeit der Arbeitnehmer

Der EWG-Vertrag enthält zur Durchsetzung der Freizügigkeit ein Verbot der Diskriminierung im Bereich der Arbeitsbedingungen aufgrund einer ausländischen Staatsangehörigkeit (Art. 48 II)[81], aber auch Vorschriften bezüglich der sozialen Sicherung (Art. 51) und schließlich Regelungen, welche die Effektivität des Rechts auf Freizügigkeit für Arbeitnehmer garantieren sollen (Art. 48 III, 49, 50)[82]. Der EWG-Vertrag enthält jedoch keine Vorschriften hinsichtlich der Qualifikationen, die ein Arbeitnehmer für einen bestimmten Arbeitsplatz nachweisen muß. Da die aufgrund der unterschiedlichen Ausbildungssysteme abgelegten Prüfungen in aller Regel selbst Unterschiede aufweisen, können sich erhebliche Beeinträchtigungen für die Freizügigkeit ergeben, wenn keine Annäherung der Prüfungsanforderungen und eine generelle gegenseitige Anerkennung der Diplome erfolgt. Daher eröffnet sich hier ein Anwendungsbereich für Art. 100[83].

bb) Niederlassungsfreiheit

Die Art. 52 ff. enthalten Vorschriften für selbständig unternehmerisch tätige Personen und Gesellschaften[84], die den oben genannten Regeln über die Freizügigkeit der Arbeitnehmer im wesentlichen entsprechen[85]. Maßnahmen zur Rechtsangleichung sind allerdings bei der Verwirklichung der Niederlassungsfreiheit von größerer Bedeutung als bei der Freizügigkeit. Art. 57 verpflichtet die Organe der EG zum Erlaß von Richtlinien hinsichtlich der Anerkennung von Diplomen sowie hinsichtlich der Anforderungen an die Aufnahme und Ausübung selbständiger Tätigkeiten[86]. Gemäß Art. 56 II müssen auch die aus Gründen der öffentlichen Ordnung notwendigen einschränkenden Bestimmungen harmonisiert werden. Art. 54 III g ermächtigt den Rat schließlich zu Rechtsangleichungsmaßnahmen auf dem Gebiet des Gesellschaftsrechts. Die Vorschrift bestimmt, daß alle Schutzbestimmungen zugunsten von Gesellschaftern oder von Dritten angeglichen werden sollen, soweit das erforderlich ist. Sehr viele Regeln des Gesellschaftsrechts dienen jedoch

---

[80] *Ipsen*, LB, S. 546.
[81] *Nelhans*, S. 65—69.
[82] *Nelhans*, S. 74 ff.
[83] Siehe dazu: *Bleckmann*, LB, S. 315.
[84] *Bleckmann*, LB, S. 303—307.
[85] *Bleckmann*, LB, S. 307 ff.
[86] Siehe dazu *Everling*, ZHR Beiheft 29 (1965), S. 60 (67 ff.).

letztlich dem Schutz entweder von Gesellschaftern oder von Dritten, die durch die Handlungen der Gesellschaft betroffen werden können. Daraus ergibt sich grundsätzlich die Angleichungsfähigkeit weiter Teile des Gesellschaftsrechts[87].

Allerdings könnte sich eine Begrenzung des Anwendungsbereichs der Vorschrift aus dem Merkmal der Erforderlichkeit ergeben, die gemäß Art. 54 III g für eine Rechtsangleichung vorhanden sein muß. Dies wird teilweise anhand der systematischen Stellung des Art. 54 III g im Kapitel der Bestimmungen über die Niederlassungsfreiheit begründet[88]. Daneben wird die Ansicht vertreten, daß sich die Begrenzung aus der Funktion der Rechtsangleichung ergebe, die nur die für den Gemeinsamen Markt im strengsten Sinn erforderlichen Hindernisse bei den Rechtsvorschriften der Mitgliedstaaten beseitigen wolle[89].

Wenn der EWGV bestimmt, daß zur Verwirklichung der Niederlassungsfreiheit auch gesellschaftsrechtliche Schutzvorschriften angeglichen werden sollen, dann läßt sich daraus nicht eine Beschränkung auf solche Vorschriften herleiten, die eine Diskriminierung von Ausländern gegenüber Inländern begründen. Die Beseitigung einiger elementarer Ungleichbehandlungen ist nicht ausreichend, um tatsächlich von der Freiheit der Niederlassung im Gemeinsamen Markt zu sprechen. Sie wird um so mehr verwirklicht je stärker das Gesellschaftsrecht angeglichen ist und Gesellschaften bei den Überlegungen bezüglich der Niederlassung in einem Land keine Befürchtungen wegen unterschiedlicher rechtlicher Bestimmungen haben müssen. Diese Gedanken lassen sich auch gegen Bemühungen ins Feld führen, eine Begrenzung der Angleichung des Gesellschaftsrechts aus der Funktion der Rechtsangleichung herzuleiten. Zwar ist ihr Anwendungsbereich nicht so unbestimmbar, daß die bloße Nützlichkeit oder der Wunsch nach einer Harmonisierung als Begründung für ein gemeinschaftliches Handeln ausreichen. Andererseits ist festzuhalten, daß die Rechtsangleichung der Verwirklichung des Gemeinsamen Marktes dient. Im Lichte dieses Zieles, vor allem in Hinblick auf seine Dynamik, ist der Begriff der Erforderlichkeit immer wieder neu zu bestimmen[90].

---

[87] *Dashwood* in: Wallace/Wallace/Webb, S. 273 (280 f.).
Weitergehend: *Bärmann*, Gesellschaftsrecht, S. 46—50, insbes. S. 48; *Kroymann*, insbes. S. 191—193; *Pipkorn*, ZHR 136 (1972), S. 499 (513); dazu auch: *Ficker*, Angleichung, FS Schmitthoff, S. 157 (162).
Entschieden enger wird der Begriff der Schutzbestimmung durch *Lutter*, EuR 1975, S. 44 (48 f.) ausgelegt (im Zusammenhang mit dem Merkmal Erforderlichkeit.

[88] *Buchholz*, S. 60 ff., 75 f.

[89] *Lutter*, Gesellschaftsrecht, Arbeiten für Rechtsvergleichung 39, S. 5 (20—23).

[90] Siehe dazu die Ausführungen unter A. IV. und A. III. 7. a); weiterhin *Bärmann*, Gesellschaftsrecht, S. 50—59 (54 ff.).

cc) Freier Dienstleistungsverkehr

Von nicht geringerer Bedeutung für den Gemeinsamen Markt als die genannten Freiheiten ist weiterhin, daß Dienstleistungen (Begriffserklärung in Art. 60) ungehindert innerhalb der Mitgliedstaaten erbracht werden können[91]. Die Maßnahmen zur Rechtsangleichung in diesem Bereich sind gemäß Art. 66 i. V. m. Art. 56, 57 in hohem Maße spezialgesetzlich bestimmt.

dd) Freier Kapital- und Zahlungsverkehr

Die Verwirklichung der genannten Freiheiten erfordert schließlich, daß auch Sach- und Geldkapital ungehindert innerhalb der EWG bewegt werden kann. Angesichts der engen Verflechtung des Kapitalverkehrs und der Wirtschafts- und Währungspolitik[92] sind die Liberalisierungsvorschriften auf diesem Teilgebiet nicht sehr weitgehend. Als Aufgabengebiet für die Rechtsangleichung ist gemäß Art. 70 I nur die Devisenpolitik hinsichtlich Drittstaaten vorgesehen[93]. Ergänzt werden die Bestimmungen über den freien Kapitalverkehr durch Art. 106, der die Liberalisierung des Zahlungsverkehrs vorsieht[94].

Die genannten Freiheiten sind wesentliche Elemente des Gemeinsamen Marktes[95], ihre Verwirklichung ist der Gemeinschaft verbindlich aufgetragen.

2. Gemeinsame Politiken

Fraglich ist, ob auch die Vorschriften über die gemeinsamen Politiken, Art. 38 ff. (Landwirtschaft), Art. 74 ff. (Verkehr) und Art. 113 (gemeinsame Handelspolitik) dem Gemeinsamen Markt zuzurechnen sind. In den genannten Bereichen werden der EWG durch Art. 43, 75 und 113 weitgehende Kompetenzen eingeräumt.

---

[91] *Bleckmann*, LB, S. 302.

[92] *Streil* in: Beutler/Bieber u. a., S. 304 f.

[93] *Bleckmann*, LB, S. 324.

[94] Allgemein zu Fragen des freien Kapital- und Zahlungsverkehrs: *Börner*, Rechtsfragen, KSE 17 (1973), S. 135 ff.

[95] So auch: *Schwartz*, FS Hallstein, S. 475 (478); *Bleckmann*, LB, S. 399; *VerLoren van Themaat* in: Smit/Herzog, Art. 100, Prelimin. Observ. Nr. 5; *Taschner* in: G-B-Th, 3. Aufl., Art. 100, RN 2, 29; *Marx*, S. 141; *Pipkorn* in: Beutler/Bieber u. a., S. 348; *Leleux*, Cah. Dr. Eur. 1968, S. 129 (139); *Ipsen*, LB, S. 687; *Mégret*, RMC 1967, S. 181; *v. d. Groeben*, NJW 1970, S. 359; *Seidel*, Einführung, S. 207 (209—214); *Scherer*, S. 92 ff. m.w.N.; *Everling*, Allg. Ermächtigung, S. 11; *Ehring* in: G-B-Th, 2. Aufl., Art. 235, S. 763; *Houin*, KSE 11 (1971), S. 778 (782); *Hallstein*, Eur. Gemeinschaft, S. 57; EuGH, RS 167/73, Slg. XX (1974), S. 359 (370).

a) Landwirtschaft

Ausgehend von Art. 2 bietet es sich an, den Begriff des Gemeinsamen Marktes auch in Abgrenzung zur schrittweisen Annäherung der Wirtschaftspolitik zu ermitteln. Da gemäß Art. 2, 103 und 105 die Wirtschaftspolitik grundsätzlich weiterhin den Mitgliedstaaten obliegen soll und der EG nur eine Koordinierungsfunktion zukommt, drängt sich der Schluß auf, daß die Landwirtschaftspolitik mit ihrer weitgehenden Aufgabenzuweisung ein wesentlicher Bestandteil des Gemeinsamen Marktes ist. Auch für die Verwirklichung der Freiheiten des EWG-Vertrages sind der Gemeinschaft ja besondere Befugnisse zugewiesen worden. Dieser Schluß wird verstärkt durch die Systematik des Vertrages, in dem die Landwirtschaft neben den Freiheiten als eine Grundlage der Gemeinschaft genannt wird. Art. 38 I selbst besagt schließlich, daß der Gemeinsame Markt die Landwirtschaft und den Handel mit landwirtschaftlichen Erzeugnissen umfaßt. Das Ergebnis scheint somit eindeutig zu sein.

Allerdings steht in Art. 38 II, daß die Vorschriften für die Entwicklung des Gemeinsamen Marktes auf die Bestimmungen über landwirtschaftliche Erzeugnisse Anwendung finden. Aufgrund dieser Bestimmung kommt Bleckmann zu dem Ergebnis, daß der Begriff des Gemeinsamen Marktes die Landwirtschaft nicht umfasse[96].

Dieser Auffassung ist entgegenzuhalten, daß landwirtschaftliche Erzeugnisse eigentlich von den Bestimmungen des EWG-Vertrages betreffend den freien Warenverkehr erfaßt werden könnten. Weil jedoch bereits vor Gründung der EWG die Regeln der Marktwirtschaft in diesem Sektor nicht mehr funktionierten, hat man sich auch in der EWG für eine dirigistische Ordnung der Erzeugung und des Vertriebs von landwirtschaftlichen Produkten entschieden[97], während die Bestimmungen über den freien Warenverkehr liberalen Geist atmen[98]. Dieser Unterschied ist nicht von grundsätzlicher Art und macht eher eine enge Verbindung deutlich. Die zu Beginn dieses Abschnittes aufgezeigten engen Bezüge behalten daneben ihre Gültigkeit. Die Vorschriften über die gemeinsame Landwirtschaftspolitik sind ein wesentliches Element des Gemeinsamen Marktes[99].

---

[96] *Bleckmann*, Grundsatzartikel, Art. 2, II 1 a.

[97] *Bleckmann*, LB, S. 407; *Riesenfeld* in: Smit/Herzog, Introduction to art. 38.

[98] Siehe dazu die Ausführungen unter A. III. 5. a).

[99] *Riesenfeld* in: Smit/Herzog, Art. 38.03.

b) *Verkehrspolitik und gemeinsame Handelspolitik*

Die Bestimmungen über die gemeinsame Verkehrspolitik stehen wie die über die Landwirtschaft im zweiten Teil des Vertrages. Daraus läßt sich erneut der Schluß ziehen, daß sie ein wesentlicher Bestandteil des Gemeinsamen Marktes ist[100]. Dafür spricht auch Art. 75 III.

Schwieriger könnte sich die Klärung der Frage gestalten, ob auch die gemeinsame Handelspolitik dem Gemeinsamen Markt zuzurechnen ist. Sie ist in Art. 110 ff. geregelt, also im dritten Teil des Vertrages, der mit „Politik der Gemeinschaft" überschrieben ist. Im Gegensatz zu den meisten anderen Bestimmungen begründet Art. 113 I allerdings eine umfassende Gemeinschaftskompetenz für die Gemeinschaft[101]. Hinzu kommt, daß Art. 3 b eine enge Verbindung zwischen der Außenhandelspolitik der Gemeinschaft und der Errichtung der Zollunion herstellt. Erstere gehört somit zu den Merkmalen, die die Eigenart der Gemeinschaft ausmachen. Ihr Ziel ist nicht allein die Abschottung des europäischen Marktes. Die EWG hat vielmehr positive Aufgaben. So wie sie im Inneren mehr als nur eine Zollunion sein will, soll auch Drittländern gegenüber nicht der Eindruck eines Bollwerks erzeugt werden[102]. Im Ergebnis ist auch die gemeinsame Handelspolitik als wichtiges Element des Gemeinsamen Marktes anzusehen.

Für die vorliegende Untersuchung ist jedoch zu berücksichtigen, daß Befugnisse zur Rechtsangleichung nie die einzigen Mittel zur Durchsetzung der gemeinsamen Politiken sind, sondern nur neben anderen Rechtsetzungskompetenzen Anwendung finden.

3. Koordinierung der Wirtschaftspolitik

Die Koordinierung der Wirtschaftspolitik wird in Art. 2 neben der Errichtung des Gemeinsamen Marktes als ein weiteres Mittel zur Verwirklichung der Ziele der Gemeinschaft genannt. Daraus könnte der Schluß gezogen werden, daß sie von dem Gemeinsamen Markt zu trennen ist.

Teilweise wird jedoch die Ansicht vertreten, die Koordinierung der Wirtschaftspolitik stelle lediglich ein ergänzendes Element dar, welches das Funktionieren des Gemeinsamen Marktes zum Ziel habe[103]. Zumindest wird ein enger Zusammenhang angenommen[104].

---

[100] *Ipsen*, LB, S. 687; *Leleux*, Cah. Dr. Eur. 1968, S. 129 (139); *Strauß*, S. 13; anders jedoch: *Bleckmann*, Grundsatzartikel, Art. 2, II 1 a.

[101] *Ipsen*, LB, S. 818 f.

[102] *Sciolla Lagrange* und *Herzog* in: Smit/Herzog, Prelim. Observ. Nr. 1, Art. 110—116.

[103] *Pipkorn* in: Beutler/Bieber u. a., S. 348; *Ipsen*, LB, S. 687; *Ehring* in:

Demgegenüber wird von anderer Seite betont, daß der EWG-Vertrag nur eine begrenzte Zielsetzung habe. Diese Ziele sollten verwirklicht werden, für weitergehende Vorhaben biete der Vertrag in seiner jetzigen Form jedoch keinen Raum. Hinsichtlich der Koordinierung der Wirtschaftspolitik wird auf Art. 2, 103 und 105 hingewiesen, die ja besagten, daß sie generell zu dem Aufgabenbereich der Mitgliedsstaaten zu zählen sei[105].

In der Tat fragt es sich, ob durch die Zuordnung der Wirtschaftspolitik zum Gemeinsamen Markt nicht Dinge von zu unterschiedlichem Charakter miteinander verbunden werden. Unter dem Kapitel „Errichtung des Gemeinsamen Marktes" werden, wie oben gezeigt wurde, bestimmte Bereiche erfaßt, in welchen den Organen der EWG näher umschriebene Aufgaben zugewiesen werden. Demgegenüber fehlen bei dem Kapitel „Annäherung der Wirtschaftspolitik" derartige konkrete Aufgabenzuweisungen. Zwar ermächtigen die Absätze 2 und 3 des Art. 103 EWG-Vertrag die Europäischen Gemeinschaften zu konjunkturpolitischen Maßnahmen. Daher wird vielfach die Ansicht vertreten, die Konjunkturpolitik sei nicht ausschließlich im Aufgabenbereich der Mitgliedstaaten verblieben, sondern die Organe der Gemeinschaft seien zur Mitwirkung berufen[106]. In der Praxis wird die EWG jedoch kaum auf dem Gebiet der Konjunkturpolitik tätig. Sie beschränkt sich vielmehr vornehmlich auf Bemühungen um die Koordinierung der Politik der Mitgliedstaaten[107]. Ein entscheidender Grund dafür ist die enge Verflechtung zwischen der Konjunkturpolitik und den haushaltspolitischen Maßnahmen eines Landes. Eine von der EWG betriebene Konjunkturpolitik würde daher zwangsläufig immer in den Kernbereich staatlicher Befugnisse und Aufgaben eingreifen[108]. Daher halten sich die Mitgliedsländer und dabei insbesondere ihre demokratisch legitimierten Legislativorgane[109] mit der Zustimmung zu einem Handeln auf EWG-Ebene sehr zurück. Hinzu kommt, daß Art. 105 für den Bereich der Wirtschaftspolitik der Gemeinschaft nur eine Koordinierungsfunktion einräumt.

G-B-Th, 2. Aufl., Art. 235, Anm. II 2, S. 763; *Behrens*, S. 239; *Leleux*, Cah. Dr. Eur. 1968, S. 129 (141); ähnlich: *Taschner* in: G-B-Th, 3. Aufl., Art. 100, RN 2.

[104] *v. d. Groeben*, NJW 1970, S. 359 (360).

[105] *Schmeder*, S. 204 f.; siehe auch *v. d. Groeben*, FS G. Hartmann, S. 105 (110).

[106] *Zuleeg*, Wirtschaftsverfassung, S. 73 (83 f.); *Ehlermann* in: G-B-Th., 2. Aufl., Art. 103 III 1, 2; *Fuß*, Integration 1969, S. 137 (143); *Everling*, Verflechtung, S. 39 (49); in diesem Sinn auch: EuGH RS 9 und 11/71, Slg. XVIII (1972), S. 391 (408); EuGH RS 5/73, Slg. XIX (1973), S. 1091 (1110); anders aber: *Klisch*, insbesondere auf S. 130, 148.

[107] *Everling*, Verflechtung, S. 39 (49).

[108] *Everling*, Koordinierung, S. 31—33, 37; *Fuß*, Integration 1969, S. 137 (143); *Zuleeg*, Wirtschaftsverfassung, S. 73 (85).

[109] *Everling*, Koordinierung, S. 33.

Durch die Zuordnung der Wirtschaftspolitik im weiten Sinn zum Gemeinsamen Markt würden der Gemeinschaft praktisch unbegrenzte Kompetenzen zugewiesen. Dies widerspricht dem Prinzip der begrenzten Einzelermächtigung[110]. Aus diesem Grund ist die Annäherung der Wirtschaftspolitik kein Bestandteil des Gemeinsamen Marktes. Im übrigen erscheint es zweifelhaft, ob die Rechtsangleichung überhaupt ein geeignetes Mittel zur Annäherung der Wirtschaftspolitik ist[111]. Dafür sind weniger übereinstimmende Rechtsvorschriften als vielmehr eine einheitliche Politik erforderlich[112].

Es ist zuzugestehen, daß eine Abgrenzung nicht immer leicht vorzunehmen sein wird. Immerhin stehen der Gemeinsame Markt und die Koordinierung der Wirtschaftspolitik nicht beziehungslos nebeneinander. Vielmehr soll die Annäherung der nationalen Wirtschaftspolitik letztlich den Gemeinsamen Markt stärken und sichern[113]. Die Entwicklung wird in der Zukunft die Frage aktuell werden lassen, ob seine weitere Entfaltung nicht nach stärkeren Befugnissen der Gemeinschaftsorgane im Bereich der Wirtschaftspolitik verlangt, um auf jeden Fall eine an den Bedürfnissen der EG orientierte Politik zu verwirklichen. Diese Verpflichtung wurde von den Regierungen angesichts der großen wirtschaftlichen Schwierigkeiten in den letzten Jahren immer mehr verdrängt[114]. Grundsätzlich ist jedoch die Koordinierung der Wirtschaftspolitik von der Errichtung des Gemeinsamen Marktes zu unterscheiden.

4. Gleiche Wettbewerbsbedingungen

Art. 3 f. des Gründungsvertrages stellt der Europäischen Wirtschaftsgemeinschaft die Errichtung eines Systems zum Schutz des Wettbewerbs zur Aufgabe. Es fragt sich, in welcher Beziehung diese Verpflichtung zu dem Gemeinsamen Markt steht.

Durch die Zollunion, dem Kernstück der EWG (Art. 9), sind die nationalen Märkte geöffnet worden und haben sich zu einem großen, einheitlichen Marktbereich entwickelt. Das vergrößerte Absatzgebiet für Waren, sowie die Möglichkeit einer besseren Arbeitsteilung bei der Herstellung von Produkten dienen der Förderung des Wettbewerbs[115]

---

110 Siehe *Bleckmann*, LB, S. 11; *Beutler* in: Beutler/Bieber u. a., S. 68 f.

111 Bejahend: *Taschner* in: G-B-Th, 3. Aufl., Art. 100, RN 2.

112 *VerLoren van Themaat* in: Smit/Herzog, Art. 100, Preliminary Observations Nr. 6.

113 *v. d. Groeben*, Liberale Vorstellungen, S. 9 (16).

114 Dazu: *v. d. Groeben*, Liberale Vorstellungen, S. 9 (22—24); und die Diskussion zu diesem Vortrag, S. 26—28.

115 *Mestmäcker*, FS Böhm, S. 345 (352 f.); *Scherer*, S. 93.

und der Schaffung annähernd gleicher Wettbewerbsbedingungen für die Unternehmen[116]. Der Bedeutung des Wettbewerbs für den freien Warenverkehr und damit für den Gemeinsamen Markt tragen die Wettbewerbsregeln des EWG-Vertrages (Art. 85—94) Rechnung. Sie sollen den Wettbewerb im Gemeinsamen Markt sichern und fördern[117]. Der Gemeinsame Markt ist jedoch, wie oben bereits ausgeführt wurde, nicht auf den freien Warenverkehr beschränkt, sondern wird auch durch die übrigen Freiheiten gekennzeichnet. Ihnen allen liegt ein Diskriminierungsverbot zugrunde[118]. Auch diese Vorschriften haben die Schaffung annähernd gleicher Wettbewerbsbedingungen zum Ziel. Der einheitliche Markt[119] der EWG ist nach dem bisher Gesagten folglich durch die Grundsätze der Marktfreiheit, aber auch der Marktgleichheit gekennzeichnet[120].

Die soeben beschriebene Aufgabe der Schaffung gleicher Wettbewerbsbedingungen in der EWG verlangt nicht zuletzt auch eine Angleichung der rechtlichen Vorschriften für die Ausübung wirtschaftlicher Tätigkeit[121]. Sie können wegen der territorialen Begrenzung ihres Geltungsbereichs eine im Verhältnis zu den anderen Mitgliedstaaten abgrenzende Wirkung haben[122] und damit gegen die Grundsätze des einheitlichen Marktes und der Marktfreiheit verstoßen. Derartige Unterschiede verhindern, daß alle Marktteilnehmer ihre Chancen auf dem Markt realistisch einschätzen können. Sie verhindern die Transparenz, nach der der Gemeinsame Markt verlangt. Dabei geht es nicht allein um mehr oder weniger versteckte Schutzvorschriften in den einzelnen Mitgliedsländern, welche die Einfuhr von Waren immer wieder erschweren, und damit die Verwirklichung des einheitlichen Binnenmarktes verzögern sowie den Wettbewerb behindern. Auch die besonderen Anforderungen an die Qualifikation für die Ausübung eines Berufes beispielsweise, die den anderen Freiheiten immer noch oder immer wieder entgegenstehen, bewirken die beschriebene mangelnde Transparenz.

Die Bestimmung zur Angleichung des Gesellschaftsrechts in Art. 54 III g weist schließlich auf einen weiteren Aspekt hin. Erhebliche Unter-

---

[116] *Schwartz*, FS Hallstein, S. 474 (479 f.).

[117] *Mestmäcker*, FS Böhm, S. 345 (364—369); *Hahn*, S. 15 (19—21); *Fikentscher*, S. 539 f., 683.

[118] *Mestmäcker*, FS Böhm, S. 345 (354); streitig ist jedoch, ob die Freiheiten allein durch ein Diskriminierungsverbot gekennzeichnet sind, so *Graf*, S. 81 ff., anders aber *Bleckmann*, LB, S. 288.

[119] *Mestmäcker*, Eur. Wettbewerbsrecht, S. 49 f.; EuGH RS 78/70 (Dt. Grammophon ./. Metro), Slg. XVII (1971), S. 487 (488, 499 f.).

[120] *Scherer*, S. 93; *Grabitz*, Zugang zum Markt, FS Ipsen, S. 645 (646 f.).

[121] *VerLoren van Themaat*, FS Ophüls, S. 243 (249); *Mestmäcker*, FS Böhm, S. 345 (354 f.).

[122] *Mestmäcker*, Eur. Wettbewerbsrecht, S. 49 f.

schiede in den gesellschaftsrechtlichen Bestimmungen können ein Unternehmen dazu veranlassen, sich nicht in einem anderen Land niederzulassen, weil dadurch die möglichen Vorteile einer Niederlassung wieder aufgehoben werden. Ähnliches gilt für Kunden, Kreditgeber und Anleger. Die rechtlichen Bestimmungen zu ihrem Schutz spielen bei der Entscheidung über den Kauf oder Verkauf von Produkten, die Gewährung von Krediten und die Beteiligung an einer Gesellschaft eine erhebliche Rolle. Wer sich erst einen Überblick über die besonderen rechtlichen Verhältnisse verschaffen und seine Position durch besondere vertragliche Bestimmungen absichern muß, ist gezwungen, besondere Kosten aufzuwenden. Wer sich dazu nicht in der Lage sieht, wird auf die Eröffnung von Geschäftsbeziehungen verzichten oder sich zurückhalten. Denkbar erscheint es schließlich, daß unterschiedliche gesellschaftsrechtliche Bestimmungen allein eine psychologische Barriere darstellen, die letztendlich der Verwirklichung der Niederlassungsfreiheit entgegensteht.

Auch auf diese Weise wird der Wettbewerb innerhalb des Gemeinsamen Marktes behindert. Eine Rechtsangleichung zur Beseitigung dieser Behinderung wird dann erforderlich. Während der EWG-Vertrag für das Gesellschaftsrecht dafür in Art. 54 III g eine ausdrückliche Bestimmung enthält, gibt es andere Rechtsgebiete, bei denen unterschiedliche Regelungen in ähnlicher Weise zu einer Wettbewerbsverfälschung führen können. An anderer Stelle wird noch erörtert werden, ob sich eine Harmonisierung des Rechts der Produkthaftung, der Haustürgeschäfte, des Verbraucherkredits und der irreführenden Werbung aus den genannten Gründen heraus rechtfertigen läßt[123]. Eine solche Beachtung des Problems im Einzelfall ist immer geboten.

Grundsätzlich läßt sich jedoch aus der Analyse der Bedeutung des Wettbewerbs für den Gemeinsamen Markt und aus der in Art. 54 III g enthaltenen Regelung der Schluß ziehen, daß die Aufgabe der Schaffung annähernd gleicher Wettbewerbsbedingungen in umfassender Weise zu verstehen ist und allgemein die Errichtung gleicher rechtlicher Bedingungen für eine wirtschaftliche Tätigkeit erfordert. Es muß zugestanden werden, daß durch die aufgezeigte Verbindung die Arbeiten der EWG beispielsweise zur Angleichung des Gesellschaftsrechts und des Rechts der Produkthaftung eine neue Dimension erhalten. Die Europäische Wirtschaftsunion muß bis zu einem gewissen Grade auch eine Rechtsunion werden und die angeführten Richtlinien bzw. Richtlinienentwürfe sind Bausteine dafür. Sofort kommen andere Rechtsbereiche, das Kauf-, das Wechsel-, das Handels- und das Vollstreckungsrecht mit ins Blickfeld, alles Gebiete, in denen bisher keine oder nur eine ge-

---

[123] Unten bei C. II. 2. a), b), c), d).

ringe Rechtsangleichung erfolgt ist. Eine Harmonisierung dieser Bereiche hätte für die Integration Europas eine große Bedeutung. Sie würde auch die politische Rolle der EWG stärken und kann daher nur mit einem entsprechenden politischen Willen verwirklicht werden[124].

In welchem Umfang eine Angleichung tatsächlich erforderlich ist, muß bei jedem Teilbereich eigens geprüft werden. Der EWG-Vertrag ermöglicht jedoch keine vollständige Veränderung der nationalen Rechtsordnungen zu einer europäischen Rechtsunion.

Die beschriebene weite Dimension des Wettbewerbs sowie seine enge Verbindung zu den Freiheiten des EWG-Vertrages[125] machen deutlich, daß gleiche Wettbewerbsbedingungen ein wesentliches Merkmal des Gemeinsamen Marktes sind[126].

5. Wirtschaftsverfassung der EWG

Im Zusammenhang mit der Erörterung der Bedeutung des Wettbewerbs für die Gemeinschaft stellt sich die Frage, ob die Rechtsangleichung auch an wirtschaftsverfassungsrechtlichen Grundsätzen zu messen ist, welche dem EWGV und vor allem dem Begriff des Gemeinsamen Marktes zugrundeliegen könnten[127].

a) Grundsätze der Verfassung

Weithin wird angenommen, daß der Vertrag zur Gründung der Europäischen Wirtschaftsgemeinschaft durch eine Wirtschaftsverfassung geprägt wird. Streitig ist allerdings, ob es sich dabei um eine voll ausgestaltete Verfassung handelt oder ob in ihm lediglich einige Grundprinzipien niedergelegt sind. Umstritten ist auch, inwieweit der Vertrag von einer bestimmten Theorie beeinflußt ist[128].

Teilweise wird ein marktwirtschaftliches System ordoliberaler Prägung als das Grundprinzip des EWG-Vertrages bezeichnet[129]. Andere

---

[124] Siehe dazu unten unter B. I.

[125] *Schwartz*, FS Hallstein, S. 474 (480).

[126] *Scherer*, S. 92 ff.; *Schwartz*, FS Hallstein, S. 474 (478); *VerLoren van Themaat* in: Smit/Herzog, Art. 100 Prelimin. Observ. Nr. 5; *Taschner* in: G-B-Th, 3. Aufl., RN 2, 29; *Marx*, S. 141; *Ipsen*, LB, S. 687; *Leleux*, Cah. Dr. Eur., 1968, S. 129 (139); *v. d. Groeben*, NJW 1970, S. 359; *Houin*, KSE 11 (1971), S. 778 (782); *Wohlfarth* in: Wohlfarth/Everling u. a., Art. 3, Anm. 8.

[127] Zu der Bedeutung der Wirtschaftsverfassung für die Rechtsangleichung siehe: *Schmeder*, S. 46.

[128] Siehe dazu: *Zuleeg*, Wirtschaftsverfassung, S. 73 ff. und die anschließende Diskussion.

[129] *Marx*, S. 139—143; *Badura*, VVDStRL 23 (1966), S. 34 (77 f.); *Hallstein*,

wiederum betonen, der EWGV basiere auf der Vorstellung eines gemischten Wirtschaftssystems[130] nach Art etwa der französischen „planification“[131]. Eine dritte Ansicht schließlich verneint die Möglichkeit einer eindeutigen Zuordnung. Sie schließt nur eine streng liberale Wirtschaftsverfassung nach klassischem Muster sowie eine Zentralverwaltungswirtschaft als mit dem System des EWGV als unvereinbar aus[132].

An anderer Stelle wurde bereits festgestellt, daß der Gemeinsame Markt wesentlich durch gleiche Wettbewerbsbedingungen, durch die Freiheit von Unternehmen und Personen, sich innerhalb der Gemeinschaft niederzulassen und wirtschaftlich tätig zu werden, durch den freien Warenaustausch sowie schließlich durch eine allgemeine Gleichbehandlung zur Sicherung der Freiheiten gekennzeichnet wird. Im Verhältnis zu dritten Ländern sind der gesamte Zolltarif und die gemeinsame Handelspolitik zu nennen. Beide dienen nicht der Abschottung des europäischen Marktes vor unliebsamen Konkurrenten. Den Gemeinschaftsorganen, die für die Verwirklichung des Gemeinsamen Marktes zuständig sind, wurden mit Ausnahme des Bereiches Landwirtschaft keine planwirtschaftlichen Befugnisse verliehen[133]. Im Ergebnis ist folglich der Schluß gerechtfertigt, daß der EWGV von dem wirtschaftspolitischen Begriff des Gemeinsamen Marktes ausgeht[134]. Der Vertrag ist durch eine marktwirtschaftliche Wirtschaftsverfassung gekennzeichnet[135].

Fraglich ist jedoch, ob darüberhinaus, insbesondere durch die Betonung der Bedeutung des Wettbewerbs für den Gemeinsamen Markt, die Ansicht vertreten werden kann, daß der EWG-Vertrag von ganz bestimmten liberalen Vorstellungen, etwa dem Ordoliberalismus, geprägt ist[136]. Dagegen spricht, daß zur Zeit des Vertragsschlusses innerhalb der Mitgliedstaaten eine unterschiedliche Wirtschaftspolitik be-

---

Wirtschaftl. Integration, FS Müller-Armack, S. 267 (275); *Muthesius*, ORDO X (1958), S. 115 (128); *Ophüls*, Grundprinzip, ZHR 124 (1962), S. 136 (148 ff.); weitere Nachweise bei *Scherer*, S. 199.

[130] Siehe Nachweise bei *Scherer*, S. 200.

[131] Zur „Planification“ vergleiche *Scherer*, S. 56 ff.

[132] *Everling*, Koordinierung, in: Recht und Staat, Bd. 296/297, S. 14 ff.; *Scherer*, S. 201—205; *Bleckmann*, LB, S. 136; in diesem Sinn auch: *Hoffmann-Becking*, S. 71; *Reuter*, S. 185; *Fikentscher*, S. 547.

[133] *v. d. Groeben*, Liberale Vorstellungen, S. 9 (14 f.).

[134] *Scherer*, S. 91—95; *Schmeder*, S. 47 f.; *Marx*, S. 141.

[135] *Schmeder*, S. 47; *von Simson*, Marktwirtschaft, S. 55 (66 f.); *Zuleeg*, Wirtschaftsverfassung, S. 73 (76); *Müller-Armack*, Wirtschaftsordnung, S. 401 (405); instruktiv weiterhin die Ausführungen *v. d. Groeben's* in: Liberale Vorstellungen, S. 9 ff. (insbes. S. 12 f.).

[136] Verneinend: *Schmeder*, S. 48; *Bleckmann*, LB, S. 135 f.; bejahend: *Marx*, S. 143; wohl auch *Günther*, FS Böhm, S. 279 (281 f.).

trieben wurde. In der Bundesrepublik beispielsweise herrschten ordoliberale Vorstellungen vor[137]. In Frankreich war demgegenüber im Jahr 1947 mit dem ersten Plan die sogenannte „planification" eingeleitet worden[138]. Es erscheint schwer vorstellbar, daß ein Vertragsstaat der Errichtung einer rechtlichen Ordnung zustimmte, die von seiner eigenen erheblich abwich. Die unterschiedlichen Vorstellungen in den einzelnen Staaten sprechen vielmehr dafür, daß die Gründer der EWG eine offene Wirtschaftsverfassung anstrebten[139].

Zur Klärung kann ein Blick in die Entstehungsgeschichte der Römischen Verträge beitragen: der Spaak-Bericht war erklärtermaßen von marktwirtschaftlichen Gedanken bestimmt. Die französische Regierung war seinerzeit politisch in einer schwachen Situation und konnte letztlich nur im Bereich der Landwirtschaft die Weichen für eine dirigistische Ordnung stellen[140]. Daher könnte man annehmen, der EWG-Vertrag folge in seinen wesentlichen Teilen doch dezidiert marktwirtschaftlichen Vorstellungen und stelle dabei eine Ordnung für das marktwirtschaftliche Geschehen auf, die weitgehend, wenn auch nicht ausschließlich, auf die regulierende Kraft von Angebot und Nachfrage im ungehinderten Wettbewerb baue[141].

Dann ist jedoch zu fragen, warum man nicht gleich einen Schritt weiter gegangen ist und der Europäischen Gemeinschaft auch weitgehende Befugnisse für eine gemeinsame liberale europäische Wirtschaftspolitik übertragen hat. Dies wäre nur konsequent gewesen. Das Fehlen derartiger Befugnisse kann gerade nicht als Begründung für die ordoliberale Wirtschaftsverfassung des Gründungsvertrages herangezogen werden[142]. Nach Auskunft eines der damals Beteiligten waren für die Zurückhaltung die Befürchtungen der Anhänger der Marktwirtschaft entscheidend, daß die Gemeinschaftsorgane in der Zukunft vielleicht doch einmal einen anderen wirtschaftspolitischen Kurs einschlagen könnten[143]. So gefestigt scheint die Wirtschaftsverfassung des EWG-Vertrages also nie gewesen zu sein. Weiterhin ist auf die Bestimmungen über die gemeinsame Landwirtschaftspolitik hinzuweisen. Die darin zugrunde gelegte „Markt"-ordnung für landwirtschaftliche Erzeugnisse ist mit einer neoliberalen Wirtschaftsverfassung nicht vereinbar.

---

137 Siehe dazu *Marx*, S. 140; *Hahn*, S. 15 (17).

138 *Scherer*, S. 57; siehe weiterhin zu den verschiedenen, in der EG realisierten Wirtschaftsordnungen: *Dürr*, S. 107 (112 ff.) und *Rahmsdorf*, S. 71 ff.

139 Siehe dazu: *Müller-Armack*, Wirtschaftsordnung, S. 401 (404 f.).

140 *v. d. Groeben*, Liberale Vorstellungen, S. 9 (12—14).

141 *Marx*, S. 139—143; siehe dazu auch: *Zuleeg*, Wirtschaftsverfassung, S. 73 (82).

142 So aber *Marx*, S. 142.

143 *v. d. Groeben*, Liberale Vorstellungen, S. 9 (15 f.).

Schließlich würden sich Konflikte im Verhältnis zu nationalen wirtschaftspolitischen Maßnahmen ergeben, wenn der Vertrag von einer solchen Wirtschaftsverfassung geprägt wäre. Eine liberale Wirtschaftsordnung schließt nach heutiger Auffassung eine Einflußnahme des Staates auf wirtschaftliche Prozesse nicht mehr aus. Die EG-Staaten nehmen Eingriffe auf vielen Gebieten und in unterschiedlichem Ausmaß vor, ohne daß gesagt werden könnte, das eine oder andere Land habe seine marktwirtschaftliche Ordnung aufgegeben[144]. Im Ergebnis müssen maßvolle Formen der Wirtschaftslenkung in den Mitgliedstaaten akzeptiert werden, sofern sie nicht die Errichtung und das Funktionieren des Gemeinsamen Marktes behindern[145]. Bei einer ordoliberalen Verfassung des Gemeinsamen Marktes wäre allerdings angesichts des derzeit für möglich gehaltenen Umfangs der staatlichen Einflußnahme auf wirtschaftliche Prozesse eine Behinderung anzunehmen. Der Gemeinsame Markt kann aber nicht die Wirtschaftspolitik, die weiterhin den einzelnen Ländern obliegt, zu bestimmen versuchen.

Aus dem vorstehend Gesagten ergibt sich: die Ordnung des EWG-Vertrages ist nicht identisch mit einer bestimmten Wirtschaftsverfassung. Sie ist insofern neutral[146], allerdings von liberalen Grundsätzen bestimmt[147]. Die Entscheidung bezüglich Maßnahmen zur Verwirklichung des Gemeinsamen Marktes richtet sich grundsätzlich nach Zweckmäßigkeitsgesichtspunkten[148]. Funktion und Grenzen der Rechtsangleichung können demnach nicht vorrangig unter dem Blickwinkel einer bestimmten Wirtschaftsverfassung bestimmt werden[149].

b) Ein Markt für Anbieter und Nachfrager

Dennoch läßt die marktwirtschaftliche Grundposition des EWG-Vertrages einige Schlüsse auf den Begriff des Gemeinsamen Marktes und damit auf den Aufgabenbereich der Rechtsangleichung zu.

Er geht von dem volkswirtschaftlichen Begriff des Marktes aus[150]. Damit wird zwar nicht der Begriff des Gemeinsamen Marktes im Sinn

---

[144] Siehe dazu: *v. d. Groeben*, Liberale Vorstellungen, S. 9 (21).

[145] *Zuleeg*, Wirtschaftsverfassung, S. 73 (95); zu der Frage, inwieweit die umfassende Verstaatlichung eines Wirtschaftsbereiches und die massive Unterstützung verstaatlichter Unternehmen mit öffentlichen Mitteln mit dem Grundkonzept des Gemeinsamen Marktes vereinbar sind, siehe: *Weis*, NJW 1982, S. 1910 ff.; *Hahn*, S. 15 (25 ff.).

[146] *Scherer*, S. 205.

[147] *Zuleeg*, Wirtschaftsverfassung, S. 73 (97); *Mestmäcker*, FS Böhm, S. 345 (347).

[148] So auch: *Scherer*, S. 204 f.

[149] So aber *Marx*, S. 143 ff.

[150] Bezüglich des Begriffsinhaltes: *Ipsen*, LB, S. 550.

des Vertrages erfaßt[151], dennoch macht seine Verwendung deutlich, daß die Verwirklichung des Gemeinsamen Marktes allen Teilnehmern des Marktgeschehens, den Anbietern und den Nachfragern dienen muß[152]. Diese doppelte Zielsetzung läßt sich aus den einzelnen Elementen des Gemeinsamen Marktes herleiten. Der freie Warenverkehr dient nicht nur den Unternehmen, die überall in der Gemeinschaft ihre Produkte anbieten dürfen. Er dient auch den Verbrauchern, die auf diese Weise in den Genuß eines größeren Angebots kommen. Entsprechendes gilt für die Freizügigkeit der Arbeitnehmer. Den Anbietern ihrer Arbeitskraft wird ein vergrößertes Gebiet für ihre Arbeitsplatzsuche geboten, die Unternehmen als Nachfrager sind nicht allein auf Arbeiter aus einem räumlich begrenzten Gebiet angewiesen. Für den freien Dienstleistungsverkehr, die Niederlassungsfreiheit, den freien Kapital- sowie den freien Zahlungsverkehr kann die obige Darstellung übernommen werden. Auch die Forderung nach gleichen Wettbewerbsbedingungen dient einer Ausgewogenheit des Marktgeschehens, das sowohl für Anbieter als auch für Nachfrager von großer Wichtigkeit ist[153].

Vor diesem Hintergrund ist die Feststellung zutreffend, daß nur bei einer hinreichenden Berücksichtigung der Verbraucherinteressen die für eine Rechtsangleichung erforderliche Interessenangleichung gewährleistet werden kann[154]. Allerdings ist zu berücksichtigen, daß es dabei nur um die Harmonisierung gesetzlicher Vorschriften gehen kann, nicht jedoch um die Änderung der Verbrauchermentalität, die ebenfalls von Land zu Land unterschiedlich ist. Sie ruft häufig schwere Handelshemmnisse hervor, etwa dann, wenn bestimmte Lebensmittelbezeichnungen in verschiedenen Ländern eine andere Bedeutung haben (z. B. Essig). Diese gewachsenen Unterschiede in Anschauung und Mentalität lassen sich kaum durch Richtlinien ändern.

Eine nähere Betrachtung der Elemente des Gemeinsamen Marktes macht jedoch deutlich, daß seine Verwirklichung zunächst auf der Anbieterseite erforderlich ist. Auch für den Verbraucher so wichtige Vorschriften wie die über die Etikettierung von Warenpackungen müssen nicht in erster Linie wegen ihrer verbraucherschützenden Funktion angeglichen werden, sondern weil sie ein Hindernis für den freien Warenverkehr darstellen[155]. Das Interesse anderer Teilnehmer ist gegenüber

---

[151] *Ipsen*, LB, S. 551.

[152] *Rambow*, EuR 1981, S. 240 (242); ebenso die Kommission in einer Arbeitsunterlage über den Verbraucherkredit, Europäisches Parlament, Rechtsausschuß, Mitteilung an die Mitglieder 29/80 v. 8. 10. 1980, PE 67 867, S. 2.

[153] *Kennet*-Bericht, S. 14 f.; *Bourgoignie*, RTDE 1982, S. 1 (15 f.).

[154] *Schmeder*, S. 73 ff.

[155] RL 71/307, ABL L 185/71 und RL 75/38, ABL L 14/75; RL 75/106, ABL L 42/75 und RL 79/1005, ABL L 308/79; RL 76/211, ABL L 46/76; RL 79/112,

dem der Anbieter von Waren nachrangig. Insofern erhält der Grundsatz, daß der Gemeinsame Markt Anbietern und Nachfragern dienen müsse, eine gewisse Einschränkung. Als ein Beispiel dafür, daß eine Richtlinie allein der Verwirklichung der Niederlassungsfreiheit dienen soll, Fragen des Gesundheits- und Verbraucherschutzgesetzes jedoch ausgeklammert werden, sei auf den Vorschlag der Kommission an den Rat zur Erleichterung der Niederlassungsfreiheit für bestimmte pharmazeutische Tätigkeiten verwiesen[156].

6. Schlußbetrachtung bezüglich des Begriffs des Gemeinsamen Marktes

Der Gemeinsame Markt ist also, um dies noch einmal zusammenzufassen, gekennzeichnet durch die Freiheiten des EWG-Vertrages, durch die gemeinsamen Politiken und durch die Aufgabe, auf diesen Gebieten, von gewissen Ausnahmen abgesehen, gleiche Wettbewerbsbedingungen zu schaffen[157]. Durch den Abbau aller rechtlichen Schranken, die diesen Zielen entgegenstehen, aber auch durch die positive Förderung des Austausches und des Wettbewerbs soll ein einheitlicher europäischer Binnenmarkt geschaffen werden. Der damit verbundenen Freiheit nach innen, die insbesondere durch die Freiheiten des EWG-Vertrages gewährleistet wird, steht die Einheitlichkeit des Gemeinsamen Marktes nach außen zur Seite[158]. Zur Verwirklichung ihrer Aufgaben sind den Organen der EWG weitreichende Befugnisse übertragen worden[159]. Diese besonderen Kompetenzen heben die Gemeinschaft, deren Ziele durch den Gemeinsamen Markt ja erfüllt werden sollen[160], auf einen besonderen Rang unter den internationalen Organisationen[161]. Die Rechtsnatur der Gemeinschaft bestimmt sich grundsätzlich nicht nach allgemeinen völkerrechtlichen Grundsätzen[162]. Von dieser Grund-

---

ABL L 33/79; RL 79/530, ABL L 145/79; RL 80/232, ABL L 51/80; hinzukommt die auf Art. 235 gestützte RL 79/581, ABL L 158/79; siehe auch *Börner*, freier Warenhandel, KSE 26, S. 1 (13) sowie die Ausführungen unter C. II. 1.

[156] Kom (81) 4, ABL C 35 v. 18. 2. 1981, S. 3; siehe dazu auch die Kritik des Abgeordneten *Malangré* in seinem Bericht an den Rechtsausschuß des Europ. Parlaments, Dok EP 1—934/82 vom 4. 3. 1982, S. 25 f. (PE 77 316).

[157] Zwischen den Wesensmerkmalen gibt es entgegen mancher Annahme, etwa bei *Schmeder*, S. 39 ff.; *Cartens*, ZaöRV 18 (1957/58), S. 459 (460 f.); und *Schwartz*, FS Hallstein, S. 474 (488) keine Rangordnung. Der EWGV enthält dafür keinen Anhaltspunkt. In Art. 3 sind die Aufgaben gleichrangig nebeneinandergestellt. In diesem Sinn auch: *Marx*, S. 31 f.; *Leleux*, Cah. Dr. Eur. 1968, S. 129 (144); *Seidel*, Rezension, EuR 1979, S. 209 (211); *VerLoren van Themaat* in: Smit/Herzog, Prelimin. Observ. Nr. 5 zu Art. 100.

[158] *Ipsen*, LB, S. 551; *Grabitz*, Zugang zum Markt, FS Ipsen, S. 645 (646).

[159] *Ipsen*, LB, S. 551.

[160] *Matthies*, Verfassung, GS Sasse, S. 115 (116).

[161] Siehe dazu: *Bleckmann*, Rechtsnatur, DÖV 1978, S. 391 (397).

[162] *Bleckmann*, Rechtsnatur, DÖV 1978, S. 391 (394 f., 396).

lage aus konnte der EuGH feststellen, daß das Gemeinschaftsrecht auch den Einzelnen als Rechtssubjekt ansieht[163]. Er ging dabei von dem Begriff des Gemeinsamen Marktes aus. Die Verfassung der Gemeinschaft wird entscheidend durch den Gemeinsamen Markt geprägt[164].

Zusammenfassend bleibt festzustellen, daß sein Begriff einigermaßen genau ermittelt werden kann. Dadurch wird die Auslegung des Art. 100 nicht unwesentlich erleichtert. Es bleibt nur noch zu klären, ob der Begriff statisch ist oder sich im Lauf der Zeit verändern kann.

7. Möglichkeiten einer Erweiterung des Begriffs des Gemeinsamen Marktes

a) Dynamischer Prozeß der Integration

Ein größerer Anwendungsbereich könnte sich für Art. 100 ergeben, wenn der aus seinen Wesensmerkmalen heraus entwickelte Begriff des Gemeinsamen Marktes nicht abschließend wäre, sondern durch die fortschreitende Entwicklung der Gemeinschaft ausgeweitet worden ist, bzw. ausgeweitet werden kann. Eine solche Annahme könnte ihre Begründung im Wortlaut von Art. 100 und Art. 3 h finden. Dort ist nicht nur von der Errichtung des Gemeinsamen Marktes die Rede, sondern auch von seinem Funktionieren. Der Vertragstext läßt den Schluß zu, daß die Europäische Wirtschaftsgemeinschaft und der sie prägende Gemeinsame Markt keine statischen Gebilde darstellen, sondern auf eine kontinuierliche Entwicklung ausgerichtet sind[165]. Das hat Auswirkungen auf den Anwendungsbereich der Rechtsangleichung[166]. Dieser Schluß wird durch die in der Präambel und in Art. 2 niedergelegten Ziele des Vertrages bestätigt. Sie müssen bei der Auslegung des Vertrages berücksichtigt werden[167], auch wenn die spätere Praxis der Europäischen Gemeinschaften nicht immer von den dort niedergelegten Idealen inspiriert wurde[168].

---

[163] EuGH RS 26/62 (van Gend & Loos) Slg. IX (1963), S. 1 (5 f., 24 f.); *Matthies*, Verfassung, GS Sasse, S. 115 (117 f.).

[164] *Matthies*, Verfassung, GS Sasse, S. 115 (122).

[165] Bejahend hinsichtlich der dynamischen Konzeption: *Tascher* in: G-B-Th, Art. 100 3. Aufl., RN 29; *Ipsen*, LB, S. 697; *Kaiser*, EuR 1980, S. 97 f.; *Nicolaysen*, LB, S. 46; *Marx*, S. 15; *v. d. Groeben*, NJW 1970, S. 359 (360); *Ophüls*, Auslegung, FS Müller-Armack, S. 279 (285); *Bleckmann*, Auslegungsmethoden, NJW 1982, S. 1177 (1180); *Pipkorn* in: Beutler/Bieber u. a., S. 350.

[166] *Ficker*, FS Aubin, S. 57 (60 f.).

[167] *Ophüls*, Auslegung, FS Müller-Armack, S. 279 (288 f.); in diesem Sinn auch: *Kutscher*, S. 1 (23); *Reich*, FS Coing II, S. 441 (461).

[168] *Bernhardt*, FS Kutscher, S. 17 (22 f.) mit Hinweisen auf die entspr. Rechtsprechung des Gerichtshofes.

Darüberhinaus hat auch der trotz aller Hindernisse erreichte Stand der Integration Auswirkungen auf die Interpretation der Vertragsbestimmungen[169]. Schließlich erlaubt der die Auslegung des EWG-Vertrages beherrschende objektive Wille des Vertrages[170], der inzwischen nicht mehr nur für das nationale Recht[171], sondern auch für die Auslegung des Völkerrechts von erheblicher Bedeutung ist[172], ebenfalls eine den veränderten Maximen der Politik angepaßte Interpretation der Ziele des Vertrages[173].

In den letzten Jahren ist allerdings der Glaube an die kontinuierliche Entwicklung der EWG geschwunden. Vor dem Hintergrund der wirtschaftlichen Krise der Mitgliedsländer und den Schwierigkeiten, im Rahmen des derzeitigen institutionellen Gefüges der Gemeinschaft Schritte zu ihrer gemeinsamen Bewältigung zu ergreifen, ist vor allem im Europäischen Parlament eine Diskussion über den Fortgang der Integration entfacht. Das Parlament hat sich in einer Entschließung vom 6. Juli 1982 entschieden, eine Wiederbelebung des politischen Willens zur weiteren Integration Europas durch den Anstoß zu einer institutionellen Reform der EWG zu versuchen[174].

Nach dem Jonker-Plan[175], der einen Vertragsentwurf über die erste Etappe zur Verwirklichung der Europäischen Integration enthält, hat nun der Institutionelle Ausschuß den Vorentwurf eines Vertrages zur Gründung der Europäischen Union vorgelegt[176]. Sein Abschluß würde einen großen Sprung im Integrationsprozeß bedeuten. Allerdings sieht sich dieser Plan mit der ablehnenden Haltung einiger Länder konfrontiert. Die erheblichen wirtschaftlichen Schwierigkeiten aller Partnerländer und der zum Teil großen Unterschiede ihrer wirtschaftlichen Leistungsfähigkeit erschweren bereits Fortschritte bei der Verwirklichung einer gemeinsamen Wirtschaftspolitik.

Die Berichterstatter propagieren daher die Möglichkeit, daß auch nur ein größerer Teil der Mitgliedstaaten den Vertrag zur Gründung der Europäischen Union schließt[177] und daß die Schaffung des angestreb-

---

[169] *Bleckmann*, Auslegung, EuR 1979, S. 239 (256).

[170] *Bleckmann*, Auslegung, EuR 1979, S. 239 (257 f.); derselbe, Auslegungsmethoden, NJW 1982, S. 1177 (1181); in diesem Sinn: *Kutscher*, S. 1 (33 f. mit Verweis auf S. 22 f.).

[171] *Bleckmann*, Auslegung, EuR 1979, S. 239 f.; *Bernhardt*, FS Kutscher, S. 17 (19).

[172] *Bleckmann*, Auslegung, EuR 1979, S. 239; *Bernhardt*, FS Kutscher, S. 17 (19 f.).

[173] *Bleckmann*, Auslegung, EuR 1979, S. 239 (257 f.).

[174] Siehe dazu: *Ortensio Zecchino* in: Spinelli u. a., Teil C, S. 144 (146 FN 1).

[175] Dok. EP 1—940/81/rev. II.

[176] *Spinelli* u. a., Dok. EP 1—575/83/A—C.

ten einheitlichen Wirtschaftsraumes im Weg einer „abgestuften Integration" erfolgen kann[178].

Diese Vorschläge sind verständlich vor dem Hintergrund des Scheiterns früherer Initiativen, die ein gemeinsames Vorgehen aller Mitglieder voraussetzten[179]. Sie knüpfen an den von Tindemans[180] gemachten Vorschlag an, daß einige Länder einen höheren Integrationsgrad verwirklichen, um auf diese Weise die Dynamik des Einigungsprozesses voranzutreiben. Allerdings muß dabei auch bedacht werden, ob eine solche Aufspaltung nicht das Ende der Gemeinschaft einläuten kann. Das Beispiel einiger Länder muß nicht unbedingt die Integrationswilligkeit der übrigen Länder fördern.

Ebenso kann die Aufteilung der Gemeinschaft in Staatengruppen mit unterschiedlicher Integrationsdichte die Tendenz zu einer immer stärkeren Anpassung an die jeweiligen Besonderheiten eines Landes und damit zur Desintegration verstärken.

Der große Plan des Europäischen Parlaments hat noch einen langen Weg bis zu seiner Verwirklichung vor sich. Auch bei optimistischer Schätzung wird die Gründung der Europäischen Union erst in fernerer Zukunft erfolgen. Die dem EWG-Vertrag innewohnende Dynamik bietet somit fürs erste die einzige Möglichkeit, die Gemeinschaft voranzutreiben.

b) Grenzen der Dynamik

Die Frage ist nur, in welchem Rahmen die dadurch angestrebte Anpassung erfolgen soll. Ist es möglich, daß sich die Aufgaben der Gemeinschaft und die Wesensmerkmale des Gemeinsamen Marktes unter Berufung auf allgemeine Formulierungen in der Präambel und in Art. 2 des Vertrages und durch eine dynamische Auslegung im Licht der Entwicklung der EWG sowie der gesamten politischen Lage von der ursprünglichen Beschränkung auf eine Wirtschaftsgemeinschaft lösen konnte, so daß sie heute möglicherweise als eine „Sozialgemeinschaft" mit einem alle Bereiche der Politik umfassenden Aufgabenbereich anzusehen ist[181]?

---

[177] *Spinelli*, Dok. EP. 1—575/83/Teil B, S. 2 (7).

[178] *Moreau* in: Spinelli u. a., Dok. EP. 1—575/83/ Teil C, S. 25 (35).

[179] *Spinelli*, Dok. EP. 1—575/83/Teil B, S. 2 (5).

[180] *Tindemans*, Die Europäische Union, S. 22; siehe auch *Langeheine*, EuR 1983, S. 227 ff.; kritisch hinsichtlich des Modells der abgestuften Integration: *Everling*, Gedächtnisschrift Sasse, S. 35 (51 f.).

[181] In diesem Sinne: EuGH RS 43/75 (Defrenne ./. Sabena), Slg. XXII (1976), S. 455 (473); *Close*, ELR 3 (1978), S. 461 (475); *Usher* in: Lasok/Soldatos, S. 171 (181 f.); *Ipsen*, Diskussionsbeitrag in RTW 2, S. 187.

Oder muß demgegenüber daran festgehalten werden, daß die EWG in erster Linie eine wirtschaftliche Zielsetzung hat und damit ein Rahmen gesetzt wird, der nicht ohne weiteres gesprengt werden kann[182]?

Dieser Ansicht ist zuzustimmen. Es steht zwar außer Frage, daß der EWG-Vertrag in der Präambel und in Art. 2 sehr weitgesteckte Ziele verfolgt. Allerdings sollen sie gemäß Art. 2 durch die Errichtung des Gemeinsamen Marktes und durch die Annäherung der Wirtschaftspolitik der Mitgliedstaaten verwirklicht werden. Es ist nicht zulässig, die Ziele ohne diesen Bezug zu sehen. Die EWG ist eine Wirtschaftsgemeinschaft. Daraus ergibt sich eine Begrenzung ihres Wirkungsbereiches. Weiterhin ist festzuhalten: die Gemeinschaft ist eine Rechtsgemeinschaft[183] und kann als solche nur Bestand haben, wenn Rechtssicherheit und Vertrauensschutz gewährleistet sind[184].

Die oben beschriebene Dynamik des Integrationsprozesses ist also nicht unbeschränkt. Der EWG können nicht im Laufe der Entwicklung automatisch immer neue Befugnisse zuwachsen, durch die der Begriff des Gemeinsamen Marktes eine andere Bedeutung erhielte. Allerdings darf die Betonung der wirtschaftlichen Zielsetzung wiederum nicht zu einer zu engen Interpretation verführen. Die in der RS 43/75 (Defrenne ./. Sabena) in Frage stehende Bedeutung des Art. 119 ist im Zusammenhang mit den Art. 48 ff. zu sehen, die als ein wesentliches Element des Gemeinsamen Marktes die Verwirklichung der freien Arbeitsplatzsuche fordern. Der Gerichtshof weist im übrigen selbst darauf hin[185], daß unterschiedliche sozialgesetzliche Bestimmungen zu einer Wettbewerbsbehinderung und damit zu einer Beeinträchtigung des Gemeinsamen Marktes führen können. Insofern ist der Begriff der Wirtschaftsgemeinschaft in einem umfassenden Sinn zu verstehen.

Entsprechend muß die Interpretation des Vertrages immer wieder an die bisherige Entwicklung des Gemeinsamen Marktes angepaßt werden. In ihrem Verlauf können neue Aufgaben als für seine Verwirklichung vordringlich erscheinen. Sie können in Angriff genommen werden, sofern ein starker Bezug zur wirtschaftlichen Ausrichtung des EWG-Vertrages gegeben ist[186]. Nicht erforderlich ist ein rein wirtschaftlicher Charakter der Aufgaben. Schließlich wird mit der oben dargelegten

---

[182] *Bleckmann*, Auslegung, EuR 1979, S. 235 (245); derselbe, Schranken, S. 2 f.; *Nicolaysen*, LB, S. 166; *Kaiser*, EuR 1980, S. 97 (115).

[183] Siehe dazu: *Hallstein*, Eur. Gemeinschaft, S. 55 f.

[184] So auch *Tomuschat* in: Everling/Schwartz/Tomuschat, S. 44 (54).

[185] Slg. XXII (1976), S. 455 (472 f.).

[186] *Offermann-Clas*, DVBl 1981, S. 1125 (1128); *Nicolaysen*, LB, S. 46; ähnlich: *Bleckmann*, Schranken, S. 8 f. und 16 f.; siehe auch: EuGH RS 36/74, Slg. XX (1974), S. 1405 (1418 f.); EuGH RS 13/75, Slg. XXII (1976), S. 1333 (1340 f.).

Eingrenzung auch nicht verhindert, daß veränderte Ansichten zu den Zielen der Politik Eingang in die Maßnahmen der Organe der Gemeinschaft finden[187]. In diesem Sinn ist auch die Auslegung des EWG-Vertrages nach dem Grundsatz des „effet utile" zu verstehen. Seine Grenzen können nicht unter Berufung auf diesen Auslegungsmaßstab überschritten werden[188]. Auch die „implied-powers"-Regel gestattet nur solche Maßnahmen, die zur erfolgreichen Ausführung einer im EWG-Vertrag ausdrücklich erteilten Kompetenz notwendig sind[189].

Angesichts der Unbestimmtheit des Kriteriums „wirtschaftlicher Bezug" bleibt ein gewisses Unbehagen zurück, ob auf diese Weise immer zweifelsfrei das Bestehen oder Fehlen einer Behinderung des Gemeinsamen Marktes festgestellt werden kann[190]. Das dynamische Element des Vertrages läßt jedoch eine nähere Bestimmung nicht zu.

Im Rahmen der Diskussion, ob eine Rechtsangleichung im Hinblick auf ein bestimmtes Gebiet oder eine bestimmte Vorschrift zulässig ist, muß folglich eine große Aufmerksamkeit auf die Frage verwandt werden, inwieweit der Gemeinsame Markt durch die nationalen Unterschiede beeinträchtigt wird. Die im EWG-Vertrag enthaltene Dynamik kann nicht zur automatischen Rechtfertigung eines jeden Harmonisierungsvorhabens verwandt werden.

Die unzweifelhaft vorhandenen Grenzen der Dynamik des EWG-Vertrages legen die Gemeinschaft nach alledem nicht auf den Charakter einer ausschließlichen Wirtschaftsgemeinschaft fest. Auch nicht-ökonomische Ziele werden vom Tatbestandsmerkmal „Gemeinsamer Markt" erfaßt[191], solange sie nicht das Gesicht der EWG völlig verändern.

Die Diskussion um die Grenzen der Dynamik gemeinschaftlicher Tätigkeit wird besonders heftig im Rahmen der Auseinandersetzungen um die Angleichung des Umwelt- und Verbraucherschutzrechtes geführt. Darauf ist im Teil C. der Arbeit noch näher einzugehen. Ebenso wichtig sind in diesem Zusammenhang die Gemeinsamkeiten und die Unterschiede im Anwendungsbereich der Art. 100 und 235 EWG-Vertrag.

---

[187] *Bleckmann*, Auslegung, EuR 1979, S. 239 (256—268); *Kaiser*, EuR 1980, S. 97 (105 f.).

[188] *Seidl-Hohenveldern*, KSE 11 (1971), S. 170 (193 f.); *Röhling*, S. 56; *Zuleeg*, EuR 1969, S. 97 (107); allgemein: *Bernhardt*, S. 88 ff.

[189] *Kaiser*, EuR 1980, S. 97 (103 f.); *Ipsen*, LB, S. 436 m.w.N.; *Offermann-Clas*, Umweltschutz, ZfU 1983, S. 47 (54).

[190] *Offermann-Clas*, DVBl 1981, S. 1125 (1128).

[191] *Tomuschat* in: Everling/Schwartz/Tomuschat, S. 43 (60); *Offermann-Clas*, Umweltschutz, ZfU 1983, S. 47 (51 f.).

c) Möglichkeiten der Vertragserweiterung

Die Ausdehnung des Anwendungsbereiches des Art. 100 kann nach dem bisher Gesagten nur aufgrund einer Vertragserweiterung erfolgen.

Neue Aufgaben neben den in Art. 3 genannten können von der EWG nur dann verwirklicht werden, wenn sie von einer gemeinsamen Überzeugung der Mitgliedstaaten getragen werden[192]. Eine solche Überzeugung findet keinen hinreichenden Ausdruck in Erklärungen des Europäischen Rates oder Aufträgen an die Kommission[193]. Notwendig ist dazu vielmehr eine (nur in Grenzen mögliche) Vertragsergänzung gem. Art. 235[194] oder eine Vertragsänderung gemäß Art. 236[195].

Es stellt sich in diesem Zusammenhang die Frage, ob neben den genannten Vorschriften noch andere Möglichkeiten für eine Erweiterung der Befugnisse der EWG in Betracht kommen, durch die letztlich auch das Anwendungsfeld des Art. 100 geändert werden könnte. Zu denken ist beispielsweise an einen Konsens der Mitgliedstaaten, der sich in einem sogenannten uneigentlichen Beschluß des Rates oder auf andere Weise manifestieren könnte. Zwar kann nicht der Rat als Organ der Europäischen Gemeinschaften diesen einfache neue Tätigkeitsfelder zuweisen. Er ist insofern durch die Vorschriften in den Gründungsverträgen, die seine Aufgaben festlegen, gebunden[196].

Tatsächlich handelt der Rat nicht immer nur als Gemeinschaftsorgan. Seine Mitglieder kommen vielfach auch als die im Rat vereinigten Vertreter der Regierungen der Mitgliedstaaten zusammen und üben in dieser Eigenschaft Befugnisse der Staaten aus. Dabei treffen sie teilweise Entscheidungen, die nach Maßgabe des EWG-Vertrages den Mitgliedstaaten obliegen (etwa Ernennungen von Mitgliedern der Kommission, des EuGH sowie der Generalanwälte, Art. 11 Fusionsvertrag, Art. 167). Darüberhinaus fassen die Regierungsvertreter jedoch auch Beschlüsse, die keine Grundlage in den Europäischen Verträgen finden, etwa solche zur Beschleunigung des Integrationsfortschritts[197]. Von diesen Beschlüssen wird gesagt, daß sie einer Vertragsänderung nahekommen[198] oder gar als Akte autonomer Vertragsänderung anzusehen seien[199]. Sie gehen jedoch immer von den im EWG-Vertrag genannten

---

192 *Bleckmann*, Auslegung, EuR 1979, S. 239 (258).

193 *Kaiser*, EuR 1980, S. 97 (105).

194 Siehe dazu: *Bleckmann*, LB, S. 144 sowie unten bei B. V.

195 *Kaiser*, EuR 1980, S. 97 (104).

196 *Bleckmann*, LB, 75; *Ipsen*, LB, S. 468.

197 Siehe dazu: *Kaiser*, FS Ophüls, S. 107 (118).

198 *Ipsen*, LB, S. 469.

199 Ähnlich den erleichterten Voraussetzungen für eine Vertragsänderung

Aufgaben der Gemeinschaft aus, eröffnen also keine neuen Tätigkeitsbereiche. Der Anwendungsbereich von Art. 100 wird auf diese Weise folglich nicht verändert.

Da die Verträge zur Gründung der Europäischen Gemeinschaften die völkerrechtliche Handlungsfähigkeit der Mitgliedstaaten nur in Grenzen beschränkt haben, erscheint es denkbar, daß sie auch eine völkerrechtliche Vereinbarung die Gemeinschaften betreffend treffen dürfen[200]. Dies könnte im Rahmen der im Rat vereinigten Vertreter der Mitgliedstaaten oder auf andere Art geschehen. Ein solches Vorgehen kann für die Regierungen aus zwei Gründen vorteilhaft erscheinen: durch die Schaffung vollendeter Tatsachen werden die Entscheidungsbefugnisse der nationalen Parlamente faktisch eingeschränkt[201]. In diesem Fall liegt es an den Parlamenten selbst, auf die genaue Einhaltung der verfassungsrechtlichen Bestimmungen der Staaten zu pochen. Ein anderer Beweggrund kann das Bestreben sein, die in Art. 236 vorgesehene Beteiligung von Kommission und Europäischem Parlament zu umgehen.

Die Umgehung des in dieser Bestimmung vorgesehenen Verfahrens ist nur dann zulässig, wenn die Mitgliedstaaten weiterhin die Herren der Verträge sind und sie folglich nach ihrem Willen ändern können[202]. Sie ist unzulässig, wenn die Europäischen Gemeinschaften als selbständige rechtliche Einheiten mit einem weit entwickelten eigenständigen Charakter anzusehen sind. Die Vertragsstaaten wären dann nicht mehr die Herren der Verträge und könnten den Art. 236 nicht einfach außer acht lassen. Eine Ausschaltung der Mitwirkung der Organe der Gemeinschaft wäre unmöglich[203]. Der Gerichtshof der Europäischen Gemeinschaft hat zu diesem Fragenkomplex in der RS 6/64 (Costa ./. ENEL) Stellung genommen[204] und ausgeführt, daß durch die Gründung der EWG mit eigenen Organen, eigener Rechts- und Geschäftsfähigkeit und eigenen Hoheitsrechten die Souveränität der Staaten zugunsten eines neuen Rechtskörpers mit eigener Rechtsordnung beschränkt worden sei, dessen Handlungen für die Mitgliedstaaten und ihre Bürger verbindlich seien[205].

---

in Art. 14 II, siehe dazu: *Glaesner* in: Wohlfarth/Everling u. a., Art. 14 Nr. 7; *Kaiser*, FS Ophüls, S. 107 (118).

[200] *Ipsen*, LB, S. 471; *Bleckmann*, LB, S. 76; *Bothe*, FS Schlochauer, S. 761 (766); *Wagner*, S. 224; *Kaiser*, FS Ophüls, S. 107 (117, 120).

[201] Siehe dazu: *Kaiser*, FS Ophüls, S. 107 (120 f.).

[202] *Wagner*, S. 235 f.; *Carstens*, Kleine Revision, ZaöRV 21 (1961), S. 1 (7 ff.) m.w.N.

[203] Siehe dazu: *Reuter* in: Smit/Herzog, Art. 236.05.

[204] Slg. X (1964), S. 1251 (1269).

[205] Eingehend zu den Fragen hinsichtlich der „eigenen Rechtsordnungen" internationaler Organisationen: *Sörensen*, FS Kutscher, S. 415 ff.; siehe auch *Schermers*, SEW 1966, S. 545 (568).

Später hat der EuGH noch einmal ausdrücklich bestätigt, daß ein Entzug von der Gemeinschaft zugewiesenen Aufgaben nur unter Anwendung der Vorschriften des EWG-Vertrages möglich ist[206]. Diesen Stellungnahmen des Gerichts liegt die Erkenntnis zugrunde, daß durch die Verträge mehr als nur eine gewisse Zusammenarbeit zwischen den Mitgliedsländern geschaffen werden soll. Ziel ist vielmehr eine enge wechselseitige Verflechtung der Staaten, eine Verschmelzung von wirtschaftlichen Strukturen[207]. Gilt dies, dann kann der völkerrechtliche Auslegungsgrundsatz, daß die gemeinsame Überzeugung und Praxis der Vertragsstaaten grundsätzlich verbindlich sind und folglich den Inhalt des Vertrages ändern können, nicht anwendbar sein[208]. Die Mitgliedsländer sind — jedenfalls rechtlich gesehen — keine Herren der Verträge[209]. Somit ist jeder Versuch, den Anwendungsbereich des EWG-Vertrages im allgemeinen oder der Rechtsangleichung im besonderen zu ändern, als Verstoß gegen den Charakter der Integration anzusehen und damit unzulässig, sofern er nicht dem in diesem Vertrag dafür vorgesehenen Weg folgt.

Auch der Versuch, einen Konsens zwischen den Mitgliedsländern oder zwischen ihnen und der Kommission als Ermächtigungsgrundlage für eine Übergangszeit anzusehen, in der die obwaltenden politischen Umstände eine ausdrückliche Vertragsänderung nicht zulassen, ist abzulehnen[210].

Daneben muß gefragt werden, ob die Konsenstheorie überhaupt als ein geeignetes Mittel zu dem oben beschriebenen Zweck anzusehen ist. Die Zustimmung der nationalen Parlamente kann auf diese Weise nicht umgangen werden[211]. Es fragt sich, welche Hindernisse dann für eine Vertragsänderung noch bestehen können. Kommission und Europäisches Parlament werden einer Erweiterung der Befugnisse der Gemeinschaft nicht ablehnend gegenüberstehen. Angesichts der entscheidenden Rolle, die Art. 236 den Staaten einräumt, sind beide Organe auch nicht in der Lage, eine den Mitgliedsländern zu weitgehende Kompetenzerweiterung durchzusetzen. Was bleibt, ist die Aufweichung der Gemeinschaft durch eine Rückkehr zu Verhaltensweisen des völkerrechtlichen Verkehrs, die Entstehung von undurchsichtigen und unkontrollierbaren Entscheidungsprozessen, die letztlich das Unverständ-

[206] EuGH RS 7/71, Slg. XVII (1971), S. 1003 (1018).

[207] Zu dem Unterschied zwischen Integration und Kooperation: *Constantinesco* I, S. 123—148.

[208] *Bernhardt*, FS Kutscher, S. 17 (21).

[209] *Everling*, Herren der Verträge, FS Mosler, S. 173 (178—180, 182, 184, 188 ff.).

[210] Anders aber: *Kaiser*, EuR 1980, S. 97 (113); ähnlich: *Bothe*, FS Schlochauer, S. 761 (769); wie hier: *Offermann-Clas*, DVBl 1981, S. 1125 (1126, FN 24).

[211] In der BR Deutschland zum Beispiel erforderlich wegen Art. 59 II 1 GG.

nis vieler Bürger hinsichtlich der EWG nur noch verstärken. Diese Kritik richtet sich insoweit gegen alle Formen der informellen Konsensbildung, auch da, wo es nicht um eine Vertragsänderung geht.

Im Ergebnis ist festzuhalten: eine Veränderung des Anwendungsbereiches des EWG-Vertrages kann nur im Rahmen der vorgesehenen Bestimmungen erfolgen[212]. Eine automatische oder stillschweigende Erweiterung ist ausgeschlossen. Eine den Art. 100 betreffende ausdrückliche Vertragsänderung ist bisher nicht erfolgt. Insofern sind bei seiner Auslegung keine Besonderheiten zu beachten.

IV. Unmittelbare Auswirkung

Eine Rechtsangleichung ist gemäß Art. 100 weiterhin nur dann zulässig, wenn nationale Rechts- und Verwaltungsvorschriften aufgrund ihrer Unterschiedlichkeit eine unmittelbare Auswirkung auf die Errichtung und das Funktionieren des Gemeinsamen Marktes haben. Der EWG-Vertrag enthält wiederum keine genaue Beschreibung dessen, was unter einer unmittelbaren Auswirkung zu verstehen ist.

1. „Erforderlichkeit" oder „Nützlichkeit"

Eine Klärung könnte sich durch eine Bezugnahme auf Art. 3 h ergeben. In dieser Vorschrift, welche die Rechtsangleichung als einen der Tätigkeitsbereiche der Gemeinschaft erfaßt, ist nicht von einer unmittelbaren Auswirkung die Rede, sondern von Erforderlichkeit.

„Strenge Erforderlichkeit" als Maßstab bei der Entscheidung hinsichtlich der Rechtsangleichung und insofern eine sehr restriktive Auslegung des Art. 100 wird daher zum Teil aufgrund eines bestimmten Verständnisses der Rolle der Angleichung im Gemeinsamen Markt gefordert. Danach ist die EWG durch eine neoliberale Wirtschaftsverfassung geprägt. Angleichungsfähig sind infolgedessen nur Vorschriften mit Ordnungscharakter für das wirtschaftliche Geschehen[213]. Da sich diese Bestimmungen wegen der Entwicklung der Verfassungswirklichkeit[214] heute nicht mehr eindeutig feststellen lassen, sollen in restriktiver Auslegung des Art. 100[215] auch solche Regelungen, die den notwen-

---

[212] Hinsichtlich des Streites, ob die Mitgliedstaaten nur integrationsförderliche Änderungen beschließen dürfen, siehe einerseits *Ipsen*, LB, S. 471 und andererseits *Wagner*, S. 237.

[213] *Marx*, S. 147.

[214] *Marx*, S. 149—153.

[215] *Marx*, S. 160.

digen Datenrahmen für das wirtschaftliche Geschehen setzen, nur dann angeglichen werden, wenn es wirklich erforderlich ist[216]. Diese Interpretation ist abzulehnen, weil die Wirtschaftsverfassung des EWG-Vertrages zwar von einer marktwirtschaftlichen Wirtschaftsordnung ausgeht, jedoch nicht speziell auf neoliberalen Vorstellungen gründet[217].

Von anderer Seite wird Art. 3 h aufgrund seiner Stellung im Vertrag als die zentrale Norm für die Rechtsangleichung angesehen[218]. Dabei wird angenommen, daß die Erforderlichkeit einen strengen Maßstab setzt und daher eine Grenze der Rechtsangleichung darstellt. Gerechtfertigt wird die restriktive Auslegung letztlich mit einem Wandel der Ziele des Vertrages aufgrund eines Wandels des Willens der Vertragsparteien[219].

Dem wird entgegengehalten, daß Art. 3 h nicht den Art. 100 einschränke, sondern daß Art. 100 vielmehr den Art. 3 h konkretisiere. Insbesondere die Offenheit der Bestimmung „unmittelbare Auswirkung" mache deutlich, daß die Rechtsangleichung von der dynamischen Entwicklung des Gemeinsamen Marktes abhänge[220]. Darüberhinaus wird betont, daß Art. 3 nur Aufgabenbeschreibungen enthalte, nicht jedoch Handlungsermächtigungen. Entsprechend könnten aus der Vorschrift auch keine Kompetenzbeschränkungen hergeleitet werden[221].

In der Tat beschreibt Art. 3 die Aufgaben der Gemeinschaft nur allgemein und „nach Maßgabe dieses Vertrages". Das heißt, die Tätigkeitsbereiche werden entscheidend auch durch die speziellen Bestimmungen des EWG-Vertrages beschrieben, wenngleich sich die Gemeinschaft bei ihrer Arbeit von den Zielen des Art. 2 und den Aufgabenstellungen des Art. 3 anregen lassen muß. Art. 3 h kann aber kein Vorrang vor Art. 100 eingeräumt werden. Ebensowenig kann eine restriktive Auslegung der vertraglichen Bestimmungen mit einer Änderung des Willens der Staaten begründet werden. Könnten sie dies, wären sie weiterhin die Herren des Vertrages. Das aber wurde an anderer Stelle bereits abgelehnt[222].

Der Begriff der unmittelbaren Auswirkung kann nur durch die Heranziehung sowohl von Art. 100 als auch von Art. 3 h erhellt werden[223]. So verstanden stellt das Merkmal der Erforderlichkeit allerdings

---

[216] *Marx*, S. 161.

[217] Siehe oben bei A. III. 5. a).

[218] *Seidl-Hohenveldern*, KSE 11 (1971), S. 170 (190).

[219] *Seidl-Hohenveldern*, KSE 11 (1971), S. 170 (193—195).

[220] *Pipkorn* in: Beutler/Bieber u. a., S. 351; wohl auch *Vignes* in: Mégret/Louis/Vignes/Waelbroeck, Bd. V, S. 161.

[221] *Ipsen*, LB, S. 689; *Ficker* in: G-B-Th, 2. Aufl., Art. 3 h.

[222] Siehe: A. III. 7. c).

noch einmal klar, daß Rechtsangleichung einen bestimmten Zweck hat, die Errichtung und Sicherung des Gemeinsamen Marktes[224]. Im Gegensatz zu der Ansicht, die jede Maßnahme für erlaubt hält, die nur irgendwie nützlich oder förderlich für den Gemeinsamen Markt ist[225], muß daher gefordert werden, daß für Maßnahmen zur Rechtsangleichung eine gewisse Notwendigkeit und Erforderlichkeit zur Erreichung der oben genannten Wesensmerkmale des Gemeinsamen Marktes spricht[226].

Mit dieser Argumentation wird jedoch nur eine sehr vage Eingrenzung erreicht. Den Organen der EWG verbliebe danach ein weiter Ermessensspielraum. Nur am Einzelfall könnte entschieden werden, ob die Unterschiede in den nationalen Vorschriften tatsächlich eine unmittelbare Auswirkung auf den Gemeinsamen Markt haben[227].

2. „Intensität" oder „Kausalität"

Folglich bleibt die Frage offen, ob es nicht andere Kriterien gibt, nach denen eine unmittelbare Auswirkung näher bestimmt werden kann.

Teilweise wird der Standpunkt vertreten, die Unterschiede zwischen den nationalen Vorschriften müßten unmittelbar ursächlich für eine Beeinträchtigung des Gemeinsamen Marktes sein[228].

Demgegenüber stellen andere Autoren entscheidend darauf ab, ob eine spürbare Beeinträchtigung des Gemeinsamen Marktes zu bejahen ist[229]. Das Merkmal „spürbare Beeinträchtigung" ist jedoch in keiner Weise klarer als das oben dargelegte Kriterium einer gewissen Not-

[223] In diesem Sinn auch: *Ipsen*, LB, S. 690.

[224] *Monaco*, FS Gutzwiller, S. 149 (155); *Everling*, FS Reimer Schmidt, S. 165 (169 f.); *v. d. Groeben*, NJW 1970, S. 359 (361); *Jenkins*, Verhandlungen des EP, Nr. 234/Okt. 1978, S. 113; *Goldman* in: Les Novelles, S. 886, Nr. 2220.

[225] *Lecourt-Chevallier*, zitiert nach Schwartz, FS Hallstein, S. 474 (485).

[226] In diesem Sinn: *Ipsen*, LB, S. 690; *Schwartz*, FS Hallstein, S. 474 (486 f.); *Ficker* in: G-B-Th, 2. Aufl., Art. 3 h; *Everling*, Diskussionsbeitrag, KSE 11 (1971), S. 220—222; wohl auch: *Jenkins*, Verhandlungen des EP, Nr. 234/Okt. 1978, S. 114.

[227] *Pipkorn* in: Beutler/Bieber u. a., S. 350 f.; *Mégret*, RMC 1967, S. 181 (184); *Everling* in: Everling/Schwartz/Tomuschat, S. 2 (13); *Strauß*, S. 17; *Zweigert* in: FS Dölle II, S. 401 (406 f.).

[228] *Lukes*, RTW 2, S. 151 (168—172); ihm folgend: *Grabitz/Sasse*, S. 93; *Behrens*, S. 240; *Sattler*, Diskussionsbeitrag, RTW 2, S. 190—192: indem Sattler über Art. 101 spürbare, jedoch nicht kausale Beeinträchtigungen teilweise erfassen will, spricht er sich hinsichtlich des Art. 100 für Kausalität aus; *Taschner* in: G-B-Th, 3. Aufl., Art. 100 RN 25, 26; Select Committee, S. 9; *Constantinesco* I, S. 617.

[229] *Bleckmann*, LB, S. 402; *Ehlermann*, Anhang zum Bericht des Select Committee, S. 43 (47).

wendigkeit. Darüberhinaus ist die Bezugnahme allein auf die Spürbarkeit einer Auswirkung zu pauschal. Eine genauere Feststellung der Auswirkung einer nationalen Vorschrift auf das einzelne Element des Gemeinsamen Marktes ist nicht möglich.

Das Merkmal der Kausalität ermöglicht möglicherweise eher eine derartige Feststellung. Von dem Wortführer dieser Ansicht[230] wird die Grenzlinie zwischen einer unmittelbaren und einer mittelbaren Auswirkung auf den Gemeinsamen Markt wie folgt vorgenommen: ausgehend von der Rechtsangleichung zur Beseitigung von technischen Handelshemmnissen wird der Schluß gezogen, daß Angleichungsrichtlinien nur dort erlaubt seien, wo sie an der Gegenstandsbeschaffenheit von Produkten ansetzen[231]. Hindernisse für den Gemeinsamen Markt, die auf unterschiedlichen nationalen Vorschriften in diesem Bereich beruhen, werden als kausal angesehen.

Unterschiedliche Bestimmungen hinsichtlich der Produktionsanlagen werden demgegenüber lediglich als mittelbare Beeinträchtigungen des Gemeinsamen Marktes angesehen, weil sie nur Auswirkungen auf die Kosten eines Produktes haben[232]. Als Argument für diese Trennung wird angeführt, daß eine Ausuferung des Anwendungsbereiches der Rechtsangleichung verhindert werden müsse[233]. Der freie Warenverkehr hat zum Ziel, daß alle innerhalb der Mitgliedstaaten erzeugten Produkte ungehindert in dem einheitlichen Marktgebiet abgesetzt werden können. Diesem Ziel dienen das Verbot von Zöllen und Abgaben gleicher Wirkung ebenso wie das Verbot von mengenmäßigen Beschränkungen. Auch das Verbot von Maßnahmen gleicher Wirkung wie mengenmäßige Beschränkungen will vermeiden, daß einem Produkt ein nationaler Markt verschlossen bleibt, nur weil in diesem Land andere Beschaffenheitsanforderungen an die Erzeugnisse gestellt werden.

Angesichts der so beschriebenen Ziele des freien Warenverkehrs ergibt sich der Schluß, daß alle anderen nationalen Vorschriften, die Bestimmungen bezüglich der Produktionsanlagen und -abläufe enthalten[234], keine unmittelbare Auswirkungen auf den freien Warenverkehr haben. Es geht dem EWG-Vertrag bei der Verwirklichung des freien Warenverkehrs um die Ausräumung rechtlicher Barrieren zwischen den Staaten. Diese werden durch die zuletzt genannten nationalen Vorschriften nicht errichtet. Soweit ist Lukes zuzustimmen.

---

[230] *Lukes*, RTW 2, S. 151 ff.

[231] *Lukes*, RTW 2, S. 151 (164—166).

[232] *Lukes*, RTW 2, S. 151 (168—170).

[233] *Lukes*, RTW 2, S. 151 (170—172).

[234] Beispiele dafür aus dem Bereich des Umweltschutzes: *Lukes*, RTW 2, S. 151 (167).

Auch er sieht jedoch, daß Vorschriften bezüglich der Produktionsanlagen und -abläufe über die dadurch verursachten Kosten einen erheblichen Einfluß auf die Wettbewerbsfähigkeit eines Produkts haben[235]. Wenn diese Bestimmungen damit auch eine bloß mittelbare Auswirkung auf den freien Warenverkehr haben, erheben sich andererseits keine Bedenken, eine unmittelbare Auswirkung auf ein weiteres wesentliches Merkmal des Gemeinsamen Marktes, die Schaffung von gleichen Wettbewerbsbedingungen, zu bejahen[236]. Folglich kann eine Kompetenz der Gemeinschaft zur Rechtsangleichung trotz der von verschiedenen Seiten vorgebrachten Befürchtungen hinsichtlich einer Ausuferung der Befugnisse und eines „Spill-over-Effektes"[237] nicht verneint werden. Das dargestellte Beispiel läßt den Schluß zu, daß das Abgrenzungskriterium der Kausalität für die Bestimmung der „unmittelbaren Auswirkung" auf den Gemeinsamen Markt eher zu einem klaren Ergebnis führt als das Merkmal der „Spürbarkeit", wenngleich nicht notwendig zu einem engeren. Es ist daher als tauglich anzusehen. In dem für die Abgrenzung besonders schwierigen Bereich der Beeinträchtigung des freien Warenverkehrs und des Wettbewerbs erlaubt das Abstellen auf die Kausalität in der Regel eine Entscheidung.

3. Nachweis der unmittelbaren Auswirkung

Im Anschluß an das soeben gefundene Ergebnis stellt sich die Frage, auf welche Weise die Ursächlichkeit der Beeinträchtigung des Gemeinsamen Marktes durch unterschiedliche nationale Vorschriften nachgewiesen werden muß.

Was die Freiheiten des EWG-Vertrages anbetrifft, sind dabei keine besonderen Probleme zu erwarten. Hier ist die Heranziehung der Rechtsvorschriften ausreichend, welche ihrer Verwirklichung entgegenstehen.

Größer sind die Schwierigkeiten bei dem Nachweis einer Wettbewerbsbehinderung. Vielfach kann sie durch eine Errechnung der unterschiedlichen Kostenbelastungen für Unternehmen aus verschiedenen Ländern ermittelt werden. Teilweise wird die Ansicht vertreten, daß die Kommission bei der Vorlage eines Richtlinienentwurfs diesen Nachweis in detaillierter Form, also einschließlich von Kostenberechnungen und Marktanalysen etc. erbringen muß und daß erst spürbare Unter-

[235] *Lukes*, RTW 2, S. 151 (169 f.); für den Kraftfahrzeugmarkt siehe dazu: *Heitland* u. a., RTW 2, S. 97 ff.; siehe auch: *Close*, ELR 3 (1978), S. 461 (468—470).

[236] Siehe oben unter A. III. 4.: nach dem dort Gesagten ist die Aufgabe der Schaffung gleicher Wettbewerbsbedingungen in einem umfassenden Sinn zu verstehen.

[237] Siehe dazu erneut: *Lukes*, RTW 2, S. 151 (170 f.).

schiede in der Gesamtkostenbelastung der Unternehmen die Annahme einer Wettbewerbsbehinderung ermöglichen[238].

Wenn jedoch der Wettbewerb in der EWG dazu beitragen soll, daß der Gemeinsame Markt durch Einheitlichkeit, Transparenz, Gleichheit und durch die gleichen rechtlichen Rahmenbedingungen für wirtschaftliches Handeln geprägt wird, dann ist dazu mehr erforderlich als die Beseitigung von eindeutig feststellbaren und eklatanten Wettbewerbsverzerrungen in dem oben beschriebenen Sinn. Dann stellt jede einzelne unterschiedliche Kostenbelastung für einen Wettbewerber eine Wettbewerbsbehinderung dar und ermächtigt die Gemeinschaft im Sinn der Kausalitätstheorie zu einer Rechtsangleichung, soweit die Verfälschung isoliert ermittelt werden kann[239]. Grundsätzlich kommt es jedoch auf ihr Gewicht und ihre Auswirkung auf die Gesamtkostenbelastung nicht an[240]. Der Art. 100 geht nicht von der Summe aller Belastungen aus.

Eine Rechtsangleichung kann auch dann erforderlich sein, wenn eine einseitige Kostenbelastung in Zahlen nicht oder nur schwer nachweisbar ist[241]. Der EuGH hat sich mit diesem Problem in der RS 19/77 (Miller ./. Kommission) am Beispiel des Art. 85 I beschäftigt und es angesichts der Schwierigkeit des Nachweises einer spürbaren Beeinträchtigung des Wettbewerbs als ausreichend angesehen, wenn die Gefahr einer Wettbewerbsbehinderung durch die verschiedenen Bestimmungen mit hinreichender Deutlichkeit dargelegt wird[242]. Wenn dies schon für Art. 85 I gilt, der sehr konkrete Bestimmungen enthält, dann muß es erst recht für Art. 100 gelten[243]. In einer anderen Entscheidung ist der Gerichtshof[244] von der Gültigkeit einer Richtlinie ausgegangen, die in ihren Ermächtigungsgründen nicht den klaren Nachweis einer Beeinträchtigung des Gemeinsamen Marktes enthielt. Man mag zu diesem Urteil zwar bemerken, daß der EuGH nicht auf Art. 100 eingehen mußte und wollte[245], dann kann jedoch mit einer ebenso großen Berechtigung angenommen werden, daß der Gerichtshof bei Zweifeln in dieser Hinsicht zumindest mit einer Bemerkung Stellung genommen hätte[246].

---

[238] *Börner*, FS Kutscher, S. 43 (46—52), der für die Annahme einer Wettbewerbsverfälschung ähnlich strenge Bedingungen aufstellt wie für die Bejahung einer Behinderung des freien Warenverkehrs.

[239] Insoweit zweifelnd: *Mestmäcker*, Eur. WettbewerbsR, S. 54.

[240] *Mestmäcker*, Eur. WettbewerbsR, S. 54.

[241] *Mestmäcker*, Eur. WettbewerbsR, S. 55 f.

[242] Slg. XXIV (1978) S. 131 (131, 150 f.).

[243] In diesem Sinn die Kommission in ihrer Erwiderung auf den Prout-Bericht, EP, Mitteilungen an die Mitglieder des Rechtsausschusses 29/80, PE 67 867, S. 11 f.; *Sieglerschmidt*, Datenschutzreport, S. 39.

[244] EuGH RS 147/77 (Tierschlachtung), Slg. XXIV (1978), S. 1307 (1311).

[245] *Börner*, FS Kutscher, S. 43 (52—54).

Angesichts der Bedeutung des Wettbewerbs für den Gemeinsamen Markt muß die Eignung und drohende Wahrscheinlichkeit einer Behinderung wegen divergierender nationaler Vorschriften als Ermächtigungsgrundlage für eine Rechtsangleichung ausreichen[247]. Gerade in solchen Fällen kommt es jedoch entscheidend auf die Ausführlichkeit und Stichhaltigkeit der Begründung eines jeden entsprechenden Vorschlags der Kommission an[248]. Der Hinweis auf schwerwiegendere Verfälschungen, die ebenfalls einer Beseitigung harren[249], steht der rechtlichen Zulässigkeit der Ausmerzung geringfügiger Behinderungen des Wettbewerbs nicht entgegen. Die Festlegung der Prioritäten ist eine politische Entscheidung. Im übrigen hängt das Ergebnis der Rechtsangleichung von der Entscheidungswilligkeit des Rates ab, in dem sich das Gemeinschaftsinteresse immer erst gegen nationale Interessen durchsetzen muß.

Im Ergebnis bleibt festzuhalten: das Kriterium der Kausalität ist den anderen dargelegten Kriterien, auch der von Röhling[250] vorgeschlagenen Bestimmung aus einem Vergleich mit der Zwischenstaatlichkeitsklausel des Art. 85 I an Klarheit und Praktikabilität überlegen. Immer jedoch werden sich die Grenzen für eine Rechtsangleichung nur im Einzelfall anhand der Bezugnahme auf die Erfordernisse des Gemeinsamen Marktes ziehen lassen[251]. Die unmittelbare Ursächlichkeit von Unterschieden der nationalen gesetzlichen Regelungen für eine Behinderung des Gemeinsamen Marktes kann dabei auch nicht das ausschließliche Abgrenzungskriterium sein.

V. Spezialvorschriften der Rechtsangleichung

Der EWG-Vertrag enthält neben Art. 100—102 noch eine Reihe spezieller Vorschriften zur Rechtsangleichung. Sie alle wollen die Unterschiede zwischen nationalen Rechts- und Verwaltungsvorschriften durch eine Angleichung des nationalen Rechts beseitigen. Keiner der entspre-

---

[246] Siehe dazu: *VerLoren van Themaat* in: Smit/Herzog, Art. 100, Supplement 1979, S. 48.

[247] In diesem Sinn auch: *Reich*, FS Coing II, S. 441 (461) mit dem Hinweis auf EuGH, RS 91—92/79, Slg. XXVI (1980), S. 1099 (1106).

[248] Zu der Kritik des Europäischen Parlaments an der unzureichenden Begründung der Richtlinienvorschläge durch die Kommission siehe den Bericht des Abgeordneten *Prout* über den Vorschlag der Kommission an den Rat zur Angleichung von Rechtsvorschriften über den Verbraucherschutz, EP Dok. 1—161/80, S. 7 ff.; siehe auch die Law Society in ihrem Bericht, S. 3 (Nr. 9).

[249] *Börner*, FS Kutscher, S. 43 (52).

[250] S. 64—68.

[251] Siehe dazu auch: *Seidel*, Einführung, S. 207 (208); *Tomuschat* in: Everling/Schwartz/Tomuschat, S. 45 (65).

chenden Artikel des Vertrages enthält Aussagen über den notwendigen Inhalt des harmonisierten Rechts[252]. Daher kann von einem Rechtsinstitut der Rechtsangleichung im Rahmen des EWG-Vertrages gesprochen werden[253].

1. Spezialvorschriften auf dem Gebiet der Freiheiten und des ungehinderten Wettbewerbs

Es handelt sich hierbei um die Artikel 27, 54 II und III g, 56 II, 57 II und III, 66, 70 und 99. Durch sie könnte der Anwendungsbereich des Art. 100 eingeschränkt werden. Die genannten Vorschriften stellen für ihren Anwendungsbereich klar, wann und in welchem Umfang eine Rechtsangleichung erfolgen soll[254]. Die entscheidende Frage ist, ob daneben in Fällen, welche durch diese Spezialvorschriften nicht erfaßt werden, auch noch für Artikel 100 Platz ist[255] oder ob und inwieweit er in den Gebieten Zollunion, Niederlassungsfreiheit, Freiheit des Kapitalverkehrs und Steuerrechts durch die oben genannten Artikel verdrängt wird.

Allerdings ist dabei zu berücksichtigen, daß durch die Rechtsangleichung grundsätzlich alle unmittelbar wirkenden Hindernisse für den Gemeinsamen Markt beseitigt werden sollen. Die Spezialvorschriften der Rechtsangleichung machen daher eine Bezugnahme auf Art. 100 nur insoweit überflüssig, wie ihr Anwendungsbereich reicht. Sie bestimmen jedoch das Anwendungsfeld der Harmonisierung in den betreffenden Teilbereichen nicht abschließend. Art. 100 bleibt demnach anwendbar. Eine Einschränkung durch speziellere Regeln erfolgt nicht. Wo sie allerdings einschlägig sind, steht das Bedürfnis einer Angleichung regelmäßig außer Frage. Der ausdrückliche Nachweis einer Beeinträchtigung des Gemeinsamen Marktes ist somit entbehrlich.

2. Angleichungsvorschriften bei den gemeinsamen Politiken

Etwas anderes könnte im Bereich der gemeinsamen Politiken gelten. In der Landwirtschafts-, Verkehrs- und Handelspolitik sind der Gemeinschaft besondere Rechtsetzungskompetenzen eingeräumt. Aus diesen weitgehenden Befugnissen könnte der Schluß gezogen werden, daß alle Maßnahmen auf dem Gebiet des betreffenden Teilbereichs nur auf besondere Ermächtigungsnormen gestützt werden können[256].

---

[252] *Marx*, S. 37—46.

[253] *Marx*, S. 46.

[254] *Marx*, S. 44.

[255] *Mégret*, RMC 1967, S. 181 (185); *Ipsen*, LB, S. 691; *Schwartz*, FS Hallstein, S. 474 (480); *Bleckmann*, LB, S. 403.

Eine solche Ansicht ist jedoch offenbar nie ernsthaft befürwortet worden. Vielmehr wird teilweise die sogenannte Wahlthese vertreten, nach der die Wahl der Kompetenznorm für bestimmte Maßnahmen allein nach Opportunitätsgesichtspunkten zu treffen ist[257].

Die Gegenansicht schließt die Anwendung von Art. 100 nicht kategorisch aus. Sie fordert aus Gründen der Rechtssicherheit lediglich eine konkretisierende Auslegung der Ermächtigungsgrundlagen, um deren Anwendungsbereich näher zu bestimmen[258].

VI. Methode und Regelungsintensität der Richtlinien

Zur Klärung der Funktion des Art. 100 muß weiterhin auf die Frage eingegangen werden, in welchem Maß und in welcher Weise eine Rechtsangleichung erfolgen darf. Art. 189 III scheint auf diese Frage die Antwort zu geben. Die Richtlinie als das Instrument der Rechtsangleichung darf den Mitgliedstaaten nur die angestrebten Ziele vorschreiben, muß ihnen jedoch bei der Wahl von Form und Mittel zur Erreichung dieses Zwecks freie Hand lassen.

1. Totale und optionelle Harmonisierung

Eine sogenannte totale Harmonisierung liegt dann vor, wenn sämtliche Rechtsvorschriften eines bestimmten Bereichs angeglichen werden und jedes der Richtlinie entgegenstehende Recht ausgeschlossen wird[259]. Auf diese Weise wird eine umfassende gemeinschaftliche Regelung getroffen. Sie ist für die Verwirklichung des Gemeinsamen Marktes am besten geeignet.

Die Frage ist, ob diese Methode die einzig mögliche ist. Sie ist auf jeden Fall nicht die allein praktizierte Art der Rechtsangleichung. Sehr häufig verständigen sich die Mitgliedsländer auf die sogenannte optionelle Harmonisierung[260]. Die gemeinschaftseinheitliche Regelung beschränkt sich dann regelmäßig auf den grenzüberschreitenden Waren-

---

[256] Siehe dazu für den Bereich der Agrarpolitik: *Ehlermann*, KSE 10 (1969), S. 57 (94).

[257] Siehe dazu wiederum: *Ehlermann*, KSE 10 (1969), S. 57 (91).

[258] *Ehlermann*, KSE 10 (1969), S. 57 (94 ff.); *Schmeder*, S. 58 f.; *Röhling*, S. 72 f.; *Gollmann* in: G-B-Th, 2. Aufl., Art. 38, Anm. 3; ähnlich auch *Marx*, S. 164.

[259] *Pipkorn* in: Beutler/Bieber u. a., S. 356.

[260] Teilweise wird in diesem Zusammenhang von partieller Harmonisierung gesprochen: *Schmeder*, S. 71; *Seidel*, KSE 11 (1971), S. 733 (740 f.).

verkehr. Erzeugnisse, die den Anforderungen der Richtlinie entsprechen, können in allen Mitgliedsländern vertrieben werden. Hinsichtlich von Produkten, die nur im Herstellungsland verkauft werden sollen, steht es jedem Land frei, die EWG-Regelung zu übernehmen oder weiterhin eigene und abweichende Vorschriften zu erlassen. Die optionelle Harmonisierung wird von verschiedenen Seiten als unzureichend und dem Zweck der Rechtsangleichung zuwiderlaufend kritisiert[261]. Insbesondere wird geltend gemacht, daß auf diese Weise Rechtsunterschiede bestehen bleiben, die zu immer neuen Handelshemmnissen und Wettbewerbsverfälschungen führen können.

Auf der anderen Seite ist zu berücksichtigen, daß für viele Unternehmen, vor allem kleinere, die Verpflichtung zur Anpassung ihrer Erzeugnisse an EWG-Bestimmungen sehr erhebliche und vielfach nicht nützliche Belastungen mit sich bringt, weil sie ihre Waren nur auf dem heimischen Markt absetzen. Von größerem Gewicht ist das Argument, daß die optionelle Harmonisierung den Mitgliedstaaten einen breiteren Spielraum für die Berücksichtigung nationaler Besonderheiten beläßt. Derartigen Interessen kann allerdings ebenso wirksam, durch entsprechende Sonderbestimmungen in Richtlinien entsprochen werden, die ansonsten eine totale Harmonisierung vorsehen. In der Tat ist den Kritikern der optionellen Harmonisierung zuzugestehen, daß die Unterscheidung zwischen grenzüberschreitendem und innerstaatlichem Warenverkehr ständig die Gefahr für Beeinträchtigungen des Gemeinsamen Marktes in sich birgt. Allerdings sind die Mitgliedsländer bei einer Entscheidung für eine totale Harmonisierung sehr viel zurückhaltender als im Fall einer optionellen Rechtsangleichung. Die Gründe dafür liegen im politischen Bereich und bei den besonderen Schwierigkeiten für die Interessenangleichung im derzeitigen institutionellen Gefüge der EWG[262]. Die Frage lautet folglich: muß eine unvollständige Rechtsangleichung akzeptiert werden, wenn andernfalls überhaupt keine Harmonisierung erzielt würde? Sie ist angesichts der positiven Wirkung der optionellen Angleichung auf den Gemeinsamen Markt zu bejahen.

2. Inhalt der Richtlinien

Mit dieser Entscheidung für die Zulässigkeit der optionellen Harmonisierung sind allerdings noch nicht alle Unklarheiten beseitigt. Nationale Interessen, politisches Kalkül und die Angst vor einem zu großen Souveränitätsverlust erschweren auch in dieser Frage häufig die Einigung.

---

[261] *Schmeder*, S. 71; *Röhling*, S. 140 f.; *Seidel*, KSE 11, S. 733 (740 f.).

[262] Siehe dazu unter B. I.—III.

Umstritten ist jedoch häufig nicht allein die Frage nach der Zulässigkeit der Rechtsangleichung, die das Thema der vorangegangenen Abschnitte über die Wesenselemente des Gemeinsamen Marktes sowie das Erfordernis der unmittelbaren Auswirkung war. Nicht minder intensiv wird die Diskussion um die jeweils geeignete Methode der Harmonisierung geführt. Da die Rechtsangleichung nur ein Instrument zur Verwirklichung des Gemeinsamen Marktes ist[263], ist ihre Effizienz nicht weniger wichtig als die generelle Bestimmung des Anwendungsbereichs von Art. 100 EWG-Vertrag. Die extensivste Auslegung dieser Vorschrift nützt wenig, wenn die Richtlinien ungeeignet sind, die nationalen Rechtsunterschiede effektiv abzubauen. Die Richtlinien müssen praktikabel sein, um umgesetzt werden zu können. Auch die Zweckmäßigkeit des Rechts[264] muß Ziel der gemeinschaftlichen Rechtsetzung sein. Vor diesem Hintergrund sind die folgenden Erörterungen über den Inhalt der Richtlinien zu sehen.

a) Detailregelungen

Von großer Aktualität ist in diesem Zusammenhang die Frage, inwieweit die Richtlinien nicht nur das zu erreichende Ziel verbindlich vorschreiben, sondern darüberhinaus auch verbindliche und detaillierte Vorschriften über die anzuwendenden Mittel enthalten können, damit das angestrebte Ziel auf jeden Fall verwirklicht wird.

Unter Berufung auf Sinn und Zweck des Art. 189 III wird diese Möglichkeit teilweise verneint[265]. Die vielen Detailregelungen werden gar als ein wesentliches Hindernis für den Fortgang der Rechtsangleichung dargestellt[266]. Zwar ist zuzugeben, daß die Vorschrift des Art. 189 III die bindende Wirkung einer Richtlinie nur hinsichtlich des zu erreichenden Ergebnisses festlegt, hinsichtlich der Form und der Methoden ihrer Umsetzung jedoch keine Aussagen macht. Fraglich ist allerdings, ob dabei immer eine eindeutige Abgrenzung möglich ist[267].

Wenn auch die Zulässigkeit von detaillierten Bestimmungen heute weithin anerkannt ist, wird aus der Vorschrift des Art. 189 III teilweise eine Beschränkung der Befugnis der Gemeinschaft zum Erlaß von Richtlinien in der Weise hergeleitet, daß den Mitgliedsländern bei ihrer

---

[263] *Everling*, Möglichkeiten und Grenzen der Rechtsangleichung, FS Reimer Schmidt, S. 165 (166).

[264] Dazu: *Radbruch*, Einführung in die Rechtswissenschaft, S. 36, 38 f.

[265] *Zuleeg*, Recht der Europ. Gemeinschaften, S. 280 ff., der zwar detaillierte Regelungen für möglich hält, ihnen jedoch keine Verbindlichkeit zugesteht, sofern sie nicht die Ziele der Richtlinie vertreten; siehe auch: *Lauwaars* in: Smit/Herzog, Art. 189, 13.

[266] *Zuleeg*, Diskussionsbeitrag, KSE 11 (1971), S. 763 f.; ähnlich: *Bülow*, ebd. S. 771; gegen sie jedoch *Everling*, ebd., S. 767.

[267] *Oldekop*, Richtlinie, S. 131 f.

Umsetzung immer eine gewisse Autonomie verbleiben müsse[268]. Allerdings werden der Kommission und dem Rat ein weitgehendes Ermessen bei der Entscheidung hinsichtlich der Detailregelung eingeräumt. Auch nicht mehr in Ausnahmefällen zulässig sollen nur die Richtlinien sein, die alle Einzelheiten regeln und den Mitgliedstaaten überhaupt keinen Spielraum mehr belassen[269].

Erneut ist zu bedenken, ob diese Abgrenzung wirklich praktikabel ist[270], ob überhaupt von einer Abgrenzung gesprochen werden kann. Es erscheint wünschenswert, daß die Staaten, insbesondere die nationalen Parlamente, nicht zu Statisten der europäischen Rechtsetzung werden. Allerdings kann die Rechtsangleichung in bestimmten Bereichen, etwa zur Beseitigung technischer Handelshemmnisse, eine bis ins Detail gehende Harmonisierung erforderlich machen, wobei diese Regelungsintensität das gesamte in Frage stehende Gebiet und nicht allein Einzelfragen erfassen kann. Insofern ist das von der Richtlinie angestrebte Ziel entscheidend[271]. Ein zwingender Grundsatz, daß den Mitgliedstaaten der EWG bei der Angleichung auf jeden Fall ein gewisser eigener Entscheidungsspielraum verbleiben muß, kann daher nicht aufgestellt werden[272].

Trotz der Befürwortung einer erforderlichenfalls sehr weitgehenden Rechtsangleichung[273] muß dennoch der Grundsatz beachtet werden, daß die Harmonisierung des Rechts den Charakter und die Tradition der nationalen Rechtsordnungen zu achten hat[274]. Von daher bleibt zu fragen, inwieweit in einem Bereich wie etwa dem Zivilrecht, eine sehr detaillierte Rechtsangleichung zulässig sein kann[275].

Auf jeden Fall wird auf diese Weise ein ständiges Spannungsverhältnis erzeugt. Die Kritik an der Rechtsangleichung hat sich unter an-

---

[268] *Oldekop*, Richtlinie, S. 144, 146 f.; derselbe in: JöR NF 21, S. 55 (93).

[269] *Oldekop*, Richtlinie, S. 155 ff.; *Lauwaars*, Lawfulness, S. 29—32; *derselbe* in: Smit/Herzog, Art. 189. 13.

[270] *Bleckmann*, LB, S. 67; siehe auch: *Oldekop*, JöR NF 21 (1972), S. 86 (94).

[271] In diesem Sinn: *Börner*, Regeln der Technik, KSE 17, S. 231 (240); *Ficker*, FS Aubin, S. 57 (62 f.).

[272] Siehe dazu: *Rabe*, S. 42; *Gaudet*, ZHR 124 (1962), S. 66 (84 f.).

[273] *VerLoren van Themaat* in: FS Ophüls, S. 243 (253) m.w.N.; *Mégret*, RMC 1967, S. 181 (186 f.); *Vignes* in: Mégret/Louis/Vignes/Waelbroeck, Bd. V, S. 160 Nr. 10; *Ipsen*, Richtlinien-Ergebnisse, FS Ophüls, S. 67 (71) m.w.N.; *Taschner* in: G-B-Th, 3. Aufl., Art. 100 RN 31; *v. d. Groeben*, NJW 1970, S. 359 (361); *Houin*, KSE 11 (1971), S. 776 (786); *Goldman* in: Les Novelles, S. 888, Nr. 2224; *Schwartz*, FS Hallstein, S. 474 (507 f.); *Pipkorn* in: Beutler/Bieber u. a., S. 356 f.; *Seidel*, KSE 11 (1971), S. 733 (740 ff.); *derselbe*, Aktuelle Probleme, EuR 1967, S. 203 (210 ff.); *Schmeder*, S. 22, 58.

[274] *Hallstein*, RabelsZ 28 (1964), S. 211 (230 f.).

[275] Zweifelnd: *Ipsen*, LB, S. 696; gegen ihn *Zweigert*, Rezension, EuR 1972, S. 308 (318).

derem an dem Eindruck entzündet, daß die Eigenarten der nationalen Rechtssysteme und ebenso von nationalen Produkten durch den Perfektionismus der EWG übermäßig beeinträchtigt würden[276]. Die Kommission der Europäischen Gemeinschaften hat diese Kritik akzeptiert[277]. Welche Detailregelungen für eine erfolgreiche Rechtsangleichung notwendig sind, läßt sich letztlich nur im Einzelfall erörtern[278]. Die Achtung vor den nationalen Rechtsordnungen ist dabei als Leitlinie für jedes Handeln zu beachten[279].

Dieser Respekt steht nicht der Möglichkeit entgegen, daß die Mitgliedstaaten in ihrem Bemühen um die sachlich beste Lösung bei der Rechtsangleichung gemeinsam völlig neue Regeln entwickeln[280].

In den drei folgenden Abschnitten soll untersucht werden, ob man auch dann, wenn die Rechtsangleichung nach ins einzelne gehenden Regelungen verlangt, andere Wege einschlagen kann, als die häufig kritisierten Detailrichtungen zu erlassen.

b) Rahmenrichtlinien

Die Rechtsangleichung durch die Schaffung von Richtlinien, welche auch Einzelheiten regeln, stößt unter anderem auf das Hindernis, daß zur Harmonisierung von nationalen Vorschriften auf einem bestimmten Gebiet oftmals eine große Zahl von einzelnen Richtlinien erlassen werden müssen. So sind zum Beispiel zur Angleichung des Rechts der Zulassung von Kraftfahrzeugen 66 Richtlinien einschließlich Änderungsrichtlinien und Richtlinien zur Anpassung an den technischen Fortschritt erlassen worden. Bei landwirtschaftlichen Zugmaschinen beläuft sich die Zahl auf 21[281]. Weitere sechs Vorschläge für Richtlinien auf beiden Gebieten liegen dem Rat zur Entscheidung vor. Bei einer solch umfangreichen Rechtsetzungstätigkeit besteht die Gefahr, daß die nationalen Parlamente und das Europäische Parlament mit der Behandlung der in den Richtlinien geregelten Einzelfragen überfordert

---

[276] *Walker-Smith*, Verhandlungen des EP, Nr. 234/Okt. 1978, S. 112 f.

[277] *Jenkins*, Verhandlungen des EP, Nr. 234/Okt. 1978, S. 111 (114, 116 f.).

[278] *Oldekop*, JöR NF 21 (1972), S. 86 (94, 96).

[279] *Raabe*, S. 42.

[280] *Bleckmann*, LB, S. 401; *Ipsen*, LB S. 694; *Röhling*, S. 58 f.; *v. d. Groeben*, NJW 1970, S. 359 (361); *Vogelaar*, CMLR 1975, S. 211 (213 f.); keine andere Ansicht vertreten entgegen einer teilweise anderen Einordnung: *Seidl-Hohenveldern*, KSE 11 (1971), S. 170 (177 f.); *Holch*, EuR 1967, S. 217 (223); *Helm*, AWD 1968, S. 453 (455); *Eckert*, NJW 1967, S. 473 (476 f.); wohl auch: Select Committee, S. 10.

[281] Zählung jeweils anhand des Verzeichnisses der Rechtsakte und sonstiger Texte der Gemeinschaft betreffend die Beseitigung der technischen Handelshemmnisse bei gewerblichen Erzeugnissen. Luxemburg 1981, S. 84 ff.; siehe dazu auch: *Schmeder*, S. 100—105.

werden und mehr auf Vorschläge reagieren als selbst politisch zu gestalten[282].

Eine Entlastung könnte durch das Verfahren des Art. 155 Nr. 4 erreicht werden. Der Rat würde sich dann auf den Erlaß einer Rahmenrichtlinie beschränken und die Kommission mit den Durchführungsbestimmungen betrauen[283]. Diese Forderung hat das Europäische Parlament im Zusammenhang mit der Vereinheitlichung der technischen Zulassungsbestimmungen für Kraftfahrzeuge erhoben[284]. Der Richtlinienvorschlag der Kommission über Baubedarfsartikel enthält einen derartigen Passus[285]. Dieser Weg würde auch den Gang der Rechtsangleichung beschleunigen. Den skizzierten Vorteilen steht als möglicher Nachteil eine mangelnde Berücksichtigung der Interessen der Mitgliederländer gegenüber. Diese Gefahr kann durch eine genaue Beschreibung des Umfangs der der Kommission übertragenen Befugnisse hinsichtlich der Durchführungsbestimmungen gemindert werden[286].

Die Angst vor einem weiteren Souveränitätsverlust wird jedoch einer breiten Anwendung des Art. 155 Nr. 4 entgegenstehen. Diese Furcht ist ein Grund dafür, daß der Rat den Richtlinienvorschlag bezüglich der Baubedarfsartikel bisher noch nicht angenommen hat.

Schließlich darf die Kritik an der Methode der Rechtsangleichung durch eine Reihe von Einzelrichtlinien nicht ohne weiteres verallgemeinert werden. Die Methode kann in bestimmten Fällen zwingend sein, vor allem dort, wo es um ganze Rechtsbereiche geht[287], wenngleich immer der Gesamtzusammenhang beachtet werden muß[288].

c) Angleichung durch Zielbestimmungen oder die Angabe des zu erreichenden Ergebnisses

Der Gang der Rechtsangleichung könnte auch durch eine Methode der Rechtsangleichung beschleunigt werden, die den Mitgliedstaaten allein die zu erreichenden Ergebnisse oder Ziele vorschreibt und deshalb auf

[282] *v. Wogau,* S. 8.

[283] *v. Wogau,* S. 8 f.; siehe auch *Röhling,* S. 132 ff.

[284] Siehe: CD-Fraktion, Direktwahl 1979, S. 144.

[285] Kom (78) 449, ABL C 308/3 v. 23. 12. 78, geändert durch einen erneuten Vorschlag: Kom (79) 453, ABL C 245/3 vom 13. 9. 79.

[286] *v. Wogau,* S. 9; *Seidel,* Regeln der Technik, NJW 1981, S. 1120 (1125) hält eine genaue und nicht zu weitgehende Ermächtigung für unbedingt erforderlich.

[287] Für den Bereich des Gesellschaftsrechts siehe: *Ficker,* Angleichung, FS Clive M. Schmitthoff, S. 157 (165 ff.); hinsichtlich der Vereinheitlichung des Zivilrechts: *Kötz,* FS Zweigert, S. 481 (486 ff.).

[288] Erneut vom Standpunkt der Privatrechtsvereinheitlichung aus: *Kötz,* FS Zweigert, S. 481 (486 ff.).

die viel kritisierten Detailvorschriften verzichten könnte. Auch der Vorwurf der Starrheit des angeglichenen Rechts[289] scheint bei dieser Methode nicht zu verfangen, bleibt doch den Mitgliedsländern viel Gestaltungsspielraum bei der Umsetzung der Richtlinie in das nationale Recht und für eine spätere Anpassung an veränderte Bedingungen.

Ein Beispiel für diesen Weg der Harmonisierung stellt die Richtlinie zur Angleichung der Rechtsvorschriften der Mitgliedstaaten betreffend elektrische Betriebsmittel zur Verwendung innerhalb bestimmter Spannungsgrenzen vom 19. 2. 1973 dar[290]. Sie enthält in Art. 2 und in ihrem Anhang die Sicherheitsziele für die von der Richtlinie betroffenen elektrischen Betriebsgeräte. Die Richtlinie geht davon aus, daß die einzelnen Mitgliedstaaten die in ihrem Land hergestellten und erstmals in die EWG eingeführten Waren erst dann zum Verkauf zulassen, wenn den genannten Sicherheitszielen Rechnung getragen wurde. Es werden verschiedene Wege aufgezeigt, die eine derartige Vermutung rechtfertigen können[291]. Eine Kennzeichnung durch das einzelne Land, welche die Konformität der Sicherheitsvorkehrungen des Betriebsmittels mit den Sicherheitszielen der Richtlinie bestätigt, öffnet dem Produkt schließlich den gesamten Markt der EWG (Art. 3 und 10).

Die Verwirklichung dieser Richtlinie hat in der Praxis erhebliche Schwierigkeiten hervorgerufen, die erst durch ein Urteil des EuGH[292] geklärt werden konnten. Um die Anwendung der Richtlinie zu fördern, hat die Kommission im Anschluß an das oben genannte Urteil eine Mitteilung herausgegeben, in der sie den Inhalt der Richtlinie weiter zu klären versucht[293]. Diese Erfahrungen mit der Niederspannungsrichtlinie führen zu dem Schluß, daß bei der Kritik an zu detaillierten Richtlinien immer berücksichtigt werden muß, daß andere Methoden, etwa eine Rechtsangleichung durch die Angabe von bestimmten Zielvorstellungen oder zu erreichenden Ergebnissen ebenfalls zu erheblichen Schwierigkeiten führen können[294] und ihnen deshalb nicht automatisch der Vorzug eingeräumt werden darf.

---

[289] *Pipkorn* in: Beutler/Bieber u. a., S. 319.

[290] Sogenannte Niederspannungsrichtlinie, ABL L 77/29 vom 26. 3. 1973.

[291] Artikel 5—8.

[292] RS 815/79 (Cremonini), Slg. XXVI (1980), S. 3583 ff.; siehe insbesondere die schriftlichen und mündlichen Stellungnahmen der Regierungen, die die Unsicherheiten bei der Auslegung der Richtlinie widerspiegeln (S. 3596 ff.); siehe dazu weiterhin: *Seidel*, Regeln der Technik, NJW 1981, S. 1120 (1123 f.).

[293] ABL C 59/2 vom 9. 3. 1982.

[294] Ähnlich: *Starkowski*, S. 69 f.

d) Angleichung durch Verweis auf technische Normen

Schließlich verdient eine weitere Methode der Rechtsangleichung die Aufmerksamkeit, durch die vielleicht doch die große Anzahl von stark detaillierten Richtlinien verringert werden kann und die darüberhinaus eine besonders hohe Qualität der Richtlinien garantieren, zumindest jedoch zu einer größeren Prägnanz des Ausdrucks beitragen könnte[295]. Hinzu kommt die Chance einer Beschleunigung des Verfahrens zum Erlaß einer Richtlinie und ihrer Anpassung an den technischen Fortschritt[296].

Es ist daran zu denken, daß Richtlinien auf in der Fachpraxis anerkannte technische Grundsätze verweisen, die auf diesem Weg eine einheitliche Geltung innerhalb der EWG erlangen sollen[297].

Eine andere Möglichkeit besteht in dem Verweis auf die von den nationalen Norminstituten entwickelten Bestimmungen[298]. Eine Beseitigung von technischen Handelshemmnissen kann noch eher erreicht werden, wenn die von den nationalen Norminstituten gegründeten europäischen Normorganisationen CEN und CENELEC[299] in noch größerem Umfang europäische Normen schaffen können, die dann von den nationalen Norminstituten übernommen werden[300]. Im Ergebnis darf eine solche Vorgehensweise jedoch nicht zu einer unmittelbaren Rechtsetzungsbefugnis der Norminstitutionen führen[301]. Sollte die europäische Wirtschaft allerdings in der Zukunft einmal in der Lage sein, eine europäische Normorganisation aufzubauen, stehen einer Übernahme der Normung durch die Wirtschaft, wie das in den Mitgliedstaaten der Fall ist, keine Bedenken entgegen[302].

Insgesamt gesehen scheint die Angleichung durch den Verweis auf technische Normen ein guter und brauchbarer Weg zu sein. Er setzt jedoch einen ausreichenden Bestand harmonisierter und damit einheitlich interpretierter Regeln der Technik voraus. Ist der nicht vorhanden,

---

[295] Als Beispiel für einen Richtlinienvorschlag, in dem diese Prägnanz fehlt, sei der Vorschlag für eine Richtlinie des Rates zur Angleichung der Rechtsvorschriften der Mitgliedsstaaten über die Sicherheit von Spielzeug erwähnt: ABL C 228/10 vom 2. 9. 1980.

[296] *Röhling*, S. 107—109.

[297] Siehe dazu: *Börner*, Regeln der Technik, KSE 17, S. 231 (243—245); zweifelnd hinsichtlich der Tauglichkeit dieses Weges *Röhling*, S. 111.

[298] *Schmeder*, S. 86; *Röhling*, S. 113 f.; *Börner*, Regeln der Technik, KSE 17, S. 231 (242 f.); zu den Organisationen der Normung siehe *Röhling*, S. 5 ff.

[299] Siehe dazu: *Schmeder*, S. 81—84.

[300] *v. Wogau*, S. 10; *Starkowski*, S. 93 ff., 98 ff.; siehe auch die Richtlinie 73/23, ABL C 77/29 vom 26. 3. 73 (Niederspannungsrichtlinie).

[301] Dazu eingehend: *Röhling*, S. 114—126; siehe auch: *Seidel*, Regeln der Technik, NJW 1981, S. 1120 (1123).

[302] *Seidel*, Regeln der Technik, NJW 1981, S. 1120 (1122).

führt der allgemeine Verweis auf anerkannte Regeln der Technik oder den Stand der Technik nicht zu der gewünschten Flexibilität der Rechtsangleichung, sondern zu einer erheblichen Rechtsunsicherheit[303].

Das Beispiel zeigt, daß es die ideale Methode zur Rechtsangleichung nicht gibt. Man kann weder von einer eindeutig brauchbaren oder eindeutig unbrauchbaren Methode sprechen. Von daher ist jede pauschale Kritik an einem bestimmten Weg zur Harmonisierung abzulehnen. Die Entscheidung darüber kann nur im Einzelfall getroffen werden. Ziel muß es allerdings sein, in der Richtlinie so wenig wie möglich zwingend vorzuschreiben.

e) Rechtsangleichung durch Setzung eines gemeinschaftlichen Mindeststandards

In einer Reihe von Fällen können sich die Mitgliedstaaten bei der Rechtsangleichung nicht auf ein einheitliches und für alle verpflichtendes Rechtsniveau einigen. Der Grund dafür liegt in den unterschiedlich strengen Maßstäben, mit welchen die verschiedenen nationalen Bestimmungen die Rechtsunterworfenen konfrontieren[304].

Grundsätzlich soll sich die Harmonisierung zwar an der sachlich besten Lösung orientieren, in der Praxis bietet sich der mittlere Weg jedoch regelmäßig als Kompromiß an. Die Länder, die etwa in den Bereichen Umweltschutz und Verbraucherschutz strenge Bestimmungen erlassen haben, sind zu einer Senkung des erreichten Rechtsniveaus normalerweise nicht bereit. Unter Hinweis auf die erstrebenswerte sachlich beste Lösung fordern sie die Anpassung der übrigen Rechtsbestimmungen an die strengste Regel. Diesem Weg verweigern sich indessen die Länder mit den weniger strengen Vorschriften. Sie wären zu einer gewissen Verschärfung ihres Rechts noch bereit, nicht jedoch zur Übernahme des strengsten Rechtsstandards.

Letztlich kommt eine Einigung nur durch die Festlegung eines gemeinschaftlichen Mindeststandards zustande, der strengere gesetzliche Bestimmungen in den Mitgliedstaaten jedoch zuläßt. Gegen diese Methode kann eingewandt werden, daß durch sie eine Rechtsangleichung bestenfalls ansatzweise erreicht wird, weil die Gefahr für Beeinträchtigungen des Gemeinsamen Marktes durch die weiterhin gültigen unterschiedlichen Rechtsvorschriften bestehen bleibt. Auch eine Rechtferti-

---

[303] *Seidel*, Regeln der Technik, NJW 1981, S. 1120 (1123 f.); S. verweist auf die Probleme bei der Umsetzung der Niederspannungsrichtlinie, in der ein solch allgemeiner Verweis enthalten war. Das Beispiel macht auch deutlich, daß die verschiedenen Methoden der Rechtsangleichung nicht immer eindeutig voneinander abgegrenzt werden können.

[304] Beispiele dafür bei: *Taschner*, Rechtsangleichung in der Bewährung? GS Constantinesco, S. 765 (771 ff.).

gung der Setzung des gemeinschaftlichen Mindeststandards als erster Schritt für eine umfassende Rechtsangleichung kann die vorgebrachten Bedenken nicht beseitigen, weil es für diese Annahme nur selten wirklich begründete Erwartungen gibt[305]. In aller Regel sieht sich die Kommission bei einem fehlenden politischen Willen der Mitgliedstaaten[306] in der Lage, entweder eine Rechtsangleichung durch Festlegung des Mindeststandards[307] zu akzeptieren oder ganz darauf zu verzichten. Immerhin werden durch diese Art der Harmonisierung die Rechtsunterschiede und damit die Beeinträchtigungen des Gemeinsamen Marktes wenigstens teilweise abgebaut[308]. Positiv kann auch bewertet werden, daß durch den Verzicht auf eine einheitliche Regelung die besonderen wirtschaftlichen und sonstigen Verhältnisse eines Landes berücksichtigt werden können[309].

Diese positiven Aspekte haben allerdings nur Bestand, wenn der den Mitgliedsländern für eigene Vorschriften verbleibende Freiraum nicht zu groß ist. Sonst verdient eine Rechtsangleichung diesen Namen nicht mehr. Die Entscheidung darüber muß immer wieder im Einzelfall getroffen werden.

---

[305] Zu der Kritik: *Taschner*, Rechtsangleichung in der Bewährung? GS Constantinesco, S. 765 (775 f.); *derselbe* in: G-B-Th, 3. Aufl., Art. 100, RN 34.

[306] *Taschner*, Rechtsangleichung in der Bewährung? GS Constantinesco, S. 765 (776).

[307] Siehe als Beispiel für sogenannte „Mindestrichtlinien":

1. Richtlinie 65/65 vom 26. 1. 1965, ABL 22 vom 9. 2. 1965 zur Angleichung der Rechts- und Verwaltungsvorschriften über Arzneispezialitäten (letzter Erwägungsgrund und Art. 19)
2. Richtlinie 75/319, ABL L 147 vom 9. 6. 1975 zur Angleichung der Rechts- und Verwaltungsvorschriften über Arzneispezialitäten (5. und 6. Erwägungsgrund und Art. 7)
3. Richtlinie 75/440, ABL L 194 vom 25. 7. 1975 über die Qualitätsanforderungen an Oberflächengewässer für die Trinkwassergewinnung (6. Erwägungsgrund und Art. 6)
4. Richtlinie 78/176, ABL L 54 vom 25. 2. 1978 über Abfälle aus der Titandioxid-Produktion (Art. 12)
5. Richtlinie 78/611, ABL L 197 vom 22. 7. 1978 zur Angleichung der Rechtsvorschriften über den Bleigehalt des Benzins (Art. 2)
6. Richtlinie 79/279, ABL L 66 vom 16. 3. 1979 zur Koordinierung der Bedingungen für die Zulassung von Wertpapieren an einer Wertpapierbörse (vorletzter und letzter Erwägungsgrund und Art. 5)
7. Richtlinie 80/390, ABL L 100 vom 17. 4. 1980 zur Koordinierung der Bedingungen für die Erstellung, die Kontrolle und die Verbreitung des Prospekts für die Zulassung von Wertpapieren (vorletzter Erwägungsgrund und Art. 5)
8. Richtlinienvorschlag vom 1. 3. 78, ABL C 70/1978 über irreführende und unlautere Werbung (Art. 8).

[308] *Krämer* in: G-B-Th, 3. Aufl., Umweltpolitik, RN 41.

[309] *Bleckmann*, LB, S. 63; das gilt auch für typische Produkte eines Landes, etwa den „Cassis de Dijon".

f) Abweichende Klauseln

Die Verabschiedung einer Angleichungsrichtlinie trotz des Widerstandes eines Landes kann auch dadurch gesichert werden, daß im Text eine „clause derogatoire" eingefügt wird, die es dem betreffenden Staat ermöglicht, besondere nationale Bestimmungen beizubehalten. Eine derartige Ausnahmeregelung hat zur Folge, daß nicht alle Hindernisse für die Verwirklichung des Gemeinsamen Marktes beseitigt werden. Erneut stellt sich, wie schon bei den Problembereichen optionelle Harmonisierung und Mindeststandard die Frage, ob derartige Klauseln nicht den Zielen der Rechtsangleichung zuwiderlaufen und deshalb abzulehnen sind. Selbst wenn sie zulässig sein sollten, muß Klarheit über den möglichen Umfang der Ausnahmen erlangt werden.

Als Ausgangspunkt für diese Erörterungen seien zwei Beispiele gewählt: die Richtlinie 76/889[310] zur Angleichung der Rechtsvorschriften über Funkstörungen durch Elektro-Hausgeräte, handgeführte Elektrowerkzeuge und ähnliche Geräte sowie die Richtlinie 76/891[311] zur Angleichung der Rechtsvorschriften der Mitgliedstaaten über Elektrizitätszähler enthalten in Artikel 3 abweichende Klauseln. Sie machen den Unterschied zur optionellen Harmonisierung deutlich. Die Klauseln erlauben nicht, daß neben den gemeinschaftlichen Regeln nationale Regeln bestehen bleiben. Das ist das wesentliche Kennzeichen der optionellen Rechtsangleichung. Den Staaten wird durch die Sonderbestimmung in der Richtlinie vielmehr das Recht gegeben, für den Vertrieb von allen Waren im eigenen Land besondere Anforderungen zu stellen. Handelshemmnisse und Wettbewerbsbehinderungen bleiben also bestehen. Dieses Ergebnis widerspricht den Zielen des EWG-Vertrages, der einheitliche europäische Regelungen verlangt, damit wirklich ein einheitlicher und wettbewerbsorientierter europäischer Binnenmarkt entsteht. Diesem Anspruch müssen sich auch die Mitglieder der EWG stellen. Sie können nicht für sich das Recht in Anspruch nehmen, über das ob und den Umfang der Rechtsangleichung und damit auch über Ausnahmen, unabhängig zu bestimmen.

Folglich sind abweichende Klauseln mit den Zielen der Rechtsangleichung nicht zu vereinbaren. Allerdings kann es in einem Land oder in einem kleinen Gebiet eine besondere Lage geben, die auch bei einer europäischen Regelung berücksichtigt werden muß. Schließlich verlangt Harmonisierung nicht nach strenger Einheitlichkeit. Sie muß unterschiedlichen wirtschaftlichen und sozialen Verhältnissen Rechnung tragen[312]. Demnach sind abweichende Klauseln unter folgenden Voraussetzungen zu rechtfertigen:

---

[310] ABL L 336/76, S. 1.

[311] ABL L 336/76, S. 30.

a) Die Ausnahmeregelung gilt für eine bestimmte Zeit, um einem Mitglied der EWG die Anpassung an das gemeinschaftliche Rechtsniveau zu erleichtern.

b) Sie ist notwendig, weil objektiv nachweisbare Gegebenheiten in einem genau bestimmten Gebiet diese Anpassungszeit erforderlich machen. An diesen Bedingungen sind die „clauses derogatoires“ in den genannten Richtlinien zu messen.

Art. 3 II der Richtlinie 76/889 bestimmt: „Die Mitgliedstaaten können fordern, daß die Übereinstimmung der Geräte mit den Vorschriften dieser Richtlinie während eines Zeitraumes von fünfeinhalb Jahren nach Bekanntgabe dieser Richtlinie durch Prüfzeichen oder Bescheinigungen bestätigt wird, die auf Grund einer vorherigen Typenprüfung im amtlichen Auftrag erzielt werden.“

Das Erfordernis dieser vorherigen Typenprüfung im amtlichen Auftrag stellt bei der Langwierigkeit eines solchen Vorgangs und bei der Schnelligkeit der technischen Entwicklung ein erhebliches Hemmnis für den Handel in der Gemeinschaft dar und ist eine gravierende Ausnahme von dem in Art. 3 I der Richtlinie 76/889 genannten Normalfall, nach dem die Erklärung der Übereinstimmung der Beschaffenheit des Produkts mit den Anforderungen der Richtlinie durch den Hersteller für den ungehinderten Vertrieb im Gemeinsamen Markt ausreichen soll. Für eine solch umfassende Ausnahmeregelung läßt sich keine Rechtfertigung herleiten. Es mag Fälle geben, in denen die Geräusche von Haushaltsgeräten erhebliche Funkstörungen hervorrufen. Zu denken ist etwa an eine Stadt wie Berlin, in der die Flughäfen zwangsläufig in Wohngebieten liegen, und deshalb die Störung des Funkverkehrs im Flughafenbereich durch die vielen Haushaltsgeräte im Umkreis besonders stark ist. In solch einem eindeutig bezeichneten und genau begründeten Fall kann es gerechtfertigt sein, für Geräte, die in Berlin vertrieben werden sollen, besonders niedrige Geräuschwerte zu verlangen. Wenn nach einem bestimmten Zeitraum die Industrie nicht sowieso Erzeugnisse mit einer verminderten Geräuschbelastung herstellt, kann die Ausnahmeregelung verlängert werden.

Im vorliegenden Fall hat es jedoch den Anschein, daß die Zustimmung eines Landes durch Zugeständnisse an seine Sonderinteressen erlangen wurde. Auf dieser Basis kann der Gemeinsame Markt allerdings nicht verwirklicht werden. Zwar kann man auch bei der Rechtsangleichung an der Notwendigkeit zum Kompromiß nicht vorbeigehen. Allerdings ist es höchst gefährlich, wenn immer neue Formen der partiellen Einschränkung der Rechtsangleichung gefunden werden. In

[312] *Bleckmann*, LB, S. 63.

dem spezifischen Fall der abweichenden Klauseln wird darüberhinaus die faktische Unvollständigkeit der Rechtsangleichung verschleiert.

In der Richtlinie 76/891 lautet die abweichende Klausel in Art. 3 folgendermaßen: „Die Mitgliedstaaten, in denen die zulässigen Fehlergrenzen kleiner sind als die in dieser Richtlinie für die EWG-Ersteichung vorgesehenen, können in den fünfeinhalb Jahren nach Bekanntgabe dieser Richtlinie weiterhin mit den zulässigen Fehlergrenzen arbeiten." Die gemeinschaftlich zugelassenen Fehlergrenzen sind in Tabelle II von Kapitel III des Anhangs enthalten.

In diesem Fall liegt die Sachlage etwas anders als bei der Richtlinie 76/889. Im Ergebnis ist ein gemeinschaftlicher Mindeststandard geschaffen worden. Wenn diese Methode als geringeres Übel gegenüber einem völligen Verzicht der Rechtsangleichung akzeptiert werden muß, kann die in Frage stehende abweichende Klausel nicht rundweg abgelehnt werden. Da sie eine besondere nationale Regelung nur für fünfeinhalb Jahre zuläßt, wird der Erfolg der Rechtsangleichung sogar besser garantiert. Es bleibt jedoch zu bedenken, daß durch die „clause derogatoire" die Rechtsangleichung auf verborgenem Wege unvollständig gehalten wird. Auch in der Richtlinie 76/891 fehlt im übrigen die rechte Begründung für die Sonderregelung.

Zusammenfassend bleibt festzuhalten: an die Zulässigkeit einer abweichenden Klausel ist ein ebenso strenger Rechtfertigungsmaßstab anzulegen wie bei den anderen behandelten Möglichkeiten, den Staaten trotz Rechtsangleichung die Möglichkeit für besondere Vorschriften zu belassen.

g) Ausschluß der Bindungswirkung

Als weiterer Punkt bleibt die Zulässigkeit einer Harmonisierungsrichtlinie zu erörtern, die einen Mitgliedstaat ganz oder teilweise von der Verpflichtung zur Umsetzung der Richtlinie befreit. Eine derartige Möglichkeit gibt es im Rahmen des Europäischen Währungssystems[313]. Sie ist auch bei der Rechtsangleichung denkbar.

Eine derartige Befreiung von der Bindungswirkung ist mit dem Grundsatz des einheitlichen Marktes innerhalb der EWG nicht vereinbar. Dennoch ist die Frage nach ihrer Zulässigkeit aufgeworfen[314] und bei Vorliegen sachlicher Differenzierungsgründe auch bejaht worden[315]. Da jede Richtlinie die Anpassung des gemeinschaftlichen Rechts an die

---

[313] *Seidel*, EWS, EuR 1979, S. 13 (S. 25 f.).
[314] *Close*, ELR 3 (1978), S. 461 (479 f.).
[315] *Schmeder*, S. 55 f.

besonderen Verhältnisse eines Mitgliedslandes zum Ziel hat[316], scheint es letztlich doch zulässig, Richtlinien zu erlassen, die sich allein an die betroffenen Länder wenden[317].

Die damit verbundenen Gefahren für die Schaffung immer neuer Rechtsverschiedenheiten müssen jedoch durch strenge Anforderungen an den Erlaß der in Rede stehenden Richtlinien begrenzt werden. Erforderlich ist ein detaillierter Nachweis der Nichtbetroffenheit durch den Staat, der die Ausnahme von der Bindungswirkung verlangt. Selbst in diesem Fall darf die Regelung nur für einen begrenzten Zeitraum gelten. Wenn nach Ablauf dieser Zeit die Staaten der EWG eine inzwischen eingetretene Betroffenheit feststellen, muß der Geltungsbereich der Richtlinie ausgeweitet werden. Diese Einschränkungen sind notwendig, weil ein Land, welches die Befreiung von der Bindungswirkung erstrebt, nicht von der Beschlußfassung des Rates ausgeschlossen werden kann, wie dies eigentlich konsequent wäre. Die Gleichberechtigung aller Mitglieder ist eine der Grundlagen der EWG. Jede Art einer abgestuften Mitgliedschaft, wie sie ja durch den Ausschluß von der Bindungswirkung erreicht würde, läuft diesem Prinzip zuwider[318].

h) Abgestuftes Normungssystem

Eine ausgeprägt integrationsfreundliche Sicht der Dinge mag in Anbetracht der großen Bandbreite der diskutierten und in der Praxis erprobten Angleichungsmethoden zu einer heftigen Kritik an dem egoistischen Verhalten der Mitgliedsländer führen. Dabei ist allerdings zu berücksichtigen, daß der nationale Rechtsstandard von Land zu Land erhebliche Unterschiede aufweist. Die sich daraus für die Einigung auf europäischer Ebene ergebenden Probleme sind mit der Erweiterung der Gemeinschaft gewachsen und werden mit jedem neuen Mitglied weiter zunehmen. Nach dem Beitritt Spaniens und Portugals werden sich diese Unterschiede in einem ausgeprägten Nord-Süd-Gefälle innerhalb der EWG[319] darstellen. Um Ländern wie Spanien, Portugal und Griechenland eine Anpassung zu ermöglichen, wird der Rat vielfach zwangsläufig eine optionelle Harmonisierung vornehmen oder Mindestrichtlinien erlassen müssen. Auch abweichende Klauseln können ein zu diesem Zweck geeignetes Mittel darstellen.

Um der dennoch vorhandenen Gefahr[320] der Ersetzung der Tiefe durch die Breite der Integration[321] auch bei der Rechtsangleichung zu

---

316 *Bleckmann*, LB, S. 63.

317 *Vignes* in: Mégret/Louis/Vignes/Waelbroeck, Band V, S. 165 (Anm. 20 zu Art. 100).

318 *Seidel*, EWS, EuR 1979, S. 13 (26).

319 *Micklitz*, NJW 1983, S. 483 (488).

entgehen, werden zunehmend einschneidendere Maßnahmen diskutiert. Neben der oben bereits kurz behandelten Frage nach dem Ausschluß eines Staates von der Bindungswirkung einer Richtlinie[322] ist dabei auf den Vorschlag eines abgestuften Normungssystems hinzuweisen[323]. Danach sollen die Mitgliedsländer in mehrere Kategorien mit einem unterschiedlichen Rechtsniveau eingeteilt werden. Micklitz selbst nennt in seinem Denkanstoß einige der möglichen Probleme und spricht auch nur von einer „zeitlich begrenzten dissoziativen Entwicklung“[324].

Die EWG ist jedoch nach ihrer Konzeption ganz auf die Schaffung eines einheitlichen Wirtschaftsgebietes ausgerichtet. Ihre Aufgabe ist der Abbau aller Schranken, die diesem Ziel entgegenstehen[325]. Die Unterscheidung der Mitgliedsländer nach verschiedenen Kategorien würde demgegenüber neue Schranken aufrichten. Dieses Ergebnis würde desweiteren dem politischen Fernziel des EWG-Vertrages zuwiderlaufen[326] und schließlich auch der Organisationsstruktur der Gemeinschaft, nach der alle Mitgliedsländer in gleicher Weise an den Entscheidungsprozessen der Gemeinschaft beteiligt sind. Dann können die erzielten Ergebnisse nicht in unterschiedlichem Maß für die Staaten gelten[327].

Es kann anerkannt werden, daß der Wille, den Fortgang der europäischen Integration zu fördern, alle Diskussionen bestimmt. Die Hindernisse, die unterschiedliche nationale Anforderungen für den Vertrieb von Gütern für die Integration darstellen, wenn man sich die Ausgangspositionen der einzelnen Länder vor Augen hält, können ebenfalls nicht übersehen werden. Es bleibt jedoch zu fragen, ob der Vorschlag eines abgestuften Normierungssystems wirklich integrationsfördernd wirken kann, wenn er nicht von dem entsprechenden politischen Willen der Staaten getragen wird[328]. Fehlt er, birgt die Einteilung der Mitglieder in verschiedene Kategorien die Gefahr eines Auseinanderfallens der Gemeinschaft in sich. Jede politische Perspektive verliert ihren letzten Boden. Ist ein politischer Wille der Staaten allerdings vorhanden, bedarf es der radikalen Methode des abgestuften Normierungssystems nicht mehr, weil ein Interessenausgleich dann auch bei Wahrung des einheitlichen Marktgebietes erreicht werden kann.

---

[320] Bezüglich der Probleme der genannten Harmonisierungsmethoden siehe oben unter A. VI. 1., 2., e), f).

[321] *Bleckmann*, Schranken, S. 1.

[322] A. VI. 2. g).

[323] *Micklitz*, NJW 1983, S. 483 (488).

[324] *Micklitz*, NJW 1983, S. 483 (488, FN 65).

[325] Siehe dazu oben unter A. III. 6.

[326] Siehe dazu unten: B. I. 2. 3.

[327] Insofern kann die Kritik von *Seidel*, EWS, EuR 1979, S. 13 (26) zum Ausschluß der Bindungswirkung auch hier wiederholt werden.

[328] Siehe dazu unten B. I.

Wenn ein Staat den Beitritt zur EWG anstrebt und diesem Begehren von Gemeinschaftsseite grundsätzlich zugestimmt wird, die Unterschiede andererseits aber doch zu gravierend sind, um eine weitgehend reibungslose Integration und Anpassung an das Rechtsniveau der EWG Staaten zu gewährleisten, sollte für eine Übergangszeit ein Kandidatenstatus in Form einer besonders engen Assoziierung vereinbart werden, aus dem nach Erfüllung der erforderlichen Voraussetzungen die Mitgliedschaft erwachsen kann.

VII. Vollzug der Rechtsangleichung

Selbst wenn die Mitgliedstaaten nach langwierigen Beratungen eine Richtlinie verabschiedet haben, ist ihre schnelle und vollständige Umsetzung in nationales Recht noch keineswegs gesichert.

So hat beispielsweise Frankreich den Art. 6 der RL 64/221 ABl L 1964, S. 850 nicht durch das Dekret Nr. 70—29 vom 5. 1. 70 in innerstaatliches Recht übertragen wie den sonstigen Inhalt der Richtlinie[329]. Die Erklärung kann nur darin liegen, daß dieser Artikel als nicht im französischen Interesse liegend angesehen wurde, obwohl Frankreich im Ministerrat seine Zustimmung gegeben hatte. Regelmäßig werden die Richtlinien nur mit einer erheblichen Überschreitung der zur Transformierung gesetzten Fristen umgesetzt[330].

Durch eine derartige mangelnde Aktivität der Staaten wird der Gemeinsame Markt erheblich beeinträchtigt. Dieses Verhalten steht auch im Widerspruch zu Art. 5, der die Partnerländer zu einer Unterstützung der Organe der Gemeinschaft verpflichtet[331].

In zunehmendem Maß ist sogar eine völlige Untätigkeit einzelner Länder festzustellen. Diese Entwicklung hat die Kommission schließlich dazu veranlaßt, Vertragsverletzungsverfahren gegen die betreffenden Mitglieder einzuleiten.

Nach einem Bericht des Abgeordneten des EP Sieglerschmidt sind 23 der insgesamt 53 von 1973 bis Ende 1981 ergangenen Urteile des EuGH im genannten Verfahren wegen Nichtumsetzung der Richtlinien ergangen[332].

---

[329] JO R. F. 1970, S. 516; dazu: *Sieglerschmidt*, Verantwortung des Gerichtshofes, S. 13 f.

[330] *Seidel*, Regeln der Technik, NJW 1981, S. 1120 (1122) spricht von „ständiger Gewohnheit“. Für das Gebiet des Wasserrechts siehe dazu: *Scheuer*, Aktuelle Probleme, ZfU 1982, S. 65 (76 f.).

[331] Siehe hierzu die Ausführungen von *Matthies*, FS Ipsen, S. 669 (insbesondere S. 669 ff., 681 ff.), der am Beispiel des freien Warenverkehrs diese Verpflichtung der Mitglieder darlegt.

Selbst eine Entscheidung des Gerichtshofes ist aber nicht mehr in jedem Fall geeignet, die überfällige Umsetzung einer Richtlinie umgehend zu bewirken. Bis Mitte 1982 waren beispielsweise aufgrund der Urteile des EuGH in den Rechtssachen 100/77 (Kommission ./. Italien)[333], 163/78 (Kommission ./. Italien)[334], 91/79 (Kommission ./. Italien)[335], 92/79 (Kommission ./. Italien)[336], 93/79 (Kommission ./. Italien)[337], 42/80 (Kommission ./. Italien)[338], 43/80 (Kommission ./. Italien)[339], 44/80 (Kommission ./. Italien)[340], 30—34/81 (Kommission ./. Italien)[341], 68/81, 69/81, 70/81, 71/81, 72/81, 73/81 (Kommission ./. Belgien)[342] noch keine Umsetzung in nationales Recht erfolgt[343].

---

[332] *Sieglerschmidt*, Verantwortung der Mitgliedstaaten, S. 8; *Kutscher*, Gerichtshof, EuR 1981, S. 392 (407); siehe beispielsweise die Urteile des EuGH in den Rechtssachen: 102/79 (Kommission ./. Belgien), Slg. XXVI (1980), S. 1473 ff.; 133/80 (Kommission ./. Italien), Slg. XXVII (1981), S. 457 ff.; 96/81 (Kommission ./. Niederlande), Slg. XXVIII (1982), S. 1791 ff.; 97/81 (Kommission ./. Niederlande), Slg. XXVIII (1982), S. 1819 ff.; 100/81 (Kommission ./. Niederlande), Slg. XXVIII (1982), S. 1837 ff.

[333] Urteil vom 11. 4. 78 betreffend die Nichtumsetzung von 10 Richtlinien zur Angleichung der nationalen Vorschriften im Bereich der Meßgeräte, Slg. XXIV (1978), S. 879 ff.

[334] Urteil vom 22. 2. 79 betreffend die Nichtumsetzung der RL 75/324 zur Angleichung der Rechtsvorschriften über Aerosolpackungen, Slg. XXV (1979), S. 771 ff.

[335] Urteil vom 18. 3. 80 betreffend die Nichtdurchführung der RL 73/404 zur Angleichung der Rechtsvorschriften über Detergentien, Slg. XXV (1980), S. 1099 ff.

[336] Urteil vom 18. 3. 80 betreffend die Nichtumsetzung der RL 75/716 zur Angleichung der Rechtsvorschriften über den Schwefelgehalt bestimmter flüssiger Brennstoffe, Slg. XXVI (1980), S. 1115 ff.

[337] Urteil vom 14. 12. 79 betreffend die Nichtumsetzung der RL 75/410 zur Angleichung der Rechtsvorschriften für Förderbandwaagen, Slg. XXV (1979), S. 3837 ff.

[338] Urteil vom 2. 12. 80 betreffend die Nichtdurchführung der Richtlinien 73/361 und 76/434 betreffend die Angleichung der Rechtsvorschriften über Bescheinigungen und Kennzeichnungen für Drahtseile, Ketten und Lasthaken, Slg. XXVI (1980), S. 3635 ff.

[339] Urteil vom 2. 12. 80 betreffend die Nichtdurchführung der Anpassungsrichtlinie 76/696, Slg. XXVI (1980), S. 3643 ff.

[340] Urteil vom 4. 2. 81 betreffend die Nichtdurchführung der Richtlinien 76/116 und 77/535 über die Angleichung der Rechtsvorschriften über Düngemittel, Slg. XXVII (1981), S. 343 ff.

[341] Urteil vom 17. 2. 81 betreffend die Nichtumsetzung der RL 75/439 über die Altölbeseitigung, der RL 75/440 über die Qualitätsanforderungen an Oberflächenwasser für die Trinkwassergewinnung, der RL 75/442 über Abfälle, der RL 76/160 über die Qualität von Badegewässern und der RL 76/403 über die Beseitigung polychlorider Biphenyle und Terphenyle, Slg. XXVII (1981), S. 3380 ff.

[342] Alle Urteile sind am 2. 2. 82 ergangen und betreffen die Nichtumsetzung der Richtlinien 78/176 über Abfälle aus der Titandioxid-Produktion, 75/442 über Abfälle, 75/439 über Altölbeseitigung, 76/403 über die Beseitigung polychlorierter Biphenyle und Terphenyle, 76/160 über die Qualität von Badegewässern, 75/440 über die Qualitätsanforderungen an Oberflächengewässer für die Trinkwassergewinnung, Slg. XXVIII (1982), S. 153—195.

Die schleppende oder gänzlich fehlende Umsetzung von Richtlinien in nationales Recht rührt ebenso wie die Nichtbeachtung von Urteilen des Gerichtshofs zum Teil von der Ineffizienz der nationalen Verwaltung, Krisen der Regierung, einer langsamen Gesetzgebung und ähnlichem her[344]. Andererseits sind jedoch immer wieder Fälle erkennbar, in denen Richtlinien besonders schnell umgesetzt werden. Wenn im Ergebnis auch ein bewußter Boykott der gemeinschaftlich getroffenen Regelung nur äußerst selten festzustellen ist, bleibt allerdings der Eindruck, daß einige Mitgliedstaaten sich bei Fehlen eines besonderen nationalen Interesses zu keinem Engagement im Interesse der Gemeinschaft verpflichtet fühlen.

Wenn insofern noch nicht von einer bewußten Verneinung der Verbindlichkeit von Urteilen des EuGH gesprochen werden kann, gibt es dafür allerdings auf anderer Ebene erste Anzeichen. In diesem Zusammenhang ist auf die Ablehnung von durch den Gerichtshof entwickelten Regeln des Europarechts hinzuweisen[345] sowie auf die lange Weigerung Frankreichs, dem aufgrund einer Klage des Vereinigten Königreichs ergangenen Urteil vom 25. 9. 1979[346] nachzukommen. Schließlich ist festzustellen, daß auch Entscheidungen des EuGH in Vorabentscheidungsverfahren gemäß Art. 177, dem zwar nicht die Bindungswirkung des Art. 171 zukommt, das aber andererseits zu einer einheitlichen Anwendung des Gemeinschaftsrechts führen soll[347], hinsichtlich ihrer Bindungswirkung in Frage gestellt werden[348]. Bezüglich der Verfahren wegen der Nichtumsetzung von Richtlinien ist derzeit noch ein Bemühen der Länder festzustellen, einer Verurteilung zu entgehen. Solange das Verfahren anhängig ist, werden daher regelmäßig erhebliche Anstrengungen unternommen, die Transformation zu erreichen. Nach einer Verurteilung erlahmt dieser Elan jedoch sehr schnell. Jedenfalls faktisch liegt auch hierin eine Nichtachtung des EuGH und der Rechts-

343 Mindestens 18 der 52 seit 1973 vom EuGH gefällten Urteile in Vertragsverletzungsverfahren (Stand Ende 1981); Aufstellung bei *Sieglerschmidt*, Verantwortung der Mitgliedstaaten, S. 8, 21—23.

344 *Ehlermann*, Vertragsverletzungen, FS Kutscher, S. 135 (149); *Kutscher*, Gerichtshof, EuR 1981, S. 392 (407); *Sieglerschmidt*, Verantwortung der Mitgliedstaaten, S. 8.

345 Als Beispiel sei die Ablehnung der Rechtsprechung der EuGH zur unmittelbaren Wirkung von Richtlinien in der Entscheidung des franz. Conseil d'Etat im Fall Cohn-Bendit angeführt. Die Entscheidung ist abgedruckt im Anhang zu *Sieglerschmidt*, Verantwortung des Gerichtshofes, S. 3 f.

346 RS 232/78, Slg. 1979, S. 2729 (Schaffleisch); siehe auch: RS 24/80 und RS 97/80, Slg. 1980, S. 1319; dazu: *Ehlermann*, Vertragsverletzungen, FS Kutscher, S. 135 (149 ff.); *Sieglerschmidt*, Verantwortung der Mitgliedstaaten, S. 11 f.

347 Siehe dazu: *Sieglerschmidt*, Verantwortung des Gerichtshofes, S. 20.

348 Stellungnahme der Bundesreg. zu RS 158/80, Urteil vom 7. 7. 1981 (Butterfahrten), Slg. XXVII (1981), S. 1805 ff.; zitiert nach *Sieglerschmidt*, Verantwortung der Mitgliedstaaten, S. 10 f.

ordnung der EWG. Die Gemeinschaft ist nicht in der Lage, einem solchen Verhalten wirksam entgegenzutreten[349].

Aus diesem Grund und um der Wahrung des Ansehens des EuGH willen hat die Kommission den im Fall des Kunstschätzeurteils[350] beschrittenen Weg nicht weiterverfolgt. Das Gericht hatte auf Antrag der Kommission hierbei erstmals die Nichtbefolgung eines Urteils festgestellt[351].

VIII. Wirkung der Rechtsangleichung

Nach der Erörterung der Methode und des Vollzugs der Rechtsangleichung stellt sich schließlich die Frage nach ihrer Wirkung. Sie wird insbesondere dann aktuell, wenn trotz einer einmal erfolgten Angleichung Hemmnisse für den Gemeinsamen Markt fortbestehen oder neu entstehen. Sind dann die einzelnen Staaten wieder zum Handeln berufen und befugt, weil die Bindungswirkung der Richtlinie gemäß Art. 189 III durch ihre Umsetzung in nationales Recht erschöpft ist oder bleibt sie bestehen und verlangt von daher ein gemeinschaftliches Handeln?

Unter Hinweis auf die Wortbedeutung des Art. 100 wird teilweise die Ansicht vertreten, daß die Rechtsangleichung auf die Beseitigung von Rechtsunterschieden beschränkt sei und nicht die Verbesserung von bereits angeglichenem Recht zum Inhalt habe[352]. Dem wird entgegengehalten, daß mit dieser Sicht der Dinge der Erfolg der Rechtsangleichung häufig wieder in Frage gestellt werde[353] und ihr integrationspolitischer Zweck leerlaufe[354].

Allerdings müssen nationale Egoismen immer aufs neue nicht nur dann überwunden werden, wenn im Fall einer unzulänglichen Rechtsangleichung die Befugnis für Maßnahmen an die Mitgliedstaaten zurückfällt und deshalb immer wieder Beeinträchtigungen des gemeinsamen Rechtsstandards zu befürchten sind. Auch dann, wenn der Gemeinschaft die Befugnis zur weiteren Harmonisierung einmal angeglichenen Rechts zusteht, muß im Rat Übereinstimmung über ihre Not-

[349] Siehe dazu: *Sieglerschmidt*, Verantwortung der Mitgliedstaaten, S. 13 ff.; *derselbe*, Verantwortung des Gerichtshofes, S. 25 ff.

[350] EuGH RS 7/68, Slg. XIV (1968), S. 633 ff.

[351] EuGH RS 48/71, Slg. XVIII (1972), S. 529 ff.; dazu auch: *Sieglerschmidt*, Verantwortung der Mitgliedstaaten, S. 11; *Ehlermann*, Vertragsverletzungen, FS Kutscher, S. 135 (149).

[352] *Helm*, AWD 1968, S. 453 (457); Select Committee, S. 10 f. (Nr. 4); wohl auch *Steindorff*, S. 38.

[353] *Marx*, S. 47.

[354] *Seidel*, Brit. Auffassung, EuR 1979, S. 171 (175).

wendigkeit bestehen. In diesem Kreis können nationale Sonderinteressen ebensogut die erforderlichen Maßnahmen blockieren.

Der Nachteil der engen Ansicht liegt vielmehr in der Gefahr für die Rechtssicherheit. Jedes Land kann danach für sich entscheiden, ob das angeglichene Recht noch zeitgemäß ist. Hinsichtlich Zeitpunkt und Umfang der erforderlichen Verbesserungsmaßnahmen werden innerhalb der Mitglieder immer verschiedene Ansichten bestehen. Die Einheitlichkeit des Rechtsniveaus würde somit immer wieder entfallen. Damit wäre die Rechtsangleichung sinnlos.

Aus diesem Grund muß die fortdauernde Bindungswirkung einer Angleichungsrichtlinie für die Staaten bejaht werden. Dann kann nur den Organen der Gemeinschaft die Befugnis zukommen, über die notwendigen Anpassungen des angeglichenen Rechts zu befinden. Die Mitgliedstaaten verlieren folglich durch den erstmaligen Vollzug einer Rechtsangleichung ihre Gesetzgebungskompetenz auf dem betreffenden Teilgebiet, d. h., einen Teil ihrer Souveränität. Der EWG wachsen entsprechend durch die Rechtsangleichung immer neue und weitergehende Gesetzgebungskompetenzen zu[355]. Die aufgrund dieser Kompetenz erlassenen Richtlinien unterliegen grundsätzlich den gleichen Anforderungen wie die zur erstmaligen Rechtsangleichung erlassenen Richtlinien[356].

[355] *Seidel*, Einführung, S. 207 (217); *derselbe*, KSE 11 (1971), S. 733 (755); *derselbe*, Brit. Auffassung, EuR 1979, S. 171 (175); *Marx*, S. 47; Bleckmann, LB, S. 403; *Everling*, FS Reimer Schmidt, S. 165 (174 f.); *Röhling*, S. 60; *Taschner* in: G-B-Th, 3. Aufl., Art. 100, RN 16 f.; *Ipsen*, LB S. 695, 701 f.; *Schmeder*, S. 61; *Eckert*, NJW 1967, S. 473 (477); *Behrens*, S. 253; allgemein zum Rechtssetzungscharakter der Rechtsangleichung: *Schmeder*, S. 21 ff.

[356] *Ipsen*, LB, S. 702; siehe auch: *Holch*, EuR 1967, S. 217 (218 f.); *Behrens*, S. 253; *Seidl-Hohenveldern*, KSE 11 (1971), S. 170 (183 f.).

B. Grenzen der Rechtsangleichung

Bereits im Rahmen der Auslegung des Art. 100 wurde festgestellt, daß dem EWG-Vertrag Grenzen innewohnen. Dabei ging es vor allem um die Tätigkeitsbereiche der Gemeinschaft. An dieser Stelle soll ein besonderes Augenmerk auf faktische Grenzen für die Rechtsangleichung gelegt werden. Grenzen, die tatsächlich einer vollständigen Ausschöpfung der vertraglichen Möglichkeiten entgegenstehen.

I. Die politische Lage

1. Die aktuelle Situation

Angesichts der gegenwärtigen Krise der Gemeinschaft, die inzwischen ein Ausmaß angenommen hat, welches den Präsidenten der Kommission zu der Aussage veranlaßte: „Die Gemeinschaft ist in Gefahr“[1] und diese Lage auch Auswirkungen auf den Fortgang der Rechtsangleichung hat, stellt sich die Frage, in welchem Maße die Integration allgemein und die Harmonisierung des Rechts im besonderen von der allgemeinen politischen Situation abhängig sind oder auch nur von den politischen Umständen in einem Land, da Art. 100 EWG-Vertrag die einstimmige Entscheidung aller Partnerländer erfordert. Die Bedeutung der Fragestellung wird noch dadurch betont, daß der stockende Fortschritt bei der Rechtsangleichung vielfach gerade mit einem Hinweis auf die politische Lage, namentlich den fehlenden politischen Willen der Staaten erklärt wird. Diese Feststellung kann zu der Annahme führen, daß für die EWG letztlich doch der politische Wille der Vertragsstaaten entscheidend ist, während die Gemeinschaft keine eigenständigen politischen Ziele verfolgt[2]. Dann wären deren Entscheidungen von einer ganz erheblichen Bedeutung für die Bestimmung des Anwendungsbereichs der Rechtsangleichung.

Auf der anderen Seite werden gerade dort, wo es um die Harmonisierung geht, oftmals Befürchtungen bezüglich eines zu weitgehenden Souveränitätsverlustes der einzelnen Staaten geäußert. Wer derartige Sorgen

---

[1] *Gaston Thorn*, Rede vor dem Europ. Parlament am 16. 2. 1982, S. 7.

[2] Siehe oben unter A. III. 7. c).

hat, der weist der Gemeinschaft eine starke politische Rolle zu und gibt ihrer Arbeit eine weite politische Dimension. Die Europäische Wirtschaftsgemeinschaft wäre dann auch eine politische Gemeinschaft und als solche von ihrem politischen Umfeld nicht unabhängig. Den Auffassungen der Regierungen der Mitgliedsländer käme in diesem Zusammenhang eine besondere Bedeutung zu, da sie im Ministerrat entscheiden, welche Maßnahmen im Interesse der Integration zu treffen sind.

In Anbetracht des Gesagten erscheint es unerläßlich, die Bedeutung des politischen Willens der Mitglieder für die EWG zu ergründen.

2. Politische Ziele bei der Gründung der Gemeinschaft

Die Gründung der EWG ist im Zusammenhang mit den verschiedenen anderen Bemühungen um die Einigung Europas nach dem zweiten Weltkrieg zu sehen, die in der Schaffung einer Reihe von europäischen Institutionen gipfelten. Zu nennen sind an dieser Stelle die OEEC, die WEU, der Europarat und die EGKS. Gescheitert sind die Versuche zur Gründung der Europäischen Verteidigungsgemeinschaft und der Europäischen Politischen Gemeinschaft[3]. Diese Einigungsbestrebungen gingen allesamt von der durch die Ereignisse der jüngsten Vergangenheit gewonnenen Erkenntnis aus, daß die Freiheit in Europa allein durch ein Zusammenstehen der Länder des Kontinents zu bewahren ist und daß auch ein wirtschaftlicher Aufschwung in Europa sowie ein angemessener Beitrag für die weitere Entwicklung der Welt nur gemeinsam geleistet werden können[4]. Das war auch der Inhalt der Rede Winston Churchills, mit der er am 19. 9. 1946 in Zürich als erster den Anstoß für die Schaffung der Vereinigten Staaten von Europa gab[5]. Diese Erwägungen waren Richtschnur bei allen nachfolgenden konkreten Schritten in Richtung auf das Ziel des Vereinten Europa[6].

Die Bemühungen um die Einheit des Kontinents konnten sich auf eine lange Reihe von Initiativen aus vergangenen Jahrhunderten berufen, in denen immer wieder die Union der europäischen Mächte als der beste Weg zur Sicherung des Friedens und einer gedeihlichen Entwicklung vorgeschlagen wurde[7]. Ihnen allen, von Dubois über König

[3] Kurze Darstellung bei *Schöndube*, S. 29 ff.; ausführlicher: *Albonetti*, S. 41 ff., 61 ff., 97 ff.

[4] *Hallstein*, Eur. Gemeinschaft, S. 16 ff.

[5] Collected Works, Vol. XXVIII, S. 162 ff.; Auszüge in deutscher Sprache bei *Siegler*, S. 3 f.

[6] In diesem Sinn die Erklärung der französischen Regierung vom 9. 5. 1950, mit der sie die Schaffung der EGKS vorschlug, abgedruckt bei *Schuman*, S. 223 ff.

Georg von Böhmen, Sully, William Penn, Kant, den Abbé Castel de Saint-Pierre bis zu Herriot, Briand und Coudenhove-Kalergi, liegt die Absicht zugrunde, den Frieden zu sichern und die Gerechtigkeit walten zu lassen[8]. Es handelt sich folglich um politische Ziele, die durch eine wie auch immer geartete Integration Europas verwirklicht werden sollten. Auch soweit wirtschaftliche Notwendigkeiten für die Einigung Europas ins Feld geführt wurden[9] und das gemeinsame Erbe der europäischen Kulturgemeinschaft beschworen wurde[10], vervollständigen diese Argumente nur das Bild von der politischen Zielsetzung der Einigungsideen.

3. Der EWG-Vertrag als politischer Vertrag

Es bleibt zu untersuchen, ob und in welchem Umfang die genannten politischen Ziele, welche die Einigungsbemühungen der Vergangenheit beherrschten, auch den EWG-Vertrag prägen. Man könnte annehmen, daß die Erfahrung der politischen Bedrohung der europäischen Staaten, des Versagens der Nationalstaaten in der Vergangenheit, der wirtschaftlichen Herausforderung durch andere Mächte und schließlich die Erkenntnis einer immer stärker werdenden gegenseitigen Abhängigkeit bei der Gründung der EWG in gleicher Weise Antriebskraft waren wie bei der Gründung der anderen europäischen Institutionen zuvor[11].

Auf der anderen Seite muß jedoch in Betracht gezogen werden, daß die wirtschaftliche Einigung einen neuen Ansatzpunkt für die Integration Europas nach dem Scheitern entsprechender Bemühungen auf politischem und militärischem Gebiet darstellte[12]. Daraus könnte der Schluß gezogen werden, daß die Wirtschaftsgemeinschaft sich auf die Regelung wirtschaftlicher Sachfragen beschränkt und keinerlei weitergehende Perspektive in Hinblick auf die politische Union habe.

Dieser Einschätzung widerspricht jedoch die Präambel des Vertrages. Sie enthält das Bekenntnis, durch die Wirtschaftsgemeinschaft „die Grundlagen für einen immer engeren Zusammenschluß der europäischen Völker zu schaffen“. Es ist auf verschiedenen Gipfelkonferenzen,

---

[7] Kurzer Abriß bei *Schöndube*, S. 15 ff.; siehe auch: *Herriot*, S. 22 ff.; *Coudenhove-Kalergi*, Eur. Nation, S. 61 ff.

[8] Ausführliche Darstellung bei *Foerster*, S. 53 ff.; in diesem Sinn auch: *Burckhardt*, S. 135 (179); speziell zu dem Plan Sullys: *Burckhardt*, S. 135 (149 ff.); als weiteres Beispiel sei verwiesen auf: *Coudenhove-Kalergi*, Paneuropa, S. IX, 23 f., 103 f.

[9] *Herriot*, S. 7 ff. und erneut S. 113 ff.; *Stresemann* in seiner Rede vor dem Völkerbund am 9. 9. 1929, Auszüge bei *Schöndube*, S. 147 (Dok. 13) und *Herriot*, S. 54 f.

[10] *Burckhardt*, S. 135 (179); *Coudenhove-Kalergi*, Eur. Nation, S. 9—60.

[11] In diesem Sinn: *Hallstein*, Wirtschaftliche Integration, S. 267 (268 ff.).

[12] *Everling*, Politik und Wirtschaft, FS Kutscher, S. 155 (169).

insbesondere in Paris 1972 und 1974[13] sowie im Tindemans-Bericht bekräftigt worden[14]. Ziel bleibt also die Verwirklichung der politischen Integration Europas in Form eines Staatenbundes oder Bundesstaates. Die entscheidende Frage in diesem Zusammenhang ist nicht die nach der Zwangsläufigkeit der Entwicklung von der Wirtschaftsunion hin zu dem europäischen Bundesstaat[15]. Den Hoffnungen auf eine solche dynamische Entwicklung hat die Wirklichkeit nicht Rechnung getragen. Im übrigen zieht der Vertrag selbst, wie oben ausgeführt wurde[16], dem Fortgang der Integration Grenzen.

Die Frage ist vielmehr, ob durch die Schaffung der Wirtschaftsgemeinschaft die politische Einheit auf einem Teilgebiet bereits verwirklicht worden ist[17]. Durch die Errichtung des Gemeinsamen Marktes und die dadurch vorgenommene Öffnung der Binnenmarktgrenzen sollte den Unternehmen ein größeres und sicheres Absatzgebiet angeboten werden, das zu einer besseren Arbeitsteilung, einer intensiveren Ausnutzung von Ressourcen, durch den Wettbewerb zu einer größeren Leistungsfähigkeit der Unternehmen und einer Verbesserung ihrer Produkte führen sollte[18]. Diese Ziele werden jedoch von der EWG nicht um ihrer selbst willen angestrebt. Die durch den Gemeinsamen Markt hervorgerufene Veränderung der Bedingungen für eine wirtschaftliche Tätigkeit soll letztlich eine harmonische Entwicklung des Wirtschaftslebens, also auch den Abbau von Unterschieden zwischen den verschiedenen Regionen bewirken, ferner die allgemeine Erhöhung des Lebensstandards für die Bevölkerung[19]. Dies sind keine rein wirtschaftlichen, sondern auch politische Ziele[20]. Wenn durch die wirtschaftliche Integration die Freiheiten verwirklicht werden sollen, sind dafür politische Entscheidungen nötig. Die Staaten haben in den letzten Jahrzehnten in immer stärkerem Maße die Bedingungen für wirtschaftliches Handeln bestimmt[21]. Sie haben aufgrund bestimmter politischer Erwägungen beispielsweise Regelungen für die Herstellung und den Vertrieb von Waren geschaffen, ebenso Bestimmungen hinsichtlich der Berufsaus-

---

[13] Siehe dazu: *Everling*, GS Sasse, S. 35 (42—47).

[14] Bulletin der EG, Beilage 1/76, S. 13 f.

[15] Siehe dazu nur: *Everling*, Zweckverband, FS Ipsen, S. 595 (597) und *Jean Monnet*, S. 547 f.

[16] A. III. 7. b).

[17] In diesem Sinn: *Hallstein* am 21. 10. 1962 in einer Rede vor der Europa-Union, zitiert nach: *Carstens*, Polit. Element, FS Hallstein, S. 96 (98); siehe auch: *Narjes*, EuR 1981, S. 414 (415 ff.).

[18] *Everling*, Politik und Wirtschaft, FS Kutscher, S. 155 (159); *Hallstein*, EuR Gemeinschaft, S. 123.

[19] Präambel und Art. 2.

[20] *Everling*, Politik und Wirtschaft, FS Kutscher, S. 155 (157).

[21] *Hallstein*, Wirtschaftl. Integration, FS Müller-Armack, S. 267 (274 f.).

bildung und Berufsausübung, welche die Niederlassungs-, Dienstleistungs- und Arbeitsplatzfreiheit betreffen. Wenn in diesen Bereichen nun gemeinschaftliche Lösungen gefunden werden sollen, bleibt der Einfluß der Politik auf ihre Entstehung weiterhin erhalten. Politische Entscheidungen muß die EWG auch treffen bei der Verwirklichung der gemeinsamen Politiken sowie bei den Versuchen zur Koordinierung der Wirtschafts- und Konjunkturpolitik der Staaten[22].

Insofern kann der These, daß die EWG nicht nur ein wirtschaftliches, sondern auch ein politisches Gebilde ist, zugestimmt werden[23], ohne dabei den früher häufig bezeugten Glauben an eine automatische Entwicklung der EWG zu den Vereinigten Staaten von Europa zu teilen. Die Fähigkeit, Politik zu treiben, kann in einer Zeit, in der die Staaten ihre Probleme in einem immer geringeren Maß allein lösen können[24] und sich daher in einem immer größeren Maß zu internationalen Organisationen zusammenschließen[25], nicht mehr allein den Staaten zuerkannt werden[26]. Auch eine Gemeinschaft, die sich wie die EWG von politischen Beweggründen leiten läßt und in erheblichem Umfang in Belange der Mitgliedstaaten eingreift, hat einen politischen Charakter[27].

4. Das politische Element in der Organisationsstruktur der Gemeinschaft

Das soeben gefundene Ergebnis hinsichtlich des politischen Gehalts der EWG müßte eine weitere Bestätigung in der Arbeitsweise der Organe der Gemeinschaft finden, denn sie müssen den Inhalt des Vertrages in die Wirklichkeit umsetzen.

Die Kommission sieht sich als Hüterin des Vertrages und damit zwangsläufig auch des politischen Elements der EWG. Eine rein sachgebundene Tätigkeit ohne diese Perspektive lehnt sie ab[28]. Einer solchen Sicht der Dinge widerspricht auch die unabhängige Position, die der Kommission nach dem Vertrag zukommt[29].

---

[22] *Everling*, Politik und Wirtschaft, FS Kutscher, S. 155 (157 f.).

[23] *Hallstein*, Rede vor dem EP am 19. 3. 1958 in: Europäische Reden, S. 48 (49); anders aber die Haltung der franz. Reg., siehe dazu: *Carstens*, Polit. Element, FS Hallstein, S. 96 (103 f.); siehe dazu auch: *Pescatore*, S. 29 f.

[24] Siehe dazu: *Herzog*, KSE 22, S. 35 (39, 40); *Everling*, Zweckverband, FS Ipsen, S. 595 (611).

[25] *Carstens*, Polit. Element, FS Hallstein, S. 96 (106 f.).

[26] Siehe dazu: *Carstens*, Polit. Element, FS Hallstein, S. 96 (105 f.).

[27] *Carstens*, Polit. Element, FS Hallstein, S. 96 (110 ff.).

[28] *Hallstein*, Rede vor dem EP am 19. 3. 58 in: Europ. Reden, S. 48 (50); im gleichen Sinn *derselbe* am 25. 6. 59 vor dem EP, zitiert nach *Carstens*, Polit. Element, FS Hallstein, S. 96 (97); *Ehlermann*, Kommission, EuR 1981, S. 335 (361 f.).

Entscheidendes Gremium für die Festlegung der Politik der Gemeinschaft ist der Ministerrat. Seine starke Stellung macht deutlich, daß der besondere Charakter der EWG, die häufig mit dem Begriff „Supranationalität“ bezeichnet wird, sie nicht unabhängig von dem außerhalb der Gemeinschaft bestehenden politischen Willen gemacht hat[30]. Die Souveränität der Mitgliedstaaten ist zwar eingeschränkt, aber doch nicht in der Weise, daß die Integration ohne ihre Mitwirkung fortschreiten könnte[31]. Jeder Schritt auf diesem Weg muß durch eine politische Willensentscheidung der Länder gestützt werden[32]. Allerdings ist die EWG damit nicht jeder Änderung dieses politischen Willens hilflos ausgeliefert, denn die Staaten sind auf die Ziele der Gemeinschaft verpflichtet[33]. Die unterschiedlichen politischen Interessen der einzelnen Mitgliedstaaten treten im Ministerrat zutage und bestimmen dort die Entscheidungsfindung der Gemeinschaft. Mithin entscheidet der Rat nicht allein aufgrund von Sachzwängen, sondern in gleicher Weise gemäß den politischen Bedingungen[34]. Die Vertreter jener nationalen Interessen, Ministerialbeamte sowie Verbände, nehmen darüberhinaus über ein intensives Konsultationsverfahren bereits an der Erarbeitung vor Vorschlägen an den Rat durch die Kommission teil[35].

Das Parlament schließlich als drittes, wenngleich weniger bedeutsames Hauptorgan der Gemeinschaft ist als politische Institution anzusehen. Es kämpft auf politischer Ebene nicht allein um weitergehende Befugnisse im Entscheidungsprozeß der EWG. Ihm kommt auch die Aufgabe zu, das gemeinsame Interesse gegenüber den nationalen Egoismen wiederzubeleben und ständig zu betonen[36].

Die Organe der EWG entscheiden somit politisch, ungeachtet der Frage, ob dabei die Ziele der Gemeinschaft oder nationale Interessen dominieren. Letztere sind vor allem seit der großen Krise der Gemeinschaft im Jahre 1965 immer mehr in den Vordergrund gerückt. Seither sind Fortschritte, Stagnation und Rückschritte bei der Integration Europas durch die jeweilige Politik der einzelnen Länder bestimmt worden[37]. In der Folge dieser Entwicklung hat sich das Schwergewicht

---

[29] *Bieber* in: Beutler/Bieber u. a., S. 129; *Carstens*, Polit. Element, FS Hallstein, S. 96 (113).

[30] *v. Simson*, Der politische Wille, FS f. Riese, S. 83 (85).

[31] *v. Simson*, Der politische Wille, FS f. Riese, S. 83 (89, 94).

[32] *v. Simson*, Der politische Wille, FS f. Riese, S. 83 (88).

[33] *v. Simson*, Der politische Wille, FS f. Riese, S. 83 (93 ff.); siehe auch: *Bleckmann*, GG und Völkerrecht, S. 237 f.

[34] *Everling*, Politik und Wirtschaft, FS Kutscher, S. 155 (158).

[35] Siehe dazu: *Bleckmann*, LB, S. 34; *Everling*, Politik und Wirtschaft, FS Kutscher, S. 155 (167).

[36] Siehe dazu: *Coombes* in: Sasse/Poullet u. a., S. 338 ff.

der gemeinschaftlichen Willensbildung auf den Ministerrat verlagert, in dem die nationalen Interessen in besonderem Maße zutage treten[38]. Im Ministerrat selbst kommt eine Entscheidung in aller Regel nur nach langen und mühsamen Verhandlungen zustande[39]. Dies führt zu dem Stau von Kommissionsvorschlägen für Richtlinien beim Rat[40]. Allein im Hinblick auf die Beseitigung technischer Handelshemmnisse lagen dem Rat im August 1981 insgesamt 53 Entwürfe für Richtlinien vor, die ältesten stammen aus dem Jahre 1972[41].

Hinzu kommen die oben[42] beschriebenen Verzögerungen bei der Umsetzung einer Richtlinie in nationales Recht, für die nicht selten politische Motive mitentscheidend sind, nicht zuletzt grundsätzliche Erwägungen bezüglich der Bewahrung der nationalen Souveränität, die vor allem die Diskussion in Frankreich beherrscht[43]. Jeder Integrationsfortschritt und damit auch der Erfolg der Rechtsangleichung hängen folglich davon ab, inwieweit bei den Staaten ein Wille vorhanden ist, der Gemeinschaft einen ausreichenden Spielraum für ihre Arbeit und die erforderliche Entwicklung zu gewähren. Die Verpflichtung aus Art. 5 wird unterschiedlich interpretiert.

5. Schlußfolgerungen

Die Rechtsangleichung bedarf also letztlich auch einer Angleichung der Politik[44], denn nur wenn in etwa einheitliche Vorstellungen hinsichtlich des Weges und des Zieles bestehen, ist ein Vorwärtskommen denkbar. Solange aber starke Unterschiede sowohl bezüglich Einzelfragen als auch bezüglich des Charakters des Gesamtunternehmens

---

[37] Siehe die ausführliche Darstellung bei: *Everling*, Gedächtnisschrift Sasse, S. 35 (41 ff.).

[38] *Everling*, Politik und Wirtschaft, FS Kutscher, S. 155 (167 f.); *Bleckmann*, LB, S. 27; *Vedel*-Bericht, S. 26; *Sasse*, KSE 22, S. 61 (66); ausführlich: *Constantinesco*, Institutionen, EuR 1981, S. 209 (215 ff.); *Scheuner*, ZS f. Parlamentsfragen 1972, S. 497 (499 f.).

[39] *Sasse*, KSE 22, S. 61 (67).

[40] *Börner*, Interessenangleichung, KSE 30, S. 23 (24); am 1. 9. 1982 waren es 101 Richtlinienvorschläge.

[41] Siehe: Verzeichnis der Rechtsakte und sonstiger Texte der Gemeinschaft betreffend die Beseitigung technischer Handelshemmnisse bei gewerblichen Erzeugnissen, Luxemburg 1981.

[42] A. VII.

[43] Siehe dazu: *Fuß*, Souveränitätsdenken, DVBl 1980, S. 98 (99 ff., insbesondere 102 ff.); *Bieber*, EuR 1977, S. 53 (56 f.); *Sasse*, Integration und Verfassungsjustiz, FS Ipsen, S. 701 (717 ff.); *Jacqué* in: Ress, Souveränitätsverständnis, S. 71 ff. (80 ff.); allgemein zu Fragen des Souveränitätsverständnisses die Ausführungen von *Ress*, *Hilf* und *Bleckmann* in: Ress, Souveränitätsverständnis, S. 11, 21, 33.

[44] *Everling*, Politik und Wirtschaft, FS Kutscher, S. 155 (163).

EWG bestehen, muß die Rechtsangleichung dies als Grenze für ihre Bemühungen akzeptieren. Bei den politischen Entscheidungen der Staaten hinsichtlich des Fortgangs der Integration müssen diese sich zwar von dem Grundsatz der Integrationsfreundlichkeit leiten lassen. Allerdings wird man darüber, was darunter zu verstehen ist, immer streiten können.

II. Mangelnde demokratische Legitimation

1. Beteiligte am gemeinschaftlichen Gesetzgebungsverfahren

Im engen Zusammenhang mit den soeben beschriebenen Hindernissen für die Integration im allgemeinen und die Rechtsangleichung im besonderen ist eine weitere mögliche faktische Grenze zu sehen, die unzureichende Mitwirkung von demokratisch legitimierten Organen bei der Willensbildung und den Entscheidungen der EWG.

Ohne solche faktischen Grenzen kommt der Rechtsangleichung nach den Bestimmungen des EWG-Vertrages ein potentiell weites Aufgabengebiet zu. Das Erfordernis der unmittelbaren Auswirkung auf Errichtung und Funktionieren des Gemeinsamen Marktes ist zwar nicht so unbestimmbar, daß man von einem praktisch unbegrenzbaren Ermessensspielraum des Rates und der Kommission ausgehen kann[45]. Auf der anderen Seite ist der Anwendungsbereich der Angleichungsvorschriften nicht ausschließlich auf den Abbau technischer Handelshemmnisse, die Harmonisierung des Nahrungsmittelrechts, von Zöllen, Steuern und dem Agrarrecht beschränkt[46]. Vielmehr kommen immer stärker ganze Teilbereiche des öffentlichen Rechts, etwa das Umweltschutzrecht, oder das Zivilrecht[47] in die Diskussion. Auf diese Weise wird die Geschlossenheit der nationalen Rechtssysteme immer mehr in Frage gestellt[48].

Die wesentliche Rolle bei der gemeinschaftlichen Rechtsetzung, insbesondere bei der Rechtsangleichung, kommt dem Rat zu[49]. Der Ver-

[45] So aber: *Zweigert*, FS Dölle II, S. 401 (406 f.); wohl auch: *Strauß*, S. 17; dagegen: *Bleckmann*, LB, S. 403; *Röhling*, S. 62 f.; *Goldman* in: Les Novelles, S. 887, Nr. 2222.

[46] Siehe dazu den Anhang zum Bericht des Select Committee, S. 18. Die genannten Bereiche dominieren allerdings sehr stark. Siehe dazu die Ausführungen in der Einleitung. Weiterhin: *Taschner*, Rechtsangleichung in der Bewährung? GS Constantinesco, S. 765 (768 f.).

[47] Siehe dazu: *Vogel*, NJW 1977, S. 977 (980 f.); *Pipkorn*, Gedächtnisschrift Sasse, S. 131 (132 ff.); *Taschner*, Rechtsangleichung in der Bewährung? GS Constantinesco, S. 765 (767).

[48] *v. d. Groeben*, NJW 1970, S. 359 (363).

[49] *Vedel*-Bericht, S. 23 f.; de facto werden die Entscheidungen i. d. R. sogar von sachkundigen Beamten getroffen, dazu: *Everling*, FS Reimer Schmidt, S. 165 (176 f.).

trag weist darüberhinaus der Kommission ebenfalls eine entscheidende Aufgabe zu[50]. Es dominiert folglich die Exekutive[51].

Demgegenüber steht gemäß Art. 100 dem unmittelbar demokratisch legitimierten Organ der EWG, dem Europäischen Parlament, nur ein Anhörungsrecht zu. Wenngleich das Parlament diese Befugnis zu einer durchaus wirksamen Einflußnahme nutzt[52] und verschiedentlich seine Kompetenzen durch informelle Absprachen zwischen den Organen erweitert wurden[53], ändert das nichts an der Feststellung, daß die Mitwirkung der Europäischen Parlaments für die Rechtsangleichung von zweitrangiger Bedeutung ist. Eine demokratische Kontrolle soll durch die nationalen Parlamente erfolgen, denen die Mitglieder des Rates verantwortlich sind. Der EWG-Vertrag sieht also in erster Linie eine mittelbare demokratische Integration des Gemeinschaftshandelns vor. Diese Betonung der Rolle der Parlamente der Mitgliedstaaten gegenüber dem Europäischen Parlament ist vor dem Hintergrund der Tatsache zu sehen, daß die EWG bei aller Eigenständigkeit ihres Charakters und ihrer Ziele doch keine völlig selbständige politische Handlungseinheit darstellt[54]. Nur deshalb ist es denkbar, daß dem Europäischen Parlament keine weitergehenden Machtbefugnisse zustehen, ohne die eine das Volk repräsentierende Versammlung den Namen Parlament sonst nicht verdient[55], weil in den westeuropäischen Gesellschaften Herrschaft nur dann legitimiert ist, wenn sie in der einen oder anderen Weise vom Volk ausgeübt wird[56].

Das Fehlen einer unmittelbaren Mitwirkung eines demokratischen Organs bei Entscheidungen der Gemeinschaft war erträglich, solange die EWG sich mit der Erfüllung genau festgelegter Ziele beschäftigte[57]. Dieses Stadium wurde bereits vor längerer Zeit mit der Errichtung der Zollunion erreicht. Heute stößt die EWG in dem ihr durch die Gründungsverträge gesetzten Rahmen in neue Tätigkeitsbereiche vor. In diesem Zusammenhang, also ohne eine Berücksichtigung der Problematik

[50] *Vedel*-Bericht, S. 24; zum Verhältnis von Rat und Kommission siehe: *Vedel*-Bericht, S. 26; *v. d. Groeben*, NJW 1970, S. 359 (363); *Martens*, EuR 1970, S. 209 (213—215).

[51] *Strauß*, S. 14 f.; *Schmeder*, S. 61; *Scheuner*, ZS f. Parlamentsfragen 1972, S. 497 (499).

[52] *v. d. Groeben*, NJW 1970, S. 359 (364); *Vedel*-Bericht, S. 30; *Dashwood*, S. 273 (292—294); *Martens*, EuR 1970, S. 209 (210—212); *Scheuner*, ZS f. Parlamentsfragen 1972, S. 497 (501 f.).

[53] Siehe dazu: *Bothe*, FS Schlochauer, S. 761 (764 f.).

[54] Zu dem immer stärker werdenden Verlust der Gemeinschaft an Eigenständigkeit siehe *Sasse*, Regierungen, S. 15.

[55] *Grabitz/Läufer*, S. 358 f.; *Kohler*, EuR 1978, S. 333 f.

[56] *Grabitz/Läufer*, S. 354 f.

[57] *Frowein*, EA 1972, S. 623 (625).

in Hinblick auf eine Europäische Politische Union stellt sich erneut die Frage, ob die Rolle des Europäischen Parlaments bei der Rechtsetzung der Gemeinschaft, namentlich bei der Rechtsangleichung, nicht doch zu gering ist. Die Untersuchung muß entscheidend darauf abstellen, auf welche Weise die Parlamente der Mitgliedsländer an den gemeinschaftlichen Entscheidungsprozessen teilnehmen. Nur wenn sie ihrer Aufgabe nicht gerecht werden und nicht gerecht werden können, kann von einer mangelnden demokratischen Legitimation der Rechtsetzung der Gemeinschaft und damit ihrer Herrschaftsausübung gesprochen werden.

2. Funktion der Parlamente

Die Frage kann nur beantwortet werden durch einen Blick auf die den Parlamenten allgemein zukommende Funktion. Eine wesentliche Aufgabe eines Parlaments in Ausübung der ihm übertragenen Herrschaftsbefugnisse für das Volk ist die Gesetzgebung[58]. Im Zusammenhang damit ist die Verpflichtung zur Wahl der Exekutive zu nennen, welche die Entscheidungen des Parlaments ausführen muß[59].

Eine dritte Funktion der Parlamente liegt in der Kontrolle der Exekutive[60]. Diese Aufgabe hat heute eine besondere Bedeutung erhalten, da angesichts der Kompliziertheit vieler gesetzlicher Regelungen die Initiativen zur Gesetzgebung weithin von der Exekutive ausgehen, die sich bei ihren Vorschlägen auf den Sachverstand ihres Verwaltungsapparats stützen kann. Ein weiterer Grund für diese Entwicklung besteht darin, daß in einem parlamentarischen Regierungssystem die Mehrheit des Parlaments ihre Hauptaufgabe in der Unterstützung der Regierung und nicht in der Entfaltung eigener Aktivitäten sieht.

Schließlich haben Parlamente die Aufgabe, die Kommunikation zwischen der Bevölkerung auf der einen und der Regierung und ihrem Verwaltungsapparat auf der anderen Seite zu fördern, indem sie einerseits Interessen und Bedürfnisse des Volkes im Parlament artikulieren und ihnen damit Eingang in die Diskussion um das „politisch Machbare“ verschaffen[61], andererseits aber auch Entscheidungen innerhalb der Regierung und des Parlaments gegenüber den davon betroffenen Bürgern verständlich zu machen[62].

---

[58] *Grabitz/Läufer*, S. 361; *v. Beyme*, S. 11 (17); *Coombes* in: Sasse/Poullet u. a., S. 243 (271); *Zuleeg*, Parlament. System, EuR 1972, S. 1 (3).

[59] *Grabitz/Läufer*, S. 361; *v. Beyme*, S. 11 (15); *Coombes* in: Sasse/Poullet u. a., S. 243 (273); *Zuleeg*, Parlament. System, EuR 1972, S. 1 (3).

[60] *Grabitz/Läufer*, S. 361; *v. Beyme*, S. 11 (14); *Coombes* in: Sasse/Poullet u. a., S. 243 (268); *Zuleeg*, Parlament. System, EuR 1972, S. 1 (3).

[61] *Kohler*, EuR 1978, S. 333 (338); *Grabitz/Läufer*, S. 361; *v. Beyme*, S. 11 (12); *Coombes* in: Sasse/Poullet u. a., S. 243 (277).

Die dargestellten Funktionen des Parlaments können in unterschiedlicher Form und Gewichtung verwirklicht werden[63]. Sie dienen letztlich dem Ziel, Formen und Ausmaß der Herrschaftsausübung durch die dazu berufenen Personen und Institutionen transparent zu machen oder zu erhalten. Diese Transparenz ist Voraussetzung für die Einheit und den Konsens innerhalb eines Gemeinwesens, die Voraussetzung für jene Gehorsamsbereitschaft, der letztlich jede Herrschaftsausübung bedarf[64]. Ein Parlament kann die genannten Aufgaben nicht erfüllen, wenn ihm nur ein Teil der oben genannten Funktionen übertragen sind. Sie alle bedingen einander. Ein Parlament kann beispielsweise seine Artikulations- und Kommunikationsfunktion nicht verwirklichen, wenn nicht eine hinreichende Kontroll-, Wahl und Gesetzgebungsfunktion diesem Bestreben den nötigen Nachdruck verleihen.

3. Erfüllung dieser Funktionen durch die nationalen Parlamente

Von einem Demokratiedefizit bei den Entscheidungen der EWG könnte trotz der geringen Befugnisse des Europäischen Parlaments dann nicht gesprochen werden, wenn die nationalen Parlamente den Ministerrat wirksam kontrollieren und auf diesem Wege Einfluß auf die Rechtsetzung der Gemeinschaft, insbesondere auf den Gang der Rechtsangleichung, nehmen könnten. Dies wäre auch eine Möglichkeit für die nationalen Parlamente, ihren Bedeutungsverlust durch die Schaffung der EWG und die ihr zugewiesenen Kompetenzen zu kompensieren[65].

Deshalb ist zu fragen, ob über die Parlamente der Mitgliedstaaten die Interessen der Bevölkerung artikuliert und Maßnahmen der EWG verständlich gemacht werden. Zu untersuchen sind die Möglichkeiten der Parlamente, auf die Willensbildung des Ministerrates als dem alleinigen Entscheidungsgremium der EWG vor einer endgültigen Entscheidung Einfluß zu nehmen. In den einzelnen Staaten bestehen dazu höchst unterschiedliche Voraussetzungen. Entsprechend verschieden ist die tatsächliche Einflußnahme[66]. Da es in den Ländern keine sehr starken gesellschaftlichen Kräfte mehr gibt, die für einen schnellen Fortgang der Integration eintreten[67], ergreifen die Parlamente nur selten Initiativen in dieser Richtung. Ihre Stellungnahmen sind eher von der

---

[62] *Coombes* in: Sasse/Poullet u. a., S. 243 (278); *Zuleeg*, Parlament. System, EuR 1972, S. 1 (4).

[63] *Grabitz/Läufer*, S. 361 f.

[64] Siehe dazu: *Grabitz/Läufer*, S. 360, 362 f.

[65] *Sasse*, Regierungen, S. 76.

[66] Siehe dazu: *Sasse*, Regierungen, S. 76—127; *Coombes* in: Sasse/Poullet u. a., S. 314 ff.; hinsichtlich Dänemark: *Rasmussen*, S. 246 (256 f.).

[67] *Sasse*, Regierungen, S. 119.

Sorge um einen zunehmenden Verlust von Befugnissen des Staates gekennzeichnet[68]. Sie fördern damit eine entsprechende Einstellung in den Regierungen, die dazu geführt hat, daß der Entscheidungsprozeß im Ministerrat durch die ständige Suche nach Kompromissen zum Ausgleich dieser unterschiedlichen nationalen Interessen gekennzeichnet ist[69]. Eine Folge davon ist, daß die Entscheidung über die Erforderlichkeit und den Charakter einer gemeinschaftlichen Regelung vornehmlich von Experten der Kommission und der Regierungen getroffen wird[70]. Die Parlamente reagieren in erster Linie auf die von dieser Seite gemachten Vorschläge.

Einer wirksamen Beteiligung der Parlamente an Entscheidungen im Wege der Erteilung von Weisungen an den zuständigen Minister steht wiederum dieser Zwang zur Kompromißbereitschaft, zum Taktieren und zum Abschluß von „package deals" entgegen[71]. Die Entscheidungsprozesse in der EWG würden nur noch komplizierter und langwieriger[72]. Zahl und Kompliziertheit vieler Vorschläge tun ein übriges, um den politischen Gestaltungswillen zu bremsen[73].

Schließlich ist darauf hinzuweisen, daß die Parlamente zwar jeweils einem Minister Weisungen erteilen können, der Rat jedoch kollektiv entscheidet[74]. Das Parlament kann zwar den einzelnen Minister zur Verantwortung ziehen, nicht jedoch die Entscheidung des Rates umstoßen[75]. Im übrigen erscheint es fraglich, ob wegen einer Eigenmächtigkeit eines Ministers bei der Beschlußfassung des Rates die Mehrheit des Parlaments tatsächlich seinen Sturz mit allen denkbaren weiteren innerstaatlichen Konsequenzen anstreben wird.

Es bleibt somit festzuhalten, daß die Parlamente der EG-Staaten die ihnen zukommenden Funktionen in bezug auf die Arbeit der Gemeinschaft allgemein nicht wirksam ausfüllen. Bei der Rechtsangleichung tritt dieser Mangel besonders deutlich zutage.

---

[68] Ein Beispiel dafür bei *Sasse*, Regierungen, S. 81.

[69] Zur Rolle der Regierungen als Vertreter nationaler Interessen siehe: *Sasse*, Zukunft, EA 1972, S. 87 (96 f.); *Zuleeg*, Gedanken, ZRP 1976, S. 118 (121).

[70] *Sasse*, Regierungen, S. 120; allgemein zu dem Problem der Verselbständigung der Bürokratie bei einer Multilateralisierung der Politik: *Kohler* EuR 1978, S. 333 (350 m. w. N.).

[71] *Sasse*, Regierungen, S. 120 ff.

[72] *Vedel*-Bericht, S. 34.

[73] Siehe dazu: *Sasse*, Regierungen, S. 86 f.

[74] *Fuß*, Positionsstärkung, EuR 1972, S. 358 (362); *Vedel*-Bericht, S. 34.

[75] *Zuleeg*, Gedanken, ZRP 1976, S. 118 (121).

4. Situationsbeschreibung

An anderer Stelle wurde bereits festgestellt, daß die Europäische Wirtschaftsgemeinschaft ein Gebilde mit politischen Zielen ist[76]. Sie übt im Rahmen der ihr übertragenen Befugnisse Herrschaft aus[77], insbesondere durch den Erlaß von Verordnungen und Richtlinien. Ihre Entscheidungen und zwar nicht nur die des Rates sind solche politischer Art[78], sei es, daß sie von den Zielen der EWG oder von bestimmten nationalen politischen Interessen bestimmt werden. Der Sachverstand der großen Anzahl von Experten, die das Handeln der Gemeinschaft mitbestimmen, kann angesichts dieser Erkenntnis keine ausreichende Legitimationsgrundlage für die Rechtsakte der EWG und damit die Rechtsangleichungsrichtlinien sein[79].

Wie oben ausgeführt wurde[80], wächst der Gemeinschaft durch jede Maßnahme zur Rechtsangleichung ein Stück an Gesetzgebungsbefugnis zu. Die Staaten verlieren somit immer einen kleinen Teil ihrer Souveränität[81]. Dadurch werden in erster Linie die nationalen Parlamente in ihren Befugnissen beschnitten[82]. Als zusätzliches Problem stellt sich in diesem Zusammenhang das Bemühen der Gemeinschaft um die Eröffnung weiterer Tätigkeitsbereiche dar[83].

Dennoch findet keine wirksame Kontrolle des gemeinschaftlichen Handelns durch ein demokratisch legitimiertes Organ statt. Die nationalen Parlamente können oder wollen im Vorfeld der Entscheidungen keinen Einfluß ausüben. Ist sie einmal gefällt, bleibt ihnen im Fall der Rechtsangleichung oftmals keine andere Wahl, als die Richtlinie praktisch unverändert in nationales Recht umzuwandeln. Auf jeden Fall ist der Spielraum sehr begrenzt[84]. Das Europäische Parlament kann mangels hinreichender Kompetenzen nicht an die Stelle der Parlamente der Mitgliedstaaten treten.

---

[76] Oben unter B. I.; siehe weiterhin: *Magiera*, EuR 1978, S. 311 (321 f.); *Schneider*, Polit. Willensbildung, EA 1972, S. 653 (654 f.).

[77] *Magiera*, EuR 1978, S. 311 (318 f.).

[78] Anders: *Nicolaysen*, Gemeinschaftsverfassung, Integration 1971, S. 90 (100 ff.).

[79] So aber: *Ipsen*, Verfassungsperspektiven, S. 20 f.; dagegen: *Sasse*, KSE 22, S. 61 (75 ff.); *Zuleeg*, Demokratie, Der Staat 1978, S. 27 (35 f.); *Schneider*, Polit. Willensbildung, EA 1972, S. 653 (658 f.); siehe weiterhin *Kaiser*, Verfassungsstruktur, VVDStRL 23 (1966), S. 1 (23 ff.).

[80] Oben unter A. VIII.; *Ficker*, Angleichung, FS Schmitthoff, S. 157 (159); *derselbe* in: FS Aubin, S. 57 (63).

[81] Siehe dazu auch: *Close*, ELR 1978, S. 461 (462).

[82] Select-Committee, S. 11 (Nr. 15); *Vedel*-Bericht, S. 37.

[83] Siehe dazu: *Vedel*-Bericht, S. 33.

[84] *Vedel*-Bericht, S. 34.

Der Grundsatz der Volksherrschaft muß bei jeder Art von Ausübung öffentlicher Gewalt gelten[85]. Er wird im Rahmen der EWG nicht verwirklicht. Wenn jedoch die Gemeinschaft ihr Aufgabengebiet immer weiter faßt und zu diesem Zweck immer neue Rechtsgebiete einer Rechtsangleichung unterziehen will und auf diese Weise immer stärker unmittelbar in die Interessensphären einzelner Bürger oder bestimmter gesellschaftlicher Gruppen eingreift, dann bedarf sie deren Unterstützung, um wirklich Erfolg zu haben. Es ist fraglich, ob im Rat die divergierenden Interessen angemessen zur Geltung kommen können[86]. Auch das hochentwickelte Rechtsschutzsystem kann das fehlende Gewicht der Bevölkerung der Mitgliedsländer bei der Rechtsangleichung nicht ausgleichen, ebensowenig die fehlende Transparenz des Entscheidungsverfahrens[87].

5. Schlußfolgerung

Fehlt es an einer wirksamen Teilnahme der Bevölkerung, beziehungsweise ihrer Repräsentanten, ist das Bedürfnis nach einer Rechtsangleichung in den einzelnen Ländern nicht gut vertretbar. Die Vielzahl der unterschiedlichen Interessen in den einzelnen Ländern stellt dann, wie man es derzeit beobachten kann, eine faktische Grenze für die Anwendung des Art. 100 dar.

Darüberhinaus ist festzuhalten, daß die Verfassungen der Mitgliedsländer zwar die Übertragung von Hoheitsrechten auf zwischenstaatliche Institutionen zulassen[88], dadurch jedoch nicht der alle Verfassungen prägende Grundsatz der Volksherrschaft ausgehöhlt werden darf. Angesichts der nicht unerheblichen Auswirkungen von Rechtsakten der EWG auf die einzelnen Staaten ist in der schwachen Verwirklichung des Demokratieprinzips auch eine rechtliche Schranke für die Rechtsangleichung zu sehen, namentlich dort, wo die Ausweitung der Tätigkeit der Gemeinschaft zu Aktivitäten führt, bei denen der oben geforderte wirtschaftliche Bezug[89] einer Maßnahme nicht mehr eindeutig festzustellen ist[90].

---

[85] *Badura* in: VVDStRL 23 (1966), S. 34 (37 f.); *Magiera*, EuR 1978, S. 311 (320).

[86] *Everling*, FS Reimer Schmidt, S. 165 (176 f.); *v. d. Groeben*, NJW 1970, S. 359 (363).

[87] *Fuß*, Positionsstärkung, EuR 1972, S. 358 (361); siehe dazu auch: *Badura*, VVDStRL 23 (1966), S. 34 (87 ff.).

[88] So zum Beispiel Art. 24 I GG; siehe auch die Präambeln der Verfassungen der Französischen Republik von 1946 und 1958.

[89] Siehe unter A. III. 7. b).

[90] *Zuleeg*, Demokratie, Der Staat 1978, S. 27 (29 ff.); siehe dazu auch: *Bleckmann*, Schranken, S. 6 f., 8; *Erler*, VVDStRL 18 (1960), S. 7 (40); *Thieme*, ebd., S. 50 (58); *Kaiser*, Verfassungsstruktur, VVDStRL 23 (1966), S. 1 (16 ff.).

Die schwache Position der nationalen Parlamente wie auch des Europäischen Parlaments haben eine sehr starke Rolle der Organe der Exekutive bei den Entscheidungsprozessen der EWG zur Folge. Es fehlt eine Kontrolle, wie sie in allen Verfassungen der Mitgliedstaaten durch den Grundsatz der Gewaltenteilung verwirklicht werden soll. Aus der Bedeutung dieses Prinzips für die einzelnen Verfassungen kann der Schluß gezogen werden, daß die Gewaltenteilung auch in der Organisation der EWG eine Berücksichtigung finden muß[91], wenngleich nicht notwendig in der gleichen Form wie in den einzelnen Ländern[92].

Als ein Ausweg aus der dargelegten fehlenden Beteiligung der Bevölkerung an den Entscheidungsprozessen der Gemeinschaft und des dadurch mit hervorgerufenen Stillstandes der Integration bietet sich eine Stärkung der Befugnisse des Europäischen Parlaments an.

Zwar ist heute die Fähigkeit der Parlamente zur Wahrnehmung der ihnen zugemessenen Funktion nicht mehr unbestritten[93]. Sowohl hinsichtlich der Ausübung von Gesetzgebungsbefugnissen als auch hinsichtlich der Kontroll-, Artikulations- und Rückkopplungsfunktion wird eine vielfältige Kritik am parlamentarischen System geübt. Dennoch erscheint ein Parlament als der am ehesten geeignete Ort, die verschiedenen gesellschaftlichen Anschauungen zum Ausdruck zu bringen und um andererseits durch eine eigene Beteiligung an Entscheidungsprozessen für die Verständlichkeit des Handelns der Gemeinschaft zu sorgen. Auf jeden Fall ist das Europäische Parlament dazu eher in der Lage als der Rat, dessen Mitglieder überfordert sind, sollen sie immer die volle Bandbreite der Ansichten in ihren Ländern repräsentieren. Eine Erweiterung der Befugnisse des Europäischen Parlaments könnte auch die Chancen der Kontrolle des Handelns von Rat und Kommission vermehren[94]. Wie weit diese Positionsstärkung gehen muß, kann hier nicht erörtert werden. Der EWG-Vertrag gebietet, daß sowohl Ministerrat als auch Kommission eine starke und eigenständige Position behalten[95].

---

[91] *Bleckmann*, Rechtsstaat, GYIL 20 (1977), S. 426 (427) nach einer eingehenden rechtsvergleichenden Untersuchung.

[92] Siehe dazu: *Badura*, VVDStRL 23 (1966), S. 34 (70 ff.).

[93] Siehe dazu: *Zuleeg*, Parlament. System, EuR 1972, S. 1 (6—8).

[94] Zu dem vorstehend Gesagten siehe: *Grabitz/Läufer*, S. 364 ff.; *Schmeder*, S. 61 f.; *Coombes* in: Sasse/Poullet u. a., S. 334 ff.; *Magiera*, EuR 1978, S. 311 (329 ff.); *Zuleeg*, Parl. System, EuR 1972, S. 1 (9 ff.); *Everling*, FS Reimer Schmidt, S. 165 (176 f.); *derselbe*, ZHR Beiheft 29 (1965), S. 60 (77); *Seidel*, Brit. Auffassung, EuR 1979, S. 171 (176); *derselbe*, KSE 11 (1971), S. 733 (756).

[95] Siehe dazu: *Schneider*, Polit. Willensbildung, EA 1972, S. 653 (660); *derselbe* in: *Dürr* u. a., S. 37 (57); an konkreten Vorschlägen sei auf den *Vedel*-Bericht verwiesen, S. 38 ff.

Mit einer Erweiterung der Rechte des Europäischen Parlaments können die genannten Hindernisse für die Rechtsangleichung überwunden werden. Das Parlament hätte dann die Möglichkeit, an der Festlegung der Prioritäten[96] für das Handeln der Gemeinschaftsorgane verstärkt mitzuwirken und ihre Befolgung nachdrücklich zu fördern[97]. Sowohl die Leistungsfähigkeit der EWG[98] als auch die Verständlichkeit ihres Handelns könnten verstärkt werden. Denkbar erscheint schließlich auch ein Ausbruch aus dem Kreislauf der ständigen Suche nach einer Übereinstimmung auf dem kleinsten Nenner[99], die Betonung des europäischen vor dem nationalen Interesse. Auf diese Weise könnte die Bildung eines europäischen Bewußtseins gefördert werden.

III. Einstimmigkeit

Art. 100 verlangt eine einstimmige Entscheidung des Ministerrates für den Erlaß einer Angleichungsrichtlinie, d. h., es müssen die unterschiedlichen Vorstellungen aller Mitgliedsländer hinsichtlich Notwendigkeit, Art und Umfang einer Regelung einander angeglichen werden. Jeder Staat kann sich durch die Verweigerung seiner Zustimmung erfolgreich einer in seinen Augen zu weitgehenden Rechtsangleichung entgegenstellen[100]. Die Regelung ist angesichts des Souveränitätsverlustes der Staaten als Folge der Harmonisierung zu rechtfertigen[101]. Sie stellt auch bei einer ausgesprochen extensiven Auslegung der Rechtsangleichungskompetenzen gemäß Art. 100 ein schwer zu überwindendes Hindernis für eine gemeinschaftliche Regelung dar. Dabei wachsen die Schwierigkeiten automatisch mit der Vergrößerung der EWG[102].

---

[96] Auf die Bedeutung der Prioritäten bei den Arbeiten zur Rechtsangleichung stellt entscheidend die Law Society in ihrem Bericht ab, S. 3 f. (Nr. 7, 13).

[97] Die Verzettelung der Aktivitäten durch zu viele nebeneinander betriebene Projekte ist nach den Aussagen des EG-Kommissars Narjes derzeit ein großes Problem für die Gemeinschaft, siehe: *Narjes,* Rechtsangleichung, S. 2 f.; siehe auch: *v. Moltke,* ZfU 1979, S. 77 (81).

[98] *Vedel*-Bericht, S. 32.

[99] Zur Klarstellung muß hinzugefügt werden, daß einige Länder verschiedentlich in stillschweigender Übereinstimmung bei der Umsetzung der Richtlinie in nationales Recht eine weitergehende Regelung getroffen haben. Faktisch gibt es bereits Ansätze für das Europa „de deux vitesses".

[100] *Taschner* in: G-B-Th, 3. Aufl., Art. 100, RN 39 f.; *Everling,* FS Reimer Schmidt, S. 165 (172 f.); *Reich,* FS Coing II, S. 441 (459 f.).

[101] Oben unter A. VIII.

[102] *Constantinesco,* Institutionen, EuR 1981, S. 209 (221 f.); *Ehlermann,* Kommission, EuR 1981, S. 335 (348); besondere Komplikationen ergeben sich dann, wenn ein Land im Rahmen eines anderen Vertrages ebenfalls verpflichtet ist,

1. Unterschiedliche Interessen

Unterschiedliche Vorstellungen resultieren aus unterschiedlichen Interessen. Rechtsangleichung ist folglich Interessenangleichung[103]. Es sind Bereiche vorstellbar, in denen besondere nationale Interessen keine dominierende Rolle spielen und in denen demnach die Rechtsharmonisierung hauptsächlich aus Sachgerechtigkeitserwägungen resultiert[104]. Genausowenig ist es ausgeschlossen, daß die Vorstellungen der Mitgliedsländer in einer Frage von vornherein übereinstimmen. Das ist allerdings nur selten der Fall.

Regelmäßig treffen bei der Behandlung eines Richtlinienvorschlags der Kommission unterschiedliche nationale Interessen aufeinander, unabhängig davon, ob es um die Beseitigung technischer Handelshemmnisse geht oder um ein Harmonisierungsvorhaben, welches die nationalen Rechtssysteme durchbricht und eine erhebliche Änderung der nationalen Gesetzesbestimmungen erfordert. Die erwähnten unterschiedlichen Interessen erwachsen aus unterschiedlichen Zuständen in den einzelnen Staaten, die von den jeweils betroffenen gesellschaftlichen Gruppen auch unterschiedlich bewertet werden. Eine besondere Rolle spielen in diesem Zusammenhang wirtschaftliche Vor- und Nachteile aufgrund der unterschiedlichen nationalen Vorschriften, aber auch die Gewöhnung an die heimischen Bestimmungen und ferner Fragen der Tradition.

Alle diese Komponenten üben einen entscheidenden Einfluß auf die politische Auseinandersetzung in jedem Land aus und prägen dadurch den politischen Willen der Regierung. Dadurch tritt die enge Verbindung zwischen den oben[105] bereits erörterten Auswirkungen der politischen Lage auf den Fortgang der Rechtsangleichung und den unterschiedlichen nationalen Interessen der Staaten zutage. Bestehen unterschiedliche Interessen zwischen den Mitgliedstaaten, bedarf es der Verhandlungen und der Kompromißbereitschaft[106]. Wenn die Länder sich dabei nicht ihrer Verpflichtung sowohl zur Wahrung legitimer nationaler Interessen als auch zur Verwirklichung der Ziele der Gemeinschaft[107] in gleichem Maße bewußt sind, werden die Beratungen nicht durch die Suche nach einer gemeinsamen Lösung, sondern durch das

---

eine weitgehende Rechtsharmonie zu wahren; siehe die Verpflichtung Dänemarks durch das Abkommen von Helsinki der Länder des Nordischen Rates vom 28. 3. 1962; Inhaltsangabe bei *Siegler*, Band 2, S. 87 f.

[103] *Börner*, Rechtsangleichung als Interessenangleichung, KSE 30, S. 23 (25 f.); *Schmeder*, S. 73.

[104] Sehr skeptisch in dieser Hinsicht: *Sasse*, KSE 22, S. 61 (76 ff.).

[105] B. I.

[106] Siehe dazu: *Everling*, ZHR Beiheft 29 (1965), S. 60 (89).

[107] *Von Simson*, Der politische Wille, FS f. Riese, S. 83 (93 ff.).

Bemühen gekennzeichnet, bestimmte eigene Interessen zu wahren. Das Ergebnis ist ein großes Feilschen und das Erkaufen von Zugeständnissen der anderen Seite durch das Nachgeben gegenüber deren nationalen Interessen auf einem zweiten Gebiet[108]. Genau so werden gegenwärtig Entscheidungen im Ministerrat getroffen oder auch nicht. Als Folge der Unfähigkeit, einen tragfähigen und echten Konsens[109] unter den Mitgliedern zu erlangen, ufern die Verhandlungen auf immer neue Gebiete aus und verlieren sich in Detailfragen. Prioritäten können nicht mehr verfolgt werden. Ergebnisse werden eher zufällig erzielt[110] und das auch nur, wenn statt der totalen eine optionelle Harmonisierung beschlossen wird, wenn lediglich Mindestrichtlinien oder Richtlinien mit abweichenden Klauseln verabschiedet werden[111]. Hat sich der Rat schließlich auf eine Richtlinie geeinigt, ist noch nicht einmal ihre schnelle und vollständige Umsetzung in nationales Recht gesichert.

Eine verstärkte Mitwirkung des Europäischen Parlaments an dem gemeinschaftlichen Entscheidungsprozeß kann den beschriebenen Mißstand etwas ändern. Da der Ministerrat jedoch auch bei einer Verstärkung der Befugnisse des Parlaments eine entscheidende Rolle behielte, bleibt die Frage, wie die erforderliche Interessenangleichung erreicht werden kann, weiterhin von großer Bedeutung.

2. Angleichung der Interessen

Es scheint, daß der oft beklagte fehlende Wille zum ernsthaften Verhandeln und zum Kompromiß aus dem fehlenden Willen zur Rechtsangleichung resultiert[112]. Es ist zwar richtig, daß sich eine Rechtsangleichung ebenso wie eine Rechtsvereinheitlichung nur rechtfertigen läßt, wenn dafür ein Bedürfnis besteht[113]. Wenn jeder Staat dieses Bedürfnis jedoch in erster Linie aufgrund seiner nationalen Interessen bemißt, muß er damit rechnen, daß seine Einschätzung von den Partnerländern, mindestens von einem, nicht geteilt wird. Damit ist die Rechtsangleichung bereits gescheitert, will man nicht zu dem Verfahren der „package deals" zurückkehren. Im Gegensatz zu ihrer Einstellung bei der Gründung der Gemeinschaft vertrauen die Staaten gerade im Angesicht der großen weltwirtschaftlichen Probleme weniger auf die

---

[108] *Constantinesco*, Institutionen, EuR 1981, S. 209 (218).

[109] Dazu: *Ehlermann*, Kommission, EuR 1981, S. 345 (347 f.).

[110] *Bleckmann*, LB, S. 26.

[111] Siehe dazu oben unter A. VI.; siehe weiterhin: *Bourgoignie*, RTDE 1982, S. 1 (55 ff.).

[112] *v. d. Groeben*, NJW 1970, S. 359 (360).

[113] *Kötz*, FS Zweigert, S. 481 (483).

Chancen eines gemeinschaftlichen Handelns zur Bewältigung der Krise als vielmehr auf die Kräfte jedes einzelnen Landes[114].

Eine Interessenangleichung als Voraussetzung für die Rechtsangleichung kann allerdings nur bei einer völlig veränderten Einschätzung Erfolg haben. Der Glaube der Gründungsjahre muß wieder geweckt werden: was für Europa notwendig ist, ist auch für das eigene Land notwendig. Nur dann kann die Auffassung durchdringen, daß die Rechtsangleichung nicht nur für die Gemeinschaft als solche oder für die anderen Mitglieder vorteilhaft ist, sondern für alle und damit auch für das eigene Land[115]. Bei einem in dieser Weise veränderten Bewußtsein kann auch bei der Kleinarbeit der Rechtsangleichung der Verlust der Perspektive vermieden und die Verfolgung von Schwerpunkten gesichert werden[116].

Die Forderung nach einer Änderung des Bewußtseins ist leichter gestellt als verwirklicht, weil sie die Bereitschaft verlangt, von gewachsenen Rechtsstrukturen und vertrauten Rechtsvorschriften Abschied zu nehmen und sich auf die Bildung eines europäischen Rechtsbewußtseins[117] und von ihm geprägten Regeln einzulassen, von denen man nicht weiß, ob sie in gleicher Weise vertraut werden können wie die alten. Hier kann eine Rückbesinnung auf gemeinsame Grundlagen der europäischen Rechtsordnung helfen[118]. Die Schaffung eines europäischen Rechtsbewußtseins ist auch notwendig, wenn sich die Rechtsangleichung von der Begrenzung auf bestimmte, eng umgrenzte Teilbereiche lösen will, bei denen ein gemeinsames Verständnis gewisser Grundbegriffe noch entbehrlich ist[119] und die Angleichung größerer Rechtsbereiche in Angriff nimmt, weil sie von einer entsprechenden Notwendigkeit ausgeht[120].

Lassen darüberhinaus die Richtlinien den Mitgliedsländern den notwendigen Spielraum für die Umsetzung in nationales Recht, kann die Kritik an aufgestülpten Vorschriften zum Verstummen gebracht werden[121].

---

[114] Siehe dazu: *Ehlermann*, Kommission, EuR 1981, S. 335 (348 f.); *Constantinesco*, Institutionen, EuR 1981, S. 209 (221).

[115] Siehe dazu: *Everling*, ZHR Beiheft 29 (1965), S. 60 (86 f.).

[116] Dazu: *Ehlermann*, Community Policy, S. 43 (49 f.).

[117] *Kötz*, FS Zweigert, S. 481 (491).

[118] *Duden*, EuR 1972, S. 213 (221); *David* in: Zweigert, Europ. Zusammenarbeit, S. 1 (8 ff.).

[119] *Kötz*, FS Zweigert, S. 481 (485).

[120] Siehe dazu: *Pipkorn*, Gedächtnisschrift Sasse, S. 131 (133 ff.) zur Produkthaftung; *Ficker*, Angleichung, FS Schmitthoff, S. 157 (159 ff.) zum Gesellschaftsrecht.

[121] In diesem Sinn: *Duden*, EuR 1972, S. 213 (221); *Ehlermann*, Community Policy, S. 43 (51).

Festzuhalten bleibt: das Erfordernis des einstimmigen Beschlusses gibt jedem Mitgliedstaat das Recht, sich einer Rechtsangleichung zu verweigern, wenn es, auch bei einer Beachtung des europäischen Interesses, seine eigenen Interessen nicht genügend berücksichtigt sieht. Es handelt sich dabei um eine Grenze für die Rechtsangleichung. Mit dieser Feststellung soll jedoch kein grundsätzlicher Gegensatz zwischen nationalem und Gemeinschaftsinteresse konstruiert werden. Die Europäischen Gemeinschaften konnten nur gegründet werden, weil die Staaten davon ausgingen, daß ein gemeinsames Handeln im nationalen Interesse eines jeden Landes liege. Vor diesem Hintergrund ist die Verpflichtung des Art. 5 II zu sehen, nach dem die Mitgliedstaaten alle Maßnahmen unterlassen müssen, welche die Verwirklichung der Vertragsziele gefährden können. Diese Verpflichtung muß beachtet werden, wenn ein Land sich auf seine nationalen Interessen beruft.

3. Interessenangleichung und der Gegensatz von angelsächsischem und kontinentaleuropäischem Rechtssystem

Die nach den obigen Ausführungen ohnehin sehr schwierige Interessenangleichung als Voraussetzung für die Rechtsangleichung wird noch dadurch erschwert, daß seit 1973 mit dem Vereinigten Königreich und der Republik Irland zwei Länder Mitglied der EG sind, deren Rechtssystem sich von dem der übrigen Partnerländer wesentlich unterscheidet.

a) Unterschiede

Die Rechtsangleichung muß seither diesen Unterschieden Rechnung tragen[122]. Das Recht auf dem europäischen Festland wird durch Kodifikationen geprägt. Die Rechtsetzung erfolgt grundsätzlich und weitgehend durch die jeweilige Legislative. Die Gerichte sind an das durch die Gesetze in allgemeiner Form gestaltete Recht gebunden. Sie können nur in begrenztem Umfang selbst rechtsgestaltend tätig werden.

Auf den britischen Inseln herrscht hingegen ein grundsätzlich unterschiedlicher gesetzgeberischer und richterlicher Stil. Entsprechend verschieden ist die Form der Rechtsregeln. Dort prägen nicht Gesetze das Recht, sondern ein fester und gewachsener Bestand von richterlichen Präzedenzentscheidungen. Die Rolle des Richters ist damit notwendigerweise viel stärker als in Ländern mit einem weitgehend kodifizierten Recht[123]. Unterschiede ergeben sich auch aufgrund des Stils der richterlichen Entscheidungen. Die Entscheidungsfindung und damit die

---

[122] Beachte dazu den Bericht der Law Society, S. 3 (Nr. 10).

[123] *Radbruch,* S. 17 ff.

Rechtsetzung[124] erfolgt im Wege der Orientierung an Fällen[125]. Daher sind auch Unterschiede in der Terminologie zu erklären. Auch das angelsächsische Recht kennt inzwischen zwar Gesetze, die „statutes". Sie haben jedoch einen anderen Stellenwert als Gesetze in dem Recht Kontinentaleuropas. Ihre Auslegung erfolgt im Licht des überkommenen case-law. Daher sind auch in den Gesetzen konkrete Bestimmungen erforderlich[126].

b) Problembereiche

Besondere Probleme für die Rechtsangleichung ergeben sich aufgrund der angedeuteten Unterschiede in zwei Bereichen.

aa) Interpretation der „statutes"

Eine vom Ministerrat der EWG verabschiedete Harmonisierungsrichtlinie muß dergestalt in nationales Recht umgesetzt werden, daß die Verbindlichkeit der gemeinschaftlichen Lösung außer Frage steht. Im Vereinigten Königreich und in Irland kann dies am besten durch die Schaffung eines „statute" erfolgen. Dieses Gesetz wird jedoch von den Gerichten im Licht des gewachsenen nationalen Rechts interpretiert[127]. Enthält es keine sehr konkrete Lösung, besteht die Gefahr, daß im Wege dieser Auslegung neue Rechtsunterschiede begründet werden.

bb) Rechtsprinzipien

Hinzu kommt, daß es im kontinentaleuropäischen Recht Rechtsprinzipien oder Rechtsbegriffe gibt, die das angelsächsische Recht nicht kennt und umgekehrt. Eine europäische Regelung muß diese Unterschiede ausgleichen. Dabei ist es verständlich, wenn sich die Staaten sehr zurückhaltend bei der Übernahme eines ihnen fremden Prinzips oder Rechtsbegriffs verhalten[128].

Besonders bei der Erarbeitung einer Richtlinie stellen sich in diesem Zusammenhang Probleme. Ihr Text muß geeignet sein, eine reibungslose Einordnung der europäischen Regelung in den Kontext des nationalen Rechts und damit eine einheitliche Auslegung zu gewährleisten.

---

[124] *Radbruch*, S. 39.

[125] *Radbruch*, S. 33 ff.

[126] Allgemein zu dem bisher Gesagten: *David* in: Cappelletti, S. 113 (118 ff., 129 f.); *Kahn-Freund*, ebd., S. 137 (138, 148 ff.); *Taschner*, Rechtsangleichung in der Bewährung? GS Constantinesco, S. 765 (776 ff.); *Radbruch*, S. 8 ff.

[127] *Radbruch*, S. 28.

[128] Für den Bereich des Gesellschaftsrechts siehe: *Usher* in: Lasok/Soldatos, S. 171 (184); für den Bereich der Produktenhaftung siehe: *Jolowicz* in: Cappelletti, S. 237 (257 ff., insbesondere S. 263, wo es um „contributory negligence" (mitwirkendes Verschulden) geht).

Dies könnte durch sehr detaillierte Regelungen erreicht werden, welche den Spielraum des nationalen Gesetzgebers auf ein Minimum beschränken. Jedoch ist es gerade in Fällen, in denen es nicht allein um die Beseitigung rein technischer Handelshemmnisse geht, unmöglich, alle Eventualitäten zu regeln. Eine solche Art der Rechtsetzung würde im übrigen dem kontinentaleuropäischen Rechtsdenken zuwiderlaufen und die Gefahr einer Unvereinbarkeit mit anderen Regelungen nationaler und internationaler Art heraufbeschwören[129].

Demnach liegt es nahe anzunehmen, daß sich die Rechtsangleichung auf die Setzung eines einheitlichen Rahmen für die nationalen Rechtsbestimmungen in den Mitgliedsländern beschränken muß[130]. Allerdings darf die Harmonisierungsrichtlinie wiederum nicht zu allgemein sein, damit Mißverständnisse vermieden werden[131]. Es ist offensichtlich, daß es in der Praxis sehr schwierig ist, den notwendigen Mittelweg zu gehen, gerade weil hier von den in verschiedenen Rechtssystemen verwurzelten Juristen ein besonderes Maß an Offenheit und Flexibilität verlangt wird.

c) Berührungspunkte

Allerdings sind die Unterschiede zwischen dem kontinentaleuropäischen und dem angelsächsischen Recht und damit die Probleme für die Interessenangleichung und letztlich die Rechtsangleichung nicht unüberwindlich[132]. Das Recht des Vereinigten Königreichs und der Republik Irland baut, wie oben schon dargelegt wurde, nicht ausschließlich auf Präzedenzfällen auf, ist also kein reines Case-law-System[133]. Vielmehr kennt es schon seit längerer Zeit Gesetze, vor allem in den bisher von der Rechtsangleichung erfaßten Bereichen. Sie wurden erstmals im Zeitalter der Industrialisierung in größerem Umfang erlassen[134]. Die beiden Länder haben mit ihrem Eintritt in die EG, die Notwendigkeit der Gemeinschaftsgesetzgebung anerkannt und damit auch die Möglichkeit eines Einbruchs in die Geschlossenheit des nationalen Rechtssystems. Von großer Bedeutung ist schließlich ein sich abzeichnender Wandel der Interpretation von Gesetzen durch die Richter dieser beiden Länder. Insbesondere „statutes", die aufgrund einer Angleichungsrichtlinie erlassen wurden, werden verstärkt im Lichte der Ziele der einheitlichen europäischen Regelung ausgelegt[135]. Britische Richter durch-

---

129 *Jolowicz* in: Cappelletti, S. 237 (245—248).

130 So *Jolowicz* in: Cappelletti, S. 237 (254).

131 Siehe hierzu die Bemerkungen von *Jolowicz* zum Richtlinienvorschlag über die Produkthaftung, in: Cappelletti, S. 237 (257—259).

132 Allgemein dazu: *Aubin* in: Zweigert, Europ. Zusammenarbeit, S. 45 (71).

133 *Kahn-Freund* in: Cappelletti, S. 137 (155 f.); *Radbruch*, S. 29 f.

134 *Coing* in: Cappelletti, S. 31 (36—42).

brechen die Bindung an Präzedenzfälle darüberhinaus vermehrt durch die Vorlage von Rechtsfragen beim EuGH[136].

In den Ländern des Kontinents hingegen hat die Bedeutung der Richter in der Vergangenheit immer mehr zugenommen. Ihnen kommt nicht nur bei der Auslegung von gesetzlichen Generalklauseln eine große Bedeutung zu[137], sondern auch dann, wenn die Gesetzgebungsorgane nicht schnell genug das Recht an geänderte Bedingungen anpassen. Die aufgezeigten Entwicklungen lassen die Unterschiede zwischen den Rechtssystemen nicht unüberbrückbar erscheinen.

d) Lösungsansatz

Dennoch bleiben grundsätzliche Divergenzen. Sie können am ehesten überbrückt werden, wenn entscheidend auf die gemeinsamen Ergebnisse der Rechtsangleichung abgestellt und damit auf die völlige Gleichheit des europäischen Rechts verzichtet wird[138]. Die Herausarbeitung von gemeinsamen Grundprinzipien des Rechts und des gesellschaftlichen Lebens allgemein[139] kann dabei ebenso helfen wie die Rückbesinnung auf gemeinsame geschichtliche Rechtsgrundlagen und auf die Tatsache, daß früher bereits Rechtsunterschiede bestanden, die ebenfalls überwunden wurden[140].

Alles in allem handelt es sich nicht um einen Lösungsansatz, der geeignet ist, die für die Rechtsangleichung notwendige Interessenangleichung unmittelbar herzustellen. Sie bedarf des Willens und der Entwicklung. Die Organe der EWG wären überfordert, wenn sie allein die Interessenangleichung erreichen sollten. Die Voraussetzungen dafür müssen in den einzelnen Ländern erst langsam geschaffen werden. Wenn dieser Boden bereitet ist, werden sich viele der aktuellen Probleme der Rechtsangleichung erübrigen. Der Kompromiß wird leichter zu erreichen sein. Dazu ist erforderlich, daß die Juristenausbildung von

---

[135] *Kahn-Freund* in: Cappelletti, S. 137 (158) mit Hinweisen auf britische Rechtsprechung; *Jolowicz*, ebd., S. 237 (249); allerdings stößt eine dynamisch-teleologische Interpretation von Gesetzen im Licht der europäischen Rechtsharmonisierung auf harten Widerstand, dazu: *Dutheil de la Rochère*, RTDE 1978, S. 250 (252—256); *dieselbe*, RTDE 1981, S. 527 (529 f.).

[136] *Kahn-Freund* in: Cappelletti, S. 137 (150 f.).

[137] *David* in: Cappelletti, S. 113 (127 f.).

[138] *David* in: Cappelletti, S. 113 (114, 125 f.); *Kahn-Freund*, ebd., S. 137 (141—146); *Taschner*, Rechtsangleichung in der Bewährung? GS Constantinesco, S. 765 (779 f.); *Seidl-Hohenveldern*, Common Law, JBl 1962, S. 247 (250).

[139] *Merryman* in: Cappelletti, S. 195 (232 f.); zur Rolle des europäischen Kulturkreises als Grundlage des europäischen Rechtskreises siehe: *Constantinesco*, Kulturkreise, ZfRV 1981, S. 161 (170, 173 ff.).

[140] *Coing* in: Cappelletti, S. 31 ff.; *Gorla*, ebd., S. 45 ff.

ihrer Fixierung auf nationales Recht befreit wird[141]. Vor allem eine intensive Rechtsvergleichung[142] kann der notwendigen offenen Kommunikation den Weg bereiten[143]. Erforderlich sind weiterhin Anpassungsfähigkeit[144] und Bereitschaft zum Verzicht auf vertraute Vorstellungen auf beiden Seiten des Kanals. Hilfreich ist schließlich eine Beschränkung auf die gemeinsam für angleichungsbedürftig erachteten Rechtsgebiete.

IV. Unzulänglichkeit der Rechtsangleichung

1. Allgemeine Bemerkungen

Es kann Bereiche geben, in denen eine „bloße" Rechtsangleichung nicht mehr ausreichend ist. Wenn aus diesem Grund ihre Ergebnisse als unzureichend angesehen werden müssen, ist eine weitere Grenze für die Rechtsangleichung gegeben.

Von einer Unzulänglichkeit der Rechtsangleichung kann ausgegangen werden, wenn die Vorschriften eines bestimmten Rechtsgebietes weitgehend vereinheitlicht werden müssen. Die Rechtsangleichung läßt demgegenüber grundsätzlich unterschiedliche nationale Regelungen zu und erlaubt eine Rechtsvereinheitlichung durch detaillierte Richtlinien nur dort, wo es notwendig ist. Zwar kann auf diese Weise die Harmonisierung nationaler Rechtsvorschriften bis zu einem recht weiten Grad vorangetrieben werden. Eine Vereinheitlichung eines ganzen Teilrechtsgebietes verlangt jedoch mehr als die Ansammlung vieler punktueller Angleichungsmaßnahmen. Sie bedarf der Systematik und des Gleichklangs der Regeln. Dabei kann die Rechtsangleichung überfordert werden.

2. Beispiel Zollrecht

Als ein Beispiel dafür, daß auf einem Gebiet ein gewisses Angleichungsniveau erreicht wurde und nun andere Maßnahmen erforderlich sind, kann das Zollrecht angeführt werden. Die Zollunion, welche die Gemeinschaft gemäß Art. 9 darstellen soll, ist bereits durch den Abbau der Binnenzollgrenzen und ähnlicher Handelsschranken und die Er-

---

[141] *Coing* in: Cappelletti, S. 31 (43 f.); *Sacco*, ebd., S. 95 (100, 107); *Kahn-Freund*, ebd., S. 137 (153).

[142] *Jolowicz* in: Cappelletti, S. 237 (259 ff.); *Bleckmann*, Rechtsvergleichung, ZS f. vgl. Rechtswiss. 1975, S. 106 (116 ff.).

[143] *Lord Denning*, zitiert nach *Gorla* in: Cappelletti, S. 68 (69 f.); *Jolowicz*, ebd., S. 257 (259).

[144] *David* in: Cappelletti, S. 113 (122).

richtung des gemeinsamen Zolltarifs verwirklicht. Die zolltariflichen Regelungen müssen einheitlich angewandt werden, darüberhinaus sind die übrigen Zollvorschriften anzugleichen[145]. Damit jede Verzerrung des Wettbewerbs, sowie jede Verlagerung des Warenverkehrs und von Einnahmen aufgrund unterschiedlicher Zollvorschriften vermieden werden, ist tatsächlich eine Vereinheitlichung des Zollrechts erforderlich[146]. Eine Angleichung allein ließe unterschiedliche Regelungen und auch eine unterschiedliche Auslegung dieser Vorschriften zu. Bereits dadurch werden die befürchteten Behinderungen für den Warenverkehr möglich, ohne daß eine Kontrolle möglich wäre[147].

Die bisherigen Maßnahmen zur Angleichung oder Vereinheitlichung des Zollrechts wurden unter pragmatischen Gesichtspunkten ergriffen. Durch Verordnungen (Art. 113, 235) und Richtlinien (Art. 100) wurden die Unterschiede zwischen den verschiedenen Rechtsordnungen in einer Reihe von Einzelfragen beseitigt[148]. Die Ergebnisse dieses „pragmatischen" Ansatzes unterliegen einer mannigfaltigen Kritik. Sie bemängelt insbesondere, daß durch das Nebeneinander von Vorschriften der Gemeinschaft (Verordnungen) und nationalem Recht (inklusive des in nationales Recht integrierten Inhalts von Richtlinien) das Zollrecht zersplittert[149] worden sei und gegenwärtig durch ein Rechtswirrwarr gekennzeichnet werde[150]. Die Gründe für diesen Mißstand werden teilweise in den zu hoch gesteckten Zielen[151], teilweise auch in der falschen Wahl des Rechtsetzungsaktes gesehen[152]. Vielfach wird auch das Fehlen einer Gesamtkonzeption für die Vereinheitlichung des Zoll-

---

[145] *Laubereau* in: G-B-Th, 2. Aufl., Art. 9, Anm. III 1, S. 139; *Christiansen*, Zollrecht, ZfZ 1975, S. 2 (3); *Hiehle*, ZfZ 1974, S. 322 (324); *Dorsch*, ZfZ 1966, S. 161; zu den Zielen der Zollrechtsangleichung siehe weiterhin: Allg. Programm der EG vom 28. 4. 1971, Bulletin der EG 6/71, S. 48; *Bail*, ZfZ 1976, S. 130 (131 ff.).

[146] *Ehle* in: Ehle/Meier, C 2, S. 268; ähnlich *Schmeder*, S. 137; *v. d. Burg*, CMLR 1970, S. 184 (185).

[147] *Schmeder*, S. 138; hinzuweisen ist an dieser Stelle jedoch auf die Schwierigkeit der Abgrenzung der Maßnahmen zur Verwirklichung des Gem. Zolltarifs von denen zur Angleichung der übrigen Zollrechtsbestimmungen; siehe dazu: *Ehle* in: Ehle/Meier, C 4, S. 269; *v. d. Burg*, CMLR 1970, S. 184 (188).

[148] Siehe dazu das allg. Programm f. die Angleichung des Zollrechts v. 28. 4. 1971, Bull. EG 6/71, S. 48; *Bail*, ZfZ 1976, S. 162 (163); *Pingel*, ZfZ 1976, S. 322 (326 f.).

[149] *Ehle* in: Ehle/Meier, C 7, S. 270 f.

[150] *Bail*, ZfZ 1976, S. 130 (130, 136 ff.); *Pingel*, ZfZ 1976, S. 322 (327 ff.); letzterer setzt allerdings wesentlich positivere Akzente als Bail.

[151] *Bail*, ZfZ 1976, S. 130 (133).

[152] *Bail*, ZfZ 1976, S. 130 (133) beklagt, daß zu viele Verordnungen und zu wenig Richtlinien erlassen worden sind; ähnlich: *Dorsch*, ZfZ 1966, S. 161 (166); anders: *Ehle* in: Ehle/Meier, C 7, S. 270 f.

rechts beklagt[153]. Jedes Vorhaben zur Rechtsangleichung bedarf einer Konzeption, also eines Zieles. Deshalb kann es trotzdem in der Realität zu Verzögerungen bei der Verwirklichung der Konzeption kommen. Ebenso kann sich ein Zwang zum Kompromiß ergeben. Angesichts der historisch gewachsenen Zollrechtsbestimmungen in den Mitgliedsländern der EWG und der Komplexität der Materie muß anerkannt werden, daß die Harmonisierung und Vereinheitlichung des Zollrechts nur in einem stufenweisen Prozeß vorgenommen werden kann[154].

Andererseits steht die Verzahnung des Zollrechts mit anderen Rechtsmaterien sowie der innere Zusammenhang dieses Rechtsgebietes der laufenden Abfolge punktueller Regelungen entgegen[155]. Daher müssen Mittel und Wege gefunden werden, das bisher Erreichte als Teil eines größeren Vorhabens darzustellen und damit auch den zukünftigen Arbeiten eine Richtung zu geben. Insbesondere geht es darum, die Reibungspunkte zwischen EWG-Normen und nationalen Vorschriften abzubauen. Dies kann durch Angleichungsrichtlinien nicht mehr erreicht werden. Dieses „Europäische Zollgesetz" könnte durch ein Abkommen der Mitgliedsländer geschaffen werden. Dann wird der durch den EWG-Vertrag vorgegebene Rahmen für die gemeinschaftliche Rechtsetzung verlassen, weil Art. 220 Abkommen nur in bestimmten Fällen erlaubt. Die Partnerländer sind jedoch an die vertraglichen Bestimmungen gebunden. Mit der EWG wurde ein solch enger Zusammenschluß erreicht, daß die Mitglieder nicht mehr ohne weiteres auf die im völkerrechtlichen Verkehr geltenden Gepflogenheiten ausweichen dürfen, wenn es um die Verwirklichung der Wirtschaftsgemeinschaft geht[156]. Es bleibt folglich nur die Möglichkeit, das einheitliche Zollrecht im Weg des Erlassens von Verordnungen zu schaffen[157].

V. Artikel 235

Eine letzte, sehr wirksame Grenze für den Anwendungsbereich des Art. 100 kann durch eine andere Vorschrift des EWG-Vertrages gesetzt werden. Hierbei ist an Art. 235 zu denken. Beide Bestimmungen müs-

---

[153] So der Bundesrat, zitiert nach *Olbertz*, ZfZ 1976, S. 354 (356); *Bail*, ZfZ 1976, S. 130 (130, 164 f.); anderer Ansicht: *Pingel*, ZfZ 1976, S. 322 (326 f.); *Olbertz*, ZfZ 1976, S. 354 f. (356).

[154] *Christiansen*, Zollrecht, ZfZ 1975, S. 2 (3 f.); ähnlich *Ehle* in: Ehle/Meier, C 3, S. 269.

[155] *Schmeder*, S. 139; *Christiansen*, Zollverwaltung, ZfZ 1974, S. 326 (329).

[156] Siehe dazu auch die Ausführungen oben unter A. III. 7. c).

[157] EuGH RS 8/73 (Massey-Ferguson), Slg. XIX (1973), S. 897 (907 f.); *Schwartz* in: G-B-Th, 3. Aufl., Art. 235, RN 50; *derselbe* in: G-B-Th, 3. Aufl., Art. 220, RN 143 ff.; *derselbe*, Übereinkommen, FS f. Grewe, S. 551 (578).

sen unterschiedliche Aufgaben haben, weil andernfalls eine von beiden überflüssig wäre. Art. 235 würde und wird auch als Ermächtigungsgrundlage für Maßnahmen zur Rechtsangleichung herangezogen. Soweit dies aufgrund der Erwägung geschieht, daß eine Harmonisierung gemäß Art. 100 nur zu einem unzulänglichen Ergebnis führt, ist der Rückgriff auf Art. 235 im Sinn der im vorigen Kapitel gemachten Erörterungen gerechtfertigt[158].

Namentlich im Rahmen der Angleichung des Umweltschutzrechtes werten Art. 100 und Art. 235 des öfteren gemeinsam als Ermächtigungsgrundlage in Anspruch genommen[159]. Allerdings herrscht nicht in jedem Fall Klarheit darüber, hinsichtlich welcher Bestimmung der Richtlinie welche Vorschrift Ermächtigungsgrundlage ist[160]. Eine solche Vorgehensweise ist verwirrend und geeignet, die Grenzen des Anwendungsbereiches der beiden Artikel zu verwischen. Für die Klärung des Geltungsrahmens des Art. 100 ist also Klarheit über den Art. 235 erforderlich. Sie kann nur durch eine Interpretation dieser Vorschrift erlangt werden.

1. Tätigwerden der Gemeinschaft erforderlich[161]

Art. 235 verlangt die Erforderlichkeit eines Tätigwerdens der Gemeinschaft. Aus dem Begriff der Erforderlichkeit könnte eine Schlußfolgerung für die nähere Erläuterung der Vorschrift gezogen werden. Tatsächlich ist er jedoch zu unbestimmt und dadurch weder in der Lage, eine Ermächtigungsgrundlage, noch eine Grenze für das Gemeinschaftshandeln darzustellen. Zwar ist der Bestimmung zu entnehmen, daß jedes Tätigwerden eine hinreichende Begründung erfordert[162]. Jedoch kann darin keine wirkliche Grenze für den Anwendungsbereich des Art. 235 gesehen werden[163]. Die Entscheidung hinsichtlich der Erforderlichkeit eines Tätigwerdens liegt in der politischen Verantwortung der Ratsmitglieder und ist in Ausübung ihres Ermessens zu entscheiden[164]. Eine Interpretation des Art. 235 muß sich folglich vornehmlich auf die übrigen in der Vorschrift genannten Begriffe stützen.

---

[158] Siehe die Beispiele für den Bereich des Zollrechts in: *Henckel von Donnersmarck*, S. 57 ff.

[159] Es handelt sich um insgesamt 19 Richtlinien (Stand 12. 10. 82); siehe auch den Anhang zum Bericht des Select Committee, S. 32 f.

[160] Zum Beispiel in RL 76/160 vom 8. 12. 1975 über die Qualität von Badegewässern, ABL L 31/76.

[161] Allgemein zum Verhältnis von Art. 100 zu Art. 235 siehe *Vignes*, FS Monaco, S. 809 (812 ff.).

[162] *Tomuschat* in: Everling/Schwartz/Tomuschat, S. 45 (48); *Gericke*, S. 57 f.

[163] *Everling* in: Everling/Schwartz/Tomuschat, S. 2 (12); *Henckel von Donnersmarck*, S. 54.

[164] *Lauwaars*, EuR 1976, S. 100 (105); *Bleckmann*, LB, S. 146; *Everling* in:

2. Zur Verwirklichung der Ziele der Gemeinschaft im Rahmen des Gemeinsamen Marktes

a) Ziele der Gemeinschaft

Besser geeignet ist möglicherweise eine Bezugnahme auf die Ziele der Gemeinschaft. Die Aufgaben und damit die Ziele der EWG sind zunächst in Art. 2 niedergelegt[165]. Diese sehr allgemeinen, vorwiegend, jedoch nicht ausschließlich ökonomischen Ziele sollen durch die in Art. 3 genannten Mittel erreicht werden. In Art. 3 wird der Begriff des Gemeinsamen Marktes näher umrissen, dessen Gründung auch ein Ziel des EWG-Vertrages darstellt, zum anderen werden flankierende Maßnahmen vorgesehen. Dem konkretisierenden Art. 3 kommt somit ebenfalls Zielqualität zu[166]. Darüberhinaus enthält der EWG-Vertrag eine Reihe spezieller Ziele, die über den ganzen Vertrag verstreut sind[167].

Umstritten ist, ob auch aus der Präambel des EWG-Vertrages Ziele für die Tätigkeit der Gemeinschaft hergeleitet werden können. Dies wird von verschiedenen Autoren bejaht[168]. Die darin enthaltenen Willensbekundungen der Staatsoberhäupter decken sich weitgehend mit den in den Artikeln 2 und 3 des EWG-Vertrages enthaltenen Zielen. Sie zeichnen sich in einigen Punkten jedoch durch eine größere Perspektive aus. Beides ergibt sich aus einer Gegenüberstellung der Texte. Lediglich die Bekundung der Absicht, durch die Gründung der EWG Frieden und Freiheit zu wahren, findet keine Entsprechung in Art. 2 und 3.

Everling/Schwartz/Tomuschat, S. 2 (12); *Tomuschat*, ebd., S. 45 (60); *Schwartz*, ebd., S. 27 (33); *Gericke*, S. 52; *Kapteyn* in: Smit/Herzog, Art. 235.06.

165 Ausführlich: *Gericke*, S. 22 ff.; *Bleckmann*, LB, S. 144; *Ehring* in: G-B-Th, 2. Aufl., Art. 235, S. 757 ff.; *Schwartz* in: G-B-Th, 3. Aufl., Art. 235, RN 73—79; *Ipsen*, LB, S. 433 f.; *Lauwaars*, EuR 1976, S. 100 (102); *Rabe*, S. 154; *Nicolaysen*, implied powers, EuR 1966, S. 129 (133); *v. Meibohm*, NJW 1968, S. 2165; *Everling* in: Everling/Schwartz/Tomuschat, S. 2 (9 ff.); *Tomuschat*, ebd., S. 45 (46, FN 9) mit Hinweisen auf eine entsprechende Rechtsprechung des EuGH und auf die ablehnende Einstellung eines Teils der Literatur; anders auch: *Zuleeg*, ZS f. Wasserrecht 1975, S. 133 (137), er will die Ziele allein aus Art. 3 herleiten.

166 Ausführlich *Gericke*, S. 24 ff., sowie die übrigen in der letzten Fußnote angegebenen Autoren.

167 *Gericke*, S. 29 ff.; *Bleckmann*, LB, S. 144; *v. Meibohm*, NJW 1968, S. 2165 (2166); *Ehring* in: G-B-Th, 2. Aufl., Art. 235, S. 757 ff.; *Ipsen*, LB, S. 433; *Rabe*, S. 154; *Lauwaars*, EuR 1976, S. 100 (102); *Nicolaysen*, implied powers, EuR 1966, S. 129 (133); *Schwartz* in: G-B-Th, 3. Aufl., Art. 235, RN 61 ff.

168 *Bleckmann*, LB, S. 144; *Ehring* in: G-B-Th, 2. Aufl., Art. 235, S. 757; *Zuleeg*, ZS für Wasserrecht 1975, S. 133 (137 f.); *Ipsen*, LB, S. 433; *Rabe*, S. 154; *Nicolaysen*, implied powers, EuR 1966, S. 129 (133); *v. Meibohm*, NJW 1968, S. 2165 (2166); *Schwartz* in: G-B-Th, 3. Aufl., Art. 235, RN 112 ff.

Gegen die Einbeziehung der Präambel in die Reihe der Zielbestimmungen des EWG-Vertrages wird allerdings eingewandt, daß die vertragsschließenden Parteien in der Präambel nur in allgemeiner Form die Vorstellungen dargelegt hätten, die sie mit der Gründung der EWG verfolgten und daß diese Absichten deshalb ungeeignet seien, den Rahmen des geschlossenen Vertrages zu konkretisieren. Dazu könnten allein die eigentlichen Vertragsbestimmungen herangezogen werden[169]. Hierzu ist festzustellen, daß die Vertragsparteien eine deutliche Trennung zwischen der Präambel und den eigentlichen Vorschriften des Vertrages gemacht haben[170]. Ebenso ist es richtig, daß Präambeln wegen ihrer allgemeinen Formulierung grundsätzlich keine normative Kraft zugemessen wird[171]. Im Gegensatz zu anderen Verträgen enthält die Präambel des EWG-Vertrages jedoch recht konkrete Aussagen. Artikel 2 beispielsweise ist in seinem Gehalt nicht entscheidend deutlicher. Die vertragsschließenden Parteien haben nicht nur ihre Absichten hinsichtlich einer in ferner Zukunft denkbaren Vereinigung Europas und der Sicherung von Frieden und Freiheit dargelegt, sondern auch recht detailliert die unmittelbaren Aufgaben der Wirtschaftsgemeinschaft bestimmt. Dieser Gleichklang rechtfertigt den Schluß, daß die Präambel aus Gründen der Achtung der Vertragsstruktur nicht zu den Zielbestimmungen gezählt werden könne[172], nicht mehr. Die Verwandtschaft[173] von Präambel einerseits sowie Art. 2 und 3 andererseits ist so offenkundig, daß daraus die Ziele der EWG einheitlich hergeleitet werden können.

Eine weitere Frage ist es nun, ob die so beschriebenen Ziele der Gemeinschaft geeignet sind, den Gehalt des Art. 235 zu konkretisieren. Dies ist zu bejahen, wenn entscheidend darauf abgestellt wird, daß die Ziele des EWG-Vertrages einerseits durch die Errichtung des Gemeinsamen Marktes und andererseits durch die schrittweise Annäherung der Wirtschaftspolitik der Mitgliedstaaten verwirklicht werden sollen[174]. Damit wird für den Anwendungsbereich der Vorschrift ein weiter Rahmen gesteckt, was aber vertretbar erscheint, wenn man die Aufgabe des Art. 235 in Betracht zieht, die Anpassung der Gemeinschaft an eine

---

[169] Ausführlich: *Gericke*, S. 31 f.; ebenso: *Lauwaars*, EuR 1976, S. 100 (102); *Marenco*, RMC 1970, S. 147 (149); *Henckel von Donnersmarck*, S. 50, FN 37; *Tomuschat* in: Everling/Schwartz/Tomuschat, S. 45 (61 FN 65); *Schumacher*, AWD 1970, S. 539 (542).

[170] Darauf weist *Schumacher*, AWD 1970, S. 539 (542) besonders hin.

[171] *Marenco*, RMC 1970, S. 147 (149); siehe allerdings auch die Ausführungen von *Schwartz* in: G-B-Th, 3. Aufl., Art. 235, RN 113.

[172] *Henckel von Donnersmarck*, S. 49 f.

[173] *Gericke*, S. 32.

[174] Art. 2 EWG-Vertrag; *Everling* in: Everling/Schwartz/Tomuschat, S. 2 (11).

dynamische Integrationsentwicklung zu gewährleisten[175] und auch die Frage nach den Grenzen dieser Vorschrift nicht unberücksichtigt bleibt[176].

b) Im Rahmen des Gemeinsamen Marktes

Eine Bezugnahme allein auf die Ziele der Gemeinschaft muß sich jedoch den Wortlaut des Art. 235 entgegenhalten lassen, der nur von den Zielen spricht, die im Rahmen des Gemeinsamen Marktes zu verwirklichen sind. Folgt daraus doch eine stärkere Eingrenzung des Anwendungsbereiches des Art. 235? Es stehen einander die Verweisung auf den Gemeinsamen Markt und die ausdrückliche Bezugnahme auf die Ziele des Vertrages gegenüber, die an anderer Stelle, etwa bei Art. 100, nicht vorkommt. Dennoch kann daraus nicht geschlossen werden, daß der Hinweis auf den Gemeinsamen Markt ohne Bedeutung sein soll. Die Ziele der Gemeinschaft sollen ja gemäß Art. 2 immer entweder durch eine Annäherung der Wirtschaftspolitik oder die Errichtung des Gemeinsamen Marktes verwirklicht werden. Die Interpretation des Art. 235 muß folglich entscheidend um die Interpretation des Begriffs des Gemeinsamen Marktes im Sinnzusammenhang der Vorschrift bemüht sein[177].

Oben wurden bereits die Begriffselemente des Gemeinsamen Marktes im Sinn von Art. 100 herausgearbeitet[178]. Demnach ist der Gemeinsame Markt durch die Freiheiten des EWG-Vertrages, die gemeinsame Politik auf den Gebieten Landwirtschaft, Handel und Verkehr sowie durch gleiche Wettbewerbsbedingungen gekennzeichnet. Diese Art der Begriffsbestimmung hält Gericke[179] für ungeeignet. Er bevorzugt demgegenüber einen sogenannten ökonomischen Begriff des Gemeinsamen Marktes, der sich aus dem Wirtschaftsraum ergibt, der den Regelungen des Gemeinschaftsrechts unterworfen ist und durch das Marktgeschehen in diesem Wirtschaftsraum[180]. Dieser einheitliche Wirtschaftsraum wird jedoch durch die Verwirklichung der der Gemeinschaft übertragenen Aufgaben geschaffen. Dies sind die Verwirklichung der Freiheiten, der gemeinsamen Politiken und der Wettbewerbsgleichheit durch die Rechtsetzung des Rates. Die Entstehung eines einheitlichen Marktgebietes ist die bloße Folge davon. Zur Klärung des Begriffs des Ge-

[175] *Nicolaysen*, LB, S. 45; *Offermann-Clas*, DVBl 1981, S. 1125 (1127).

[176] *Marenco*, RMC 1970, S. 147 f.; *Offermann-Clas*, DVBl 1981, S. 1125 (1127); *Tomuschat* in: Everling/Schwartz/Tomuschat, S. 45 (55 ff.).

[177] *Bleckmann*, LB, S. 145; *v. Meibohm*, NJW 1968, S. 2165 (2166).

[178] A. III. 1.—3.; so auch *Ferrari Bravo-Giardina* in: Quadri/Monaco/Trabucchi, Vol. III, Art. 235, S. 1708; Wiedergabe dieser Ansicht bei *Gericke*, S. 36 ff.

[179] *Gericke*, S. 38 ff.

[180] *Gericke*, S. 39.

meinsamen Marktes kann diese Tatsache nicht herangezogen werden. Die ausgesprochen weite Grenzziehung von Gericke ist daher abzulehnen[181].

Dort, wo der Kreis der Ermächtigungsgrundlagen für ein Handeln der Gemeinschaft Lücken aufweist, soll Art. 235 das Funktionieren des Gemeinsamen Marktes sichern[182]. In diesem Rahmen kann es auch geboten sein, Maßnahmen mit wirtschaftspolitischer Wirkung zu treffen[183]. Daraus läßt sich allerdings nicht herleiten, daß bei Art. 235 auch die in Art. 2 genannte schrittweise Annäherung der Wirtschaftspolitik von dem Begriff des Gemeinsamen Marktes erfaßt sein soll[184]. Art. 235 kann folglich nicht als Vehikel für eine weitgehende Umgestaltung der Gemeinschaft durch eine Erweiterung ihres Aufgabengebiets benutzt werden[185]. Auch über Art. 235 können nur solche Problembereiche angegangen werden, die einen gewissen Bezug in den oben genannten Zielen der Gemeinschaft aufweisen[186]. Eine weitere Auslegung des Art. 235 würde auch auf starke verfassungsrechtliche Bedenken stoßen[187].

Verglichen mit Art. 100 eröffnet Art. 235 der Gemeinschaft die Möglichkeit eines schnelleren und umfassenderen Tätigwerdens, da es allein auf die Erforderlichkeit ankommt, nicht jedoch auf eine unmittelbare Auswirkung auf den Gemeinsamen Markt[188].

3. Erforderliche Vorschriften nicht vorhanden

Die letzte Voraussetzung des Art. 235 verlangt, daß die für die Verwirklichung der Ziele im Rahmen des Gemeinsamen Marktes erforderlichen Vorschriften nicht vorhanden sind. Daraus könnte der Schluß gezogen werden, daß Art. 235 nie einschlägig sein kann, wenn der EWG-Vertrag gewisse Befugnisse für die Gemeinschaft vorsieht, auch wenn sie nicht ausreichen, um ihren Zweck wirklich zu erfüllen.

Die besondere Aufgabe, die Ziele der Gemeinschaft zu verwirklichen, läßt es allerdings notwendig erscheinen, Art. 235 auch dann anzuwen-

---

181 Siehe dazu auch: *Zuleeg*, Demokratie, Der Staat 1978, S. 27 (42 f.).

182 *Ipsen*, LB, S. 433 f.; *Lauwaars*, EuR 1976, S. 100 (103).

183 *Ehring* in: G-B-Th, 2. Aufl., Art. 235, S. 763; *Lauwaars*, EuR 1976, S. 100 (103).

184 *Schwartz* in: G-B-Th, 3. Aufl., Art. 235, RN 149; anders aber: *Seidel*, Brit. Auffassung, EuR 1979, S. 171 (177).

185 *Schwartz* in: G-B-Th, 3. Aufl., Art. 235, RN 161.

186 *Nicolaysen*, LB, S. 46 f.; *Offermann-Clas*, DVBl 1981, S. 1125 (1128).

187 *Tomuschat* in: Everling/Schwartz/Tomuschat, S. 45 (61); *Offermann-Clas*, DVBl 1981, S. 1125 (1128); *Kaiser*, EuR 1980, S. 97 (118).

188 *Close*, ELR 3 (1978), S. 461 (477, 479, 480).

den, wenn die im Vertrag vorgesehenen Befugnisse dazu nicht umfassend genug sind[189]. Es versteht sich dabei jedoch von selbst, daß durch die Bezugnahme auf Art. 235 die erste Ermächtigungsgrundlage nicht an den Rand gedrängt werden darf und daß für die Berufung auf Art. 235 eine hinreichende Begründung notwendig ist[190]. Im Verhältnis zu Art. 100 kann Art. 235 erst dann hergezogen werden, wenn die Auslegung des Art. 100 ergeben hat, daß die Vorschrift die geplante Rechtsangleichung nicht mehr erfaßt. Umgekehrt ergibt sich aus der Existenz des Art. 235, daß der Art. 100 nicht extrem extensiv ausgelegt werden muß, um die Ziele des Gemeinsamen Marktes auf jeden Fall zu verwirklichen. Wo Art. 100 wegen der fehlenden unmittelbaren der nationalen Vorschriften auf den Gemeinsamen Markt nicht einschlägig ist, kann immer noch auf Art. 235 zurückgegriffen werden, wenn eine Rechtsangleichung als erforderlich angesehen wird. Art. 235 eröffnet somit die Möglichkeit zur Durchführung marktflankierender Maßnahmen[191], die sich nicht mit der Notwendigkeit der Beseitigung unmittelbarer Beeinträchtigungen des Gemeinsamen Marktes begründen lassen.

Diese Kompetenz ermöglicht es der Gemeinschaft, neben der Beseitigung punktueller Hindernisse wenigstens ein Minimum an politischer Konzeption in einem umfassenderen Sinn anzustreben und zu verwirklichen. Einen größeren Spielraum eröffnet Art. 235 der EWG jedoch nicht[192]. Die Frage nach dem Umfang dieser Befugnis stellt sich besonders stark im Rahmen des Umwelt- und Verbraucherschutzrechts. Bei den Bemühungen um die Rechtsangleichung auf diesem Gebiet ist die politische Konzeption wegen der Vielschichtigkeit der Probleme besonders wichtig und die Frage nach dem Aktionsradius der Gemeinschaft so schwierig[193] wie aktuell.

Als marktflankierende Maßnahmen im echten Sinn sind Regelungen anzusehen, die neben der Harmonisierung nationalen Rechts mit diesem eng zusammenhängende Sachbereiche erfassen, die sinnvollerweise nicht ausgespart werden können. Gerade hier können auch einmal nicht wirtschaftliche Ziele etwas mehr in den Vordergrund rücken. Die Doppelabstützung einer Richtlinie auf Art. 100 und 235 kann hierbei eine geeignete Ermächtigungsgrundlage darstellen, solange klargemacht

---

[189] *Bleckmann*, LB, S. 146; *Ipsen*, LB, S. 434; *Gericke*, S. 64, 67; *Ehring* in: G-B-Th, 2. Aufl., Art. 235, S. 768 ff.; *Schwartz* in: G-B-Th, 3. Aufl., Art. 235, RN 48 f.; anders: *Rabe*, S. 154; *Henkel von Donnersmarck*, 56; man beachte aber seine Ausführungen zum Verhältnis von Art. 100 zu Art. 235, S. 57 ff.

[190] *Gericke*, S. 60—62.

[191] *Offermann-Clas*, Umweltschutz, ZfU 1983, S. 47 (53).

[192] *Steiger*, Europarechtliche Grundlagen, in: Salzwedel, S. 65 (73).

[193] *Steiger*, Europarechtliche Grundlagen, in: Salzwedel, S. 65 (73).

wird, welcher Teil der Richtlinie auf welche Vorschrift gestützt wird. Die zweite Möglichkeit besteht in dem Erlaß von ausschließlich auf Art. 235 basierenden Richtlinien[194].

[194] Siehe zum Beispiel die Richtlinie über die Erhaltung der wildlebenden Vogelarten vom 2. 4. 1979, ABL L 103/79, S. 1 ff.

C. Aktuelle Problemfelder

I. Beseitigung technischer Handelshemmnisse

Die Beseitigung technischer Handelshemmnisse als ein Teilgebiet der Rechtsangleichung ist nicht deshalb ins Stocken geraten, weil die Angleichungsbedürftigkeit der einzelstaatlichen Vorschriften umstritten wäre. Das ist nicht der Fall[1], und deshalb handelt es sich hierbei auch nicht um ein klassisches Problemfeld[2]. Zwar ergibt sich häufig ein Streit hinsichtlich der geeigneten Methode der Rechtsangleichung[3], aber wenn es für einen Bereich möglich sein müßte, eine sachgerechte europäische Lösung ohne Rücksichtnahme auf besondere nationale Interesse zu finden, dann bei der Beseitigung der technischen Handelshemmnisse[4]. Dennoch stockt auch hier der Fortgang der Rechtsangleichung[5].

1. Drittlandsproblem

Ein entscheidender Grund dafür ist das sogenannte Drittlandsproblem: gelten für ein Produkt einheitliche Bestimmungen hinsichtlich seiner Beschaffenheit[6], dann können Hersteller aus dritten Ländern ihre Waren nach der Einfuhr in einem Land direkt in der gesamten EWG absetzen, vielleicht sogar den Markt mit ihren Erzeugnissen überfluten[7], sofern sie den europäischen Bestimmungen entsprechen.

---

[1] Für viele: *Seidel*, Technische Handelshemmnisse, KSE 11 (1971), S. 733 (738 f.).

[2] Im Gegensatz zu den politisch und juristisch teilweise heftig umstrittenen Angleichungsvorhaben auf den Gebieten Umwelt- und Verbraucherschutzrecht.

[3] Siehe dazu die Ausführungen unter A. VI.

[4] Man beachte jedoch die negativen Erfahrungen der Kommission: *Narjes*, Rechtsangleichung, S. 5.

[5] Anfang 1983 lagen dem Rat 26 Richtlinienentwürfe vor. Nicht mitgezählt sind die Vorschläge, die allein die Änderung einer Richtlinie zum Gegenstand haben, sowie diejenigen, die in erster Linie dem Umwelt- oder Verbraucherschutz zuzurechnen sind.

[6] Es geht in diesem Zusammenhang insbesondere um Bauartgenehmigungs- und Betriebserlaubnisverfahren.

[7] Die wesentlichen „Drittländer“ sind Japan (Automobile, Elektroerzeugnisse) und die USA.

Einige Regierungen widersetzen sich daher einem Fortgang der Beseitigung technischer Handelshemmnisse oder bestehen auf der Erlaubnis für besondere nationale Überprüfungen auch nach einer erfolgten Rechtsangleichung, um einer solchen Importflut wenigstens in ihrem eigenen Land einen Riegel vorschieben zu können. Sie tun das um so stärker, je mehr das betreffende Land selbst für Einfuhren in sein Hoheitsgebiet sehr strenge Anforderungen erhebt.

Es stellt sich die Frage, ob eine solche Haltung auf europäischer Seite zu rechtfertigen ist. Die Gemeinschaft hat sich in den Art. 110 ff. zu einer liberalen Handelspolitik verpflichtet[8]. Die Abschottung des europäischen Marktes paßt dazu nicht. Auch die Regeln des GATT stehen protektionistischen Maßnahmen auf europäischer Seite entgegen[9]. Des weiteren darf der hohe Rang, welcher der EWG-Vertrag dem freien Wettbewerb der Produkte untereinander einräumt, nicht außer acht gelassen werden. Wenn er seine fortschrittsfördernde Rolle wahrnehmen soll, dann muß auch ein Wettbewerb zwischen Erzeugnissen aus EWG-Staaten und aus anderen Ländern im Gemeinsamen Markt stattfinden. Schließlich ist auf Art. 9 II hinzuweisen, der eine willkürliche Ungleichbehandlung von Waren aus Drittländern untersagt.

Allerdings gelten diese Grundsätze nicht uneingeschränkt. Die Handelspolitik der EWG muß die Funktionsfähigkeit und die Stabilität des Gemeinsamen Marktes sichern. Art. 110 verpflichtet sie nicht zu einer einseitigen Rücksichtnahme auf die Interessen der Drittstaaten[10]. Die Vorschrift hat daher den Charakter einer Absichtserklärung[11]. Sie weist selbst auf die Zollunion hin und macht damit deutlich, daß die Vorschriften über den freien Warenverkehr, vor allem die über den Abbau der Zollschranken zwischen den Mitgliedstaaten und die Errichtung eines einheitlichen Zollgebiets im Verhältnis zu dritten Ländern[12] zunächst den Vorteil der europäischen Produzenten im Auge hat[13]. Innergemeinschaftliche Konzessionen müssen somit nicht automatisch für Waren aus anderen Ländern gelten. Die Zulassung von Produkten aus nicht der EWG angehörenden Ländern zu den gemeinschaftlichen Bauartgenehmigungs- und Betriebserlaubnisverfahren hängt vom Ergebnis von Verhandlungen mit diesen Staaten ab. Dabei spielt der Grundsatz der Reziprozität, d. h. der Bereitschaft zur Öffnung des eigenen Marktes für Produkte aus der EWG eine wesentliche

[8] *Ernst/Beseler* in: G-B-Th, 3. Aufl., Art. 110, RN 2, 4.

[9] Vgl. *Ernst/Beseler* in: G-B-Th, 3. Aufl., Art. 113, RN 2, 3.

[10] *Bleckmann*, LB, S. 423.

[11] *Ipsen*, LB, S. 821.

[12] Siehe dazu: *Narjes*, Rechtsangleichung, S. 6.

[13] So wohl auch *Ernst/Beseler* in: G-B-Th, 3. Aufl., Art. 113, RN 2, die von dem Prinzip der Gemeinschaftspräferenz sprechen.

Rolle[14]. Es ist somit nicht ausgeschlossen, die Vorteile der innergemeinschaftlichen Harmonisierung den Gemeinschaftserzeugnissen vorzubehalten[15]. Darin könnte ein Ausweg aus dem derzeitigen Stillstand der Harmonisierung liegen. Das Drittlandsproblem ist ein gutes Beispiel dafür, in welchem Maß politische Interessen einzelner Staaten den Gang der Rechtsangleichung beeinflussen.

2. Technischer Fortschritt

Die Rechtsangleichung zur Beseitigung technischer Handelshemmnisse steht darüberhinaus vor dem Problem, das ihr vertraglich vorgegebener Gang mit dem rasanten technischen Fortschritt auf einigen Gebieten nicht mehr mithalten kann. Aus diesem Grund befürwortet die Kommission der EWG präventive Maßnahmen und damit auch eine präventive Rechtsangleichung neben der bisher üblichen nachträglichen Harmonisierung[16].

II. Verbraucherschutz

Ein zweiter Problembereich sind die Aktivitäten der Gemeinschaft zum Schutz des privaten Endverbrauchers[17]. Darunter sind alle Maßnahmen zu verstehen, insbesondere Gesetze und Verordnungen, aber auch eine intensive Aufklärung, die den Verbraucher vor Schaden bewahren sollen, welche aus der Unübersichtlichkeit des Marktgeschehens, aus der Täuschung durch die Anbieter und aus Nebenwirkungen des Konsums resultieren[18]. Hier wird bei einigen Angleichungsvorhaben die Anwendbarkeit des Art. 100 generell in Frage gestellt.

Die Politik der EWG zum Schutz der Verbraucher beruht auf einer Entschließung des Rates vom 14. 4. 1975[19]. In Fortführung der dabei gesetzten Ziele hat der Ministerrat am 19. 5. 1981 das zweite Verbraucherschutzprogramm verabschiedet[20]. Darin werden dem Verbraucher fünf grundlegende Rechte zugebilligt. Die Rechtsangleichung kann ihren

[14] *Narjes*, Rechtsangleichung, S. 6; *Ernst/Beseler* in: G-B-Th, 3. Aufl., Art. 110, RN 3; *Bleckmann*, LB, S. 423.

[15] *Narjes*, Rechtsangleichung, S. 6.

[16] *Narjes*, Rechtsangleichung, S. 5.

[17] *v. Hippel*, S. 3.

[18] *Reich* in: Reich/Tonner/Wegener, S. 7 f.; weiterhin zu Zielen und Aufgaben des Verbraucherschutzes: *v. Hippel*, S. 16 f. und 39 ff.; allgemein zu diesem Themenkreis das umfassende rechtsvergleichende Werk von *Reich/Micklitz*, Verbraucherschutzrecht in den EWG-Staaten, New York 1980—1982.

[19] ABL C 92 vom 25. 4. 1975.

[20] ABL C 133 vom 19. 5. 1981, S. 1 ff.

Beitrag zur Verwirklichung dieser Rechte insbesondere dann leisten, wenn es

a) um den Schutz der Gesundheit, die Sicherheit und die Information des Verbrauchers und

b) um den Schutz seiner wirtschaftlichen Interessen geht.

Nun wurde der Gedanke des Verbraucherschutzes nicht erst Mitte der siebziger Jahre von der EWG aufgegriffen. Der Rat konnte in der Anlage 2 seiner Entschließung vom 14. 4. 1975[21] eine Reihe von Richtlinien mit verbraucherschützender Wirkung anführen.

1. Schutz der Gesundheit, Sicherheit und Information des Verbrauchers

Die Tatsache, daß es immer schon Maßnahmen zur Rechtsangleichung gab, bei denen der Verbraucherschutz eine Rolle neben anderen Erwägungen spielte, erschwert die Erstellung einer Liste von Richtlinien auf dem Gebiet des Verbraucherschutzes. Nach 1975 ist dieser Gedanke stärker in den Vordergrund getreten, aber gerade in dem Bereich „Schutz der Gesundheit, Sicherheit und Information des Verbrauchers" spielt die Sicherung des freien Warenverkehrs eine erhebliche Rolle. Angesichts von Handelshemmnissen aufgrund von zwingenden nationalen Vorschriften ist die Anwendbarkeit des Art. 100 bei diesen Richtlinien zu bejahen[22], auch wenn vielfach eine nähere Erläuterung der Behinderungen des freien Warenverkehrs in den Richtlinien bzw. den entsprechenden Vorschlägen wünschenswert wäre.

Eine veröffentlichte Aufstellung von Kommission oder Rat über die Richtlinien, die ihrer Meinung nach unter dem Begriff Verbraucherschutz genannt werden können, existiert nicht. Eine Hilfe bietet hier allerdings die Aufzählung in „Europa heute 1980—81"[23], die mit dem Jahre 1980 endet, sowie die Darstellung von Léon Klein[24]. Insgesamt

---

[21] ABL C 92 vom 25. 4. 1975, S. 13 ff.

[22] In diesem Sinn auch *Close*, ELR 3 (1978), S. 461 (472 f.).

[23] Herausgegeben vom Generalsekretariat des Europäischen Parlaments, Luxemburg 1981, Abschnitt 4.6. Dort werden allerdings auch Richtlinien, die einzelne Lebensmittel betreffen, gezählt. Zwar spielt bei der Angleichung im Agrarbereich der Gedanke des Verbraucherschutzes eine nicht unerhebliche Rolle, er dominiert jedoch nicht so stark wie in anderen Bereichen. Im übrigen wäre bei der Einbeziehung dieser Richtlinien eine Abgrenzung völlig unmöglich. Andererseits gehört der Bereich „Kosmetische Erzeugnisse" unter die Rubrik Verbraucherschutz, obwohl er in „Europa heute" bei Gesundheitsschutz zu finden ist. Entsprechendes gilt für die „gefährlichen Stoffe". Hier besteht im übrigen eine enge Verbindung zum Umweltschutz.

[24] In: G-B-Th, 3. Aufl., Verbraucherschutz, RN 18 ff., sowie im Anhang.

sind in dem in Frage stehenden Bereich bis heute 23 Hauptrichtlinien[25] erlassen worden, die ausschließlich oder teilweise auf Art. 100 gestützt sind. Hinzukommen 4 Richtlinienvorschläge. Sie lassen sich wie folgt einteilen:

a) Stoffe, die mit Lebensmitteln in Berührung kommen

(1) RL vom 23. 10. 1962, ABL 115/62, S. 2645/62 zur Angleichung der Rechtsvorschriften der Mitgliedstaaten für färbende Stoffe, die in Lebensmitteln verwendet werden. Verschiedene Änderungen, zuletzt durch RL 78/144 vom 30. 1. 1978, ABL L 44/78 und durch RL 81/20 vom 20. 1. 1981, ABL L 43/81.

Die Richtlinie wird auf Art. 100 und auf Art. 227 II gestützt. Geltend gemacht wird eine Behinderung des freien Verkehrs mit Lebensmitteln durch unterschiedliche nationale Rechtsvorschriften für färbende Stoffe.

(2) RL 64/54 vom 5. 11. 1963, ABL 12/64, S. 161/64 zur Angleichung der Rechtsvorschriften der Mitgliedstaaten für konservierende Stoffe, die in Lebensmitteln verwendet werden dürfen. Verschiedene Änderungen, zuletzt durch RL 81/214 vom 16. 3. 1981, ABL L 101/81.

Die Richtlinie wird gestützt auf die Art. 100 und 227 II. Es handelt sich um eine Parallelrichtlinie zur Richtlinie vom 23. 10. 1962. Spezifische Reinheitskriterien wurden festgelegt in RL 65/66 vom 26. 1. 1965, ABL 22/65.

(3) RL 70/357 vom 13. 7. 1970, ABL L 157/70 zur Angleichung der Rechtsvorschriften der Mitgliedstaaten für Stoffe mit antidioxydierender Wirkung, die in Lebensmitteln verwendet werden dürfen. Verschiedene Änderungen, zuletzt durch RL 81/962 vom 24. 11. 1981, ABL L 354/81. Eine Konkretisierung erfolgte durch RL 78/664 vom 25. 7. 1978, ABL L 223/78 (spezifische Reinheitskriterien).

Die Richtlinie nennt Art. 100 als Ermächtigungsgrundlage. In den Erwägungsgründen wird eine Behinderung des freien Verkehrs mit Lebensmitteln durch unterschiedliche einzelstaatliche Vorschriften für diese Stoffe beklagt.

Auf die drei bisher genannten Richtlinien ist die RL 81/712 vom 28. 7. 1981, ABL L 257/81 gestützt, in der eine gemeinschaftliche Analysemethode für die Überwachung der Reinheitskriterien bestimmter Lebensmittelzusatzstoffe festgelegt wurde.

---

[25] Stand 12. 10. 1982; nicht mitgezählt wurden Änderungsrichtlinien und ergänzende Richtlinien. Richtlinien mit verbraucherschützender Wirkung finden sich auch in anderen Bereichen, etwa bei „Landwirtschaft“, „Gesundheit“, „Beseitigung technischer Handelshemmnisse“ und „Umweltschutz“.

(4) RL 74/329 vom 18. 6. 1974, ABL L 189/74 zur Angleichung von Rechtsvorschriften der Mitgliedstaaten bezüglich Emulgatoren, Stabilisatoren, Verdickungs- und Geliermitteln. Verschiedene Änderungen, zuletzt durch RL 80/597 vom 29. 5. 1980, ABL L 155/80.

Die Richtlinie wird auf die Art. 100 und 227 II gestützt. Wiederum wird eine Behinderung des freien Verkehrs mit Lebensmitteln durch die Unterschiede in den einzelstaatlichen Rechtsvorschriften als Grund für ein Tätigwerden der Gemeinschaft genannt.

Durch die RL 78/663 vom 25. 7. 1978 wurden spezifische Reinheitskriterien für die in der RL 74/329 genannten Stoffe festgelegt. Eine Änderung der RL 78/663 erfolgte durch die RL 82/504 vom 12. 7. 1982, ABL L 230/82.

(5) RL 76/621 vom 20. 7. 1976, ABL L 202/76 zur Angleichung der Rechtsvorschriften über den Höchstgehalt an Erukasäure in Speiseölen und -fetten sowie in Lebensmitteln mit Öl- und Fettzusätzen, gestützt auf Art. 43 und 100.

Laut den Erwägungsgründen ergibt sich eine Behinderung des freien Warenverkehrs, weil in einigen Mitgliedstaaten bereits Höchstgehalte für Erukasäure festgelegt wurden. Eine gemeinschaftliche Analysemethode wurde durch RL 80/891 vom 25. 7. 1980, ABL L 254/80 festgelegt.

(6) RL 76/893 vom 23. 11. 1976, ABL L 340/76 zur Angleichung der Rechtsvorschriften über Materialien und Gegenstände, die dazu bestimmt sind, mit Lebensmitteln in Berührung zu kommen, gestützt auf Art. 100 und 227.

Geltend gemacht wird eine Behinderung des freien Verkehrs der genannten Bedarfsgegenstände durch unterschiedliche Rechtsvorschriften.

Ein Symbol für die Materialien und Gegenstände wurde in RL 80/590 vom 9. 6. 1980, ABL L 151/80 festgelegt.

Der Richtlinienvorschlag vom 30. 5. 1978, ABL C 141/78 über die Gesamtzulässigkeitsgrenze für Materialien und Gegenstände aus Kunststoff, die bei bestimmungsgemäßer Verwendung mit Lebensmitteln in Berührung kommen, ist auf RL 76/893 gestützt.

(7) RL 78/142 vom 30. 1. 1978, ABL L 44/78 zur Angleichung der Vorschriften über Vinylchloridmonomer enthaltende Materialien und Gegenstände, die mit Lebensmitteln in Berührung kommen, gestützt auf Art. 100 und die RL 76/893.

Durch RL 81/432 vom 29. 4. 1981, ABL L 167/81 wurde eine gemeinsame Analysenmethode bezüglich Vinylchlorid festgelegt.

(8) Die RL 77/94 vom 21. 12. 1976, ABL L 26/77 zur Angleichung der Rechtsvorschriften der Mitgliedstaaten über Lebensmittel, die für eine besondere Ernährung bestimmt sind, unterscheidet sich zwar von den genannten Richtlinien, ist aber dennoch in diesem Zusammenhang zu nennen.

Auch sie ist auf Art. 100 gestützt, geltend gemacht wird eine Behinderung des freien Warenverkehrs durch unterschiedliche einzelstaatliche Vorschriften.

Dem Rat liegen derzeit noch zwei Richtlinienvorschläge der Kommission vor:

(1) Der Vorschlag v. 28. 5. 1980, ABL C 144/80 zur Angleichung der Rechtsvorschriften der Mitgliedstaaten über Aromen zur Verwendung in Lebensmitteln und über Ausgangsstoffe in ihrer Herstellung, gestützt auf Art. 100.

Zur Begründung des Vorschlags wird auf eine Behinderung des freien Verkehrs mit Lebensmitteln durch unterschiedliche nationale Vorschriften hingewiesen.

(2) Richtlinienvorschlag vom 20. 12. 1974, ABL C 46/75 zur Angleichung der Vorschriften über Keramikgegenstände, die für die Aufnahme von Lebensmitteln bestimmt sind (Begrenzung der Blei- und Kadmiumzulässigkeit), gestützt auf Art. 100. Zwingende nationale Vorschriften mit unterschiedlichem Inhalt behindern den freien Warenverkehr mit Keramikgegenständen.

b) Kosmetische Erzeugnisse

Richtlinie 76/768 vom 27. 7. 1976, ABL L 262/76 zur Angleichung der Rechtsvorschriften der Mitgliedstaaten über kosmetische Mittel, gestützt auf Art. 100, zuletzt geändert durch RL 82/368 vom 17. 5. 1982, ABL L 167/82. Vorschläge zu weiteren Änderungen liegen dem Rat vor (z. B. Vorschlag zur 5. Änderung, ABL C 36 vom 12. 2. 1982).

Die Richtlinie wird mit einer Behinderung des freien Warenverkehrs aufgrund unterschiedlicher nationaler Vorschriften hinsichtlich der Etikettierung und Verpackung von Kosmetika begründet.

Gemeinsame Analysemethoden wurden zuerst durch die RL 80/1335 vom 22. 12. 1980, ABL L 383/80 und zuletzt durch die RL 82/434 vom 14. 5. 1982, ABL L 185/82 festgelegt.

c) Gefährliche Stoffe (inclusive Verpackung und Kennzeichnung dieser Stoffe)[26]

(1) RL 67/548 vom 27. 6. 1967, ABL L 196/67 über die Angleichung der Rechtsvorschriften betreffend die Einstufung, Verpackung und Kennzeichnung gefährlicher Stoffe, inzwischen häufig geändert, zuletzt durch RL 81/957 vom 7. 12. 1981, ABL L 351/81 und RL 82/232 vom 25. 3. 1982, ABL L 106/82.

Ermächtigungsgrundlage ist Art. 100, hingewiesen wird auf die Behinderung des Warenverkehrs mit diesen gefährlichen Stoffen und mit Zubereitungen durch unterschiedliche nationale Rechtsvorschriften.

(2) RL 73/173 vom 4. 6. 1973, ABL L 189/73 über die Angleichung der Rechtsvorschriften über die Einstufung, Verpackung und Kennzeichnung von Zubereitungen gefährlicher Stoffe (Lösungsmittel), zuletzt geändert durch RL 82/473 vom 21. 7. 1982, ABL L 213/82.

Die Richtlinie ist auf Art. 100 gestützt, weil der freie Warenverkehr durch unterschiedliche nationale Vorschriften behindert wird.

(3) RL 76/769 vom 27. 7. 1976, ABL L 262/76 über die Angleichung der Rechtsvorschriften bezüglich der Beschränkungen des Inverkehrbringens und der Verwendung gewisser gefährlicher Stoffe und Zubereitungen, gestützt auf Art. 100.

Die Vorschrift wurde herangezogen, weil nach den Erwägungsgründen unterschiedliche nationale Bestimmungen zu einem Handelshemmnis, also zu einer Behinderung des freien Warenverkehrs führten. Die Richtlinie wurde ergänzt durch die RL 79/663 vom 24. 7. 1979, ABL L 197/79; Änderungsvorschläge liegen dem Rat vor: ABL C 31/1980 und ABL C 78/1980; letzterer wurde selbst schon geändert. Der geänderte Richtlinienvorschlag ist in ABL C 273/82 vom 16. 10. 1982 abgedruckt.

(4) RL 76/895 vom 23. 11. 1976, ABL L 340/76 über die Angleichung der Rechtsvorschriften hinsichtlich der Höchstgehalte an Rückständen von Schädlingsbekämpfungsmitteln auf und in Obst, zuletzt geändert durch RL 82/528 vom 19. 7. 1982, ABL L 234/82.

Ermächtigungsgrundlage sind bei dieser Richtlinie die Art. 43 und 100. Beklagt werden Hemmnisse für den freien Warenverkehr aufgrund unterschiedlicher nationaler Regelungen.

(5) RL 77/728 vom 7. 11. 1977, ABL L 303/77 über die Angleichung der Rechtsvorschriften bezüglich der Einstufung, Verpackung und Kenn-

---

[26] Auf diesem Sektor bestehen starke Bezüge zum Umweltschutz.

zeichnung von Farben, Anstrichmitteln, Klebstoffen und dergleichen, geändert durch RL 79/831 vom 18. 9. 1979, ABL L 259/79.

Die Richtlinie basiert auf Art. 100. Erneut wird die Notwendigkeit der Rechtsangleichung mit einer Behinderung des freien Warenverkehrs begründet.

(6) RL 78/631 vom 26. 6. 1978, ABL L 206/78 über die Angleichung nationaler Rechts- und Verwaltungsvorschriften betreffend die Einstufung, Verpackung und Kennzeichnung gefährlicher Zubereitungen (Schädlingsbekämpfungsmittel), geändert durch RL 79/831 vom 18. 9. 1979, ABL L 259/79 und RL 81/187 vom 26. 3. 1981, ABL L 88/81.

Die Unterschiede der Vorschriften verursachten nach Angabe der Gemeinschaftsorgane ein Handelshemmnis, d. h., eine Behinderung des freien Warenverkehrs. Deshalb wurde auf Art. 100 zurückgegriffen.

(7) RL 79/117 vom 21. 12. 1978, ABL L 33/79 über das Verbot des Inverkehrbringens und der Anwendung von Pflanzenschutzmitteln, die bestimmte Wirkstoffe enthalten.

Sie ist auf Art. 100 gestützt und soll die Behinderung des freien Warenverkehrs aufgrund von unterschiedlichen nationalen Vorschriften beseitigen.

(8) RL 81/602 vom 31. 7. 1981, ABL L 222/81 über ein Verbot von bestimmten Stoffen mit hormonaler Wirkung und von Stoffen mit thyreostatischer Wirkung.

Diese Richtlinie basiert in erster Linie auf Art. 43, daneben aber auch auf Art. 100. Worin die Behinderung des freien Warenverkehrs oder des Wettbewerbs zu sehen sein könnte, wird in den Erwägungsgründen noch nicht einmal angedeutet. Immerhin erscheint es jedoch denkbar, daß in den Mitgliedstaaten unterschiedliche Vorschriften in dieser Frage bestehen, die eine Behinderung des Warenverkehrs hervorrufen. Angesichts der dominierenden Rolle des Art. 43 hätte eine Bezugnahme auf Art. 100 unterbleiben können.

Über zwei Richtlinienvorschläge hat der Rat bislang noch nicht entschieden:

(1) Vorschlag vom 4. 7. 1974, ABL C 104/74 zur Angleichung der Rechtsvorschriften der Mitgliedstaaten über geschweißte Gasflaschen aus unlegiertem Stahl, gestützt auf Art. 100.

Unterschiedliche zwingende nationale Vorschriften behindern den freien Warenverkehr.

(2) Vorschlag vom 4. 8. 1976, ABL C 212/76 über das Inverkehrbringen von EWG-zugelassenen Pflanzenschutzmitteln.

Auch dieser Vorschlag ist auf Art. 100 gestützt. Die Notwendigkeit einer Angleichung ergibt sich gemäß den Erwägungsgründen aus einer Behinderung des freien Warenverkehrs durch unterschiedliche Vorschriften.

d) Verpackung und Kennzeichnung

(1) RL 71/307 vom 26. 7. 1971, ABL L 185/71 zur Angleichung der einzelstaatlichen Rechtsvorschriften über die Bezeichnung von Textilerzeugnissen, geändert durch RL 75/38 vom 17. 12. 1974, ABL L 14/75. Ein erneuter Änderungsvorschlag liegt vor, ABL C 63/1980.

Die Notwendigkeit einer Rechtsangleichung nach Art. 100 wird damit begründet, daß unterschiedliche zwingende nationale Vorschriften hinsichtlich der Bezeichnung, Zusammensetzung und Etikettierung von Textilerzeugnissen den freien Warenverkehr behindern.

(2) RL 75/106 vom 19. 12. 1974, ABL L 42/75 über die Angleichung der Rechtsvorschriften über die Abfüllung bestimmter Flüssigkeiten nach Volumen in Fertigpackungen, geändert durch RL 70/1005 vom 23. 11. 1979, ABL L 308/79.

Die Anwendbarkeit des Art. 100 wird mit Behinderungen des freien Warenverkehrs aufgrund von unterschiedlichen zwingenden nationalen Bestimmungen in diesem Bereich erklärt.

(3) RL 76/211 vom 20. 1. 1976, ABL L 46/76 über die Angleichung der Rechtsvorschriften der Mitgliedstaaten über die Abfüllung bestimmter Erzeugnisse nach Gewicht oder Volumen in Fertigpackungen, gestützt auf Art. 100.

Zur Begründung der Richtlinie werden die gleichen Argumente wie bei RL 75/106 vorgebracht.

(4) RL 79/112 vom 18. 12. 1978, ABL L 33/79 über die Angleichung der Rechtsvorschriften über Etikettierung und Aufmachung von für den Endverbraucher bestimmten Lebensmitteln sowie die Werbung hierfür.

Die Richtlinie basiert auf Art. 100. Sie soll Behinderungen des freien Warenverkehrs aufgrund unterschiedlicher nationaler Regelungen über die Etikettierung von Lebensmitteln beseitigen. Der Richtlinienvorschlag vom 13. 4. 1981, ABL C 198/81 will den Anwendungsbereich der RL 79/211 konkretisieren.

(5) RL 79/530 vom 13. 6. 1979, ABL L 145/79 zur Angleichung der Rechtsvorschriften zur Unterrichtung über den Energieverbrauch von Haushaltsgeräten durch Etikettierungen. Ermächtigungsgrundlage ist Art. 100.

In den Erwägungen der Kommission anläßlich der Vorlage des Richtlinienentwurfs im Rat[27] wird darauf hingewiesen, daß einige Mitgliedsländer die Einführung von teilweise zwingenden Etikettierungssystemen planten. Solche Vorschriften, einmal in Kraft gesetzt, können schon bei geringfügigen Unterschieden zu Handelshemmnissen führen. Diese Gründe, insofern klarer ausgedrückt als in den Erwägungen zu der verabschiedeten Richtlinie, rechtfertigen eine Rechtsangleichung.

Im Zusammenhang mit RL 79/130 ist die RL 79/531 zu sehen. Ein Änderungsvorschlag zu RL 79/530 liegt dem Rat vor, ABL C 149/80.

(6) RL 80/232 vom 15. 1. 1980, ABL L 51/1980 zur Angleichung der Vorschriften über zulässige Reihen von Nennfüllungen und Nennvolumen von Behältnissen für bestimmte Erzeugnisse in Fertigpackungen. Die Richtlinie basiert auf Art. 100.

Wie in den anderen Richtlinien auch, wird neben den Verbraucherschutzinteressen die Behinderung des freien Warenverkehrs durch unterschiedliche Bestimmungen in den einzelnen Ländern betont.

e) Ergebnis

Die genannten Richtlinien und Richtlinienvorschläge dienen allesamt der Verwirklichung eines der Elemente des Gemeinsamen Marktes und haben weiterhin eine besondere verbraucherschützende Wirkung. Der erforderliche wirtschaftliche Bezug ist folglich gegeben. Sie können auf Art. 100 gestützt werden.

2. Schutz der wirtschaftlichen Interessen der Verbraucher

Verbraucherschutz erschöpft sich nicht in den konkreten Maßnahmen der ersten Gruppe. Deshalb hat die Kommission Vorschläge gemacht, um die Stellung des Verbrauchers in seinem Kontakt mit Produzenten und Händlern sowie in seiner Rolle als umworbener Konsument allgemein zu verbessern. An diesen Vorschlägen hat sich eine rege Diskussion entzündet, in der vielfach die Anwendbarkeit des Art. 100 und

---

[27] Kom (78) 358 endg, Brüssel, den 22. 7. 1978.

damit die Kompetenz der Gemeinschaft zur Regelung der betreffenden Probleme in Frage gestellt wurde.

An anderer Stelle dieser Arbeit[28] wurde bereits darauf hingewiesen, daß der Gemeinsame Markt nicht allein ein Markt der Anbieter sein kann, sondern auch die Interessen der Nachfrager berücksichtigen muß. Wenn es um die Verwirklichung des freien Warenverkehrs in den Ländern der Gemeinschaft geht, sind Nachfrager die Verbraucher. Daraus folgt, daß verbraucherschützende Motive eine erhebliche Rolle bei der Entscheidung über ein Tätigwerden der Gemeinschaft spielen dürfen. Auf der anderen Seite dürfen jedoch auch keine Maßnahmen mit einem ausschließlich verbraucherschützenden Effekt getroffen werden, die für die Gewährleistung des freien Warenverkehrs oder des Systems eines ungehinderten Wettbewerbs ohne Belang oder gar schädlich sind.

Beide Aspekte erfordern eine angemessene Berücksichtigung. Eine Maßnahme zur Rechtsangleichung gemäß Art. 100 kann folglich nicht ausschließlich mit dem Argument gerechtfertigt werden, daß der Gemeinsame Markt wegen einer mangelnden Berücksichtigung der Verbraucherinteressen beeinträchtigt sei. In diesem Sinn sind die folgenden fünf Richtlinienvorschläge zu erörtern.

a) Richtlinienvorschlag vom 23. 7. 1976 zur Angleichung der Rechts- und Verwaltungsvorschriften der Mitgliedstaaten über die Haftung für fehlerhafte Produkte[29]

Der mit diesem Richtlinienvorentwurf gemachte Vorstoß der Kommission zu einer europäischen Regelung der Produzentenhaftung hat zu heftigen Diskussionen geführt. Die Auseinandersetzung erfolgt auf zwei Ebenen:

— einmal geht es um die Frage, ob die in dem Vorschlag enthaltenen Bestimmungen gutzuheißen sind. Die Reizworte hierbei lauten: Gefährdungshaftung, Haftung für Entwicklungsschäden, Kreis der Haftenden und Kreis der Anspruchsberechtigten[30], Haftungsbeschränkung für Sachschäden.

---

[28] A. III. 5. b).

[29] ABL C 241/76; geändert durch einen neuen Vorschlag am 1. 10. 1979, ABL C 271/79.

[30] Siehe hierzu: *Ficker*, Produzentenhaftung, FS Duden, S. 93 ff.; *derselbe*, Gefährdungshaftung, FS v. Caemmerer, S. 343 ff.; Select Committee, S. 4; *Simitis*, FS Konrad Duden, S. 605 ff.; *Lukes*, Produkthaftung; *Whincup*, CMLR 1982, S. 521 (537 ff.); instruktiv auch: *v. Hülsen/Krämer*, S. 4 ff. und 30 ff. sowie die anschließende Diskussion.

— Unabhängig von der Frage des Inhalts des Richtlinienvorschlags wird angezweifelt, ob im Bereich der Produzentenhaftung überhaupt eine Rechtsangleichung gemäß Art. 100 erfolgen kann oder ob dann nicht der Anwendungsbereich der Vorschrift überschritten wird[31].

Allein dieser Teil der Diskussion ist für die vorliegende Arbeit von Bedeutung. Der Richtlinienvorschlag zur Angleichung der Regeln über die Produkthaftung kann dann auf Art. 100 gestützt werden, wenn die Unterschiede[32] der nationalen Bestimmungen zu einer unmittelbaren Beeinträchtigung des Gemeinsamen Marktes führen.

Eine Beeinträchtigung des freien Warenverkehrs kann durch unterschiedliche Haftungsbedingungen nicht herbeigeführt werden, weil dadurch nicht die Einfuhr von Waren in ein anderes Land verhindert wird. Zwar bestehen besondere Kosten wegen höherer Versicherungsgebühren für die Unternehmer, die einen großen Teil ihrer Produkte in einem Land mit strengen Haftungsmaßstäben absetzen. Derartige Belastungen beeinträchtigen den freien Warenverkehr, jedoch nicht unmittelbar kausal, sondern nur mittelbar[33]. Eine unmittelbare Beeinträchtigung des Gemeinsamen Marktes entsteht allerdings, wenn ein Land die Einfuhr von Produkten untersagt, für die nicht der Nachweis einer Versicherung gegen Produkthaftungsschäden erbracht wird.

Durch unterschiedliche Kostenbelastungen für die Unternehmen könnte eine Wettbewerbsbehinderung hervorgerufen werden, so daß doch eine Beeinträchtigung des Gemeinsamen Marktes vorläge. Der HUK-Verband hat errechnet, daß bei einer Übernahme der im Richtlinienvorschlag enthaltenen Bestimmungen in das deutsche Recht die Versicherungsprämien erhöht werden müßten. Dadurch entstünden den Produzenten höhere Kosten in Höhe von 0,2 ‰ ihres Umsatzes[34]. Daraus kann geschlossen werden, daß die Unternehmer anderer Länder, die sich bereits jetzt mit schärferen Bestimmungen im Absatzgebiet ihrer Waren konfrontiert sehen, entsprechende Mehrkosten haben[35]. Dabei muß berücksichtigt werden, daß bestimmte Industriezweige teilweise besonders strengen Haftungsmaßstäben unterliegen, beispiels-

---

[31] In diesem Sinn: *Börner*, Produkthaftung, FS Kutscher, S. 43 ff.; kritisch hinsichtlich der Anwendung des Art. 100 auch: Select Committee, S. 5 und *Lukes*, Produkthaftung, S. 87.

[32] Darstellung der nationalen Rechte bei: *Whincup*, CMLR 1982, S. 521 (522 ff.).

[33] Siehe dazu die Ausführungen unter A. IV. 2.

[34] Nachweis bei *Börner*, Produkthaftung, FS Kutscher, S. 43 (51).

[35] *Meier*, AWD 1976, S. 201 (201, 203); *Lindenmeyer*, WRP 1975, S. 420 (420 f.); *Lorenz*, AWD 1975, S. 246 (246 f.).

weise die Flugzeug-, Maschinen-, Auto- und Pharmaindustrie. Der Umfang der Kostenbelastung für die Wettbewerber klafft dann erheblich stärker auseinander[36].

Es gibt sicherlich noch weitaus größere Wettbewerbsbehinderungen[37], aber wenn der Gemeinsame Markt gleiche Wettbewerbsbedingungen herstellen soll, dann ist jede tatsächlich bestehende Verfälschung des Wettbewerbs zu beseitigen, wenn sie auch gering ist. Man kann der Gemeinschaft zwar vorschlagen, sich zunächst mit den schwerwiegensten Wettbewerbsbehinderungen auseinanderzusetzen. Es handelt sich dabei jedoch um die Frage nach der Zweckmäßigkeit der Prioritäten von Kommission und Rat, nicht jedoch um eine Frage des rechtlichen Dürfens oder Nichtdürfens[38].

Der Hinweis, daß sich eine Wettbewerbsbehinderung erst durch einen Vergleich der Gesamtkostenbelastung der Unternehmen ermitteln lasse[39], ist geeignet, von den Ungleichheiten abzulenken. Wettbewerbsvorteile für Teile der Industrie aufgrund bestimmter rechtlicher Bestimmungen können nicht durch die Vorteile ausgeglichen werden, die andere Unternehmen durch die gesetzliche Regelung in einem zweiten Bereich haben.

Nicht immer sind auch die Unterschiede der Kostenbelastung als Folge divergierender Bestimmungen so geringfügig, wie es auf den ersten Blick den Anschein hat. Im Fall der Produkthaftung kann beispielsweise nicht allein auf die Versicherungskosten abgestellt werden, um eine Wettbewerbsbehinderung nachzuweisen. Ein Unternehmer kann seinen Produktionsablauf ändern und durch die Einführung zusätzlicher Kontrollen Fehler des Produkts auszuschalten versuchen, um so der Haftung zu entgehen. Die dabei entstehenden Mehrkosten sind zu berücksichtigen, auch wenn sie nur schwer zu ermitteln sind.

Schließlich ist zu bemerken, daß die Schaffung gleicher Wettbewerbsbedingungen im Gemeinsamen Markt neben der Beseitigung aller bestehenden Behinderungen auch eine präventive Komponente hat: die Schaffung gleicher rechtlicher Rahmenbedingungen für die wirtschaftliche Tätigkeit[40]. Alle Hindernisse, auch solche psychologischer Art, die aufgrund der Ungewißheit über Haftungsbedingungen insbesondere bei kleineren Unternehmen auftreten können, müssen unabhängig von der nachweisbaren Kostenbelastung abgebaut werden, um wirklich von

[36] *Close*, ELR 3 (1978), S. 461 (473); *Meier*, AWD 1976, S. 201 (203); *Nascimbene*, Cah. Dr. Eur. 1977, S. 371 (390).

[37] *Börner*, Produkthaftung, FS Kutscher, S. 43 (51 f.).

[38] Anders aber *Börner*, Produkthaftung, FS Kutscher, S. 43 (52).

[39] *Börner*, Produkthaftung, FS Kutscher, S. 43 (52).

[40] Siehe dazu oben unter A. III. 4.

einem einheitlichen und transparenten Binnenmarkt sprechen zu können.

Berücksichtigt man neben dem Gesagten noch das Interesse der Verbraucher, dann erlaubt Art. 100 eine Angleichung des Rechts der Produkthaftung in der Gemeinschaft.

b) Richtlinienvorschlag vom 5. 1. 1977[41] *betreffend den Verbraucherschutz bei außerhalb von Geschäftsräumen abgeschlossenen Verträgen*

Die Kommission hat in ihren Erwägungsgründen dargelegt, daß die in Frage stehenden Verträge und Verpflichtungserklärungen in den einzelnen Staaten bereits durch Rechtsvorschriften geregelt sind und daß die Unterschiede sich auf das Funktionieren des Gemeinsamen Marktes auswirken. Deshalb sei eine Rechtsangleichung gemäß Art. 100 erforderlich.

Der Entwurf erfaßt nicht nur die klassischen Haustürgeschäfte, bei denen ein unangemeldeter Vertreter den Kunden aufsucht und in einigen Fällen zu überrumpeln versucht[42]. Er trägt der Entwicklung Rechnung, daß sich inzwischen eine große Anzahl von Formen des Verkaufs außerhalb von Geschäften herausgebildet hat, sei es der Vertreterbesuch nach Einladung, die Bestellung per Katalog oder die Teilnahme an Verkaufsveranstaltungen, die entweder als kleine Parties oder im Zusammenhang mit sogenannten Kaffee- und Butterfahrten angeboten werden. Sehr viele, große und kleine, seriöse und unseriöse Firmen bedienen sich dieses Vertriebswegs und vertreiben alle Arten von Produkten. Worin könnte die Beeinträchtigung des Gemeinsamen Marktes durch die Unterschiede der nationalen Rechtsvorschriften bestehen?

Eine Behinderung des freien Warenverkehrs scheidet aus den bereits bei der Erörterung der Produkthaftung genannten Gründen aus. Es fehlt an der erforderlichen unmittelbaren Kausalität, weil allein unterschiedliche Kostenbelastungen in Betracht kommen.

Allerdings könnte eine Behinderung des freien Wettbewerbs zu bejahen sein. Besonders strenge Bestimmungen in einem bestimmten Land (z. B. Dänemark) verpflichten Unternehmen, die ihre Produkte zu einem größeren Teil in diesem Staat absetzen, zu einer besonderen Wachsamkeit. Das erfordert einen besonderen Verwaltungsaufwand. Er ist höher als bei den Firmen, die ihre Waren nur zu einem geringeren Teil dort vertreiben. Da schließlich nicht wenige Unternehmen

---

[41] ABL C 22/77, geändert am 11. 1. 1978, ABL C 127/78.

[42] Siehe Artikel 2 a des Richtlinienvorschlags.

ihre Produkte in mehreren Mitgliedsländern vertreiben, bestehen unterschiedliche Kostenbelastungen, die den Wettbewerb behindern. Hinzukommt, daß in Grenzgebieten häufig Kaffeefahrten mit Verkaufsveranstaltungen in ein Nachbarland unternommen werden, in dem weniger strenge Vorschriften herrschen. Schließlich ist erneut darauf hinzuweisen, daß eine Angleichung der Bestimmungen über „Haustürgeschäfte" im weiten Sinn der Schaffung gleicher rechtlicher Rahmenbedingungen für die wirtschaftliche Tätigkeit im Gemeinsamen Markt dient.

Zieht man dazu das im vorliegenden Fall in besonderem Maß vorhandene Interesse der Verbraucher an einem hinreichenden Schutz gegenüber mißbräuchlichen Praktiken hinzu, ist auch der vorliegende Richtlinienentwurf als von Art. 100 gedeckt anzusehen.

c) Richtlinienvorschlag vom 27. 2. 1978 zur Angleichung der Rechts- und Verwaltungsvorschriften der Mitgliedstaaten über irreführende und unlautere Werbung[43]

Die Kommission rechtfertigt ihren Vorschlag zur Rechtsangleichung in den Erwägungsgründen mit drei Argumenten:

— Zum einen weist sie darauf hin, daß Werbung heute in großem Umfang über die Grenzen eines Landes hinausreiche und sich eine irreführende und unlautere Werbung deshalb unmittelbar auf den Gemeinsamen Markt auswirke.

— Zum anderen führt die Kommission aus, daß das Ziel der Schaffung eines Systems zur Verhinderung von Wettbewerbsverfälschungen durch irreführende und unlautere Werbung in Gefahr geraten könne.

— Schließlich verhindern ihrer Ansicht nach unterschiedliche Rechtsvorschriften auf diesem Gebiet die Durchführung von grenzüberschreitenden Werbekampagnen.

Gedanken des Verbraucherschutzes spielen bei diesem Richtlinienentwurf eine ganz erhebliche Rolle[44]. Durch seine Verwirklichung soll ein wichtiger Schritt hin zur Errichtung des Gemeinsamen Marktes für Anbieter und Nachfrager gemacht werden[45]. An dieser Stelle sollen jedoch vorrangig die Auswirkungen der erheblichen Unterschiede[46]

---

[43] ABL C 70/78, geändert am 5. 7. 1979, ABL C 194/79.

[44] *Schricker*, FS Zweigert, S. 537 (548 ff.); *Ulmer*, Unlauterer Wettbewerb, GRUR Int. 1973, S. 135 (137 f.).

[45] Siehe dazu: *Kennet*-Bericht, S. 14 f.

[46] *Schricker*, FS Zweigert, S. 537 (548).

der nationalen Bestimmungen auf eine der Freiheiten des Gemeinsamen Marktes oder den Wettbewerb der Anbieter untersucht werden.

In ihrem dritten Motiv beklagt die Kommission, daß die Durchführung grenzüberschreitender Werbekampagnen verhindert und so der freie Warenverkehr und die Dienstleistungsfreiheit beeinträchtigt würden. Derartigen Werbekampagnen werden eher die Unterschiede von Sprache, Kultur, Geschmack und Verbrauchergewohnheiten entgegenstehen als die von Rechtsvorschriften. Abgesehen davon verursachen die divergierenden nationalen Vorschriften keine unmittelbar kausale, sondern allein eine mittelbar kausale Behinderung für den freien Dienstleistungs- und Warenverkehr.

Es bleibt jedoch zu untersuchen, ob die Unterschiede der nationalen Vorschriften hinsichtlich der irreführenden und unlauteren Werbung den Wettbewerb im Gemeinsamen Markt behindern. Namentlich große Firmen verfolgen in ihrer Werbung in verschiedenen Ländern trotz aller Rücksichtnahme auf die Besonderheiten nationaler Märkte gerne eine einheitliche Grundstrategie, sofern ihnen die rechtlichen Bestimmungen das erlauben[47]. Die Regelungen betreffend die irreführende und unlautere Werbung sind in diesem Zusammenhang von besonderer Bedeutung. Wird die einheitliche Grundstrategie ihretwegen vereitelt, dann verursachen die erforderlichen Anpassungen auch an die rechtlichen Bedingungen eines Marktes zusätzliche Kosten, die den Wettbewerb behindern[48]. Zu einem geringen Teil überschreitet Werbung heute bereits Grenzen[49]. In erster Linie muß hier an die Fernseh- und Rundfunkwerbung gedacht werden, die in Grenzgebieten auch von ausländischen Personen empfangen wird[50]. Der Anteil der grenzüberschreitenden Werbung wird in der Zukunft, etwa durch die Inbetriebnahme von Rundfunksatelliten, erheblich zunehmen[51]. Diese Einsicht kann ein präventives Tätigwerden der Gemeinschaft rechtfertigen, wenn dadurch die Entstehung weiterer Wettbewerbsbehinderungen, bzw. ihre Verschärfung droht. Das allerdings erscheint fraglich, denn auch die Anbieter eines Landes mit strengen Rechtsvorschriften sind in der Lage, sich wie ihre Konkurrenten der grenzüberschreitenden Werbungsmethoden zu dem Nachbarland mit weniger strengen Bestimmungen zu bedienen. Allerdings können sich psychologische Barrieren ergeben. mit Mitteln zu werben, die im eigenen Land verpönt sind[52]. Sie rufen

---

[47] Siehe dazu: *Schricker*, FS Zweigert, S. 537 (553).

[48] *Close*, ELR 3 (1978), S. 461 (473).

[49] Der *Kennet*-Bericht spricht von 5 %.

[50] *Ulmer*, Unlauterer Wettbewerb, GRUR Int. 1973, S. 135 (137).

[51] *Geurtsen*, im Anhang zum *Kennet*-Bericht, S. 18 (20); siehe dazu auch: *Close*, ELR 3 (1978), S. 461 (473).

[52] *Schricker*, FS Zweigert, S. 537 (553); *Kennet*-Bericht, S. 14.

eine, wenngleich nicht leicht in Zahlen feststellbare Wettbewerbsbehinderung hervor. Die Unkenntnis über die tatsächlichen Unterschiede des Rechts der irreführenden und unlauteren Werbung im Einzelfall sind weiterhin dazu geeignet, einen Anbieter zu verleiten, guten Glaubens im Nachbarland Werbung mit Mitteln zu betreiben, die dort unzulässig sind[53].

Schließlich bleibt zu erörtern, ob es nicht notwendigerweise zu einem einheitlichen und transparenten Binnenmarkt gehört, daß in ihm auch einheitliche Bestimmungen über die irreführende und unlautere Werbung existieren, ohne daß es im Einzelfall immer eines konkreten Nachweises einer Beeinträchtigung des Wettbewerbs bedarf[54]. Zu den einheitlichen rechtlichen Rahmenbedingungen für die wirtschaftliche Tätigkeit, die den Gemeinsamen Markt auszeichnen, gehören auch die Bedingungen, unter denen für ein auf dem Markt angebotenes Produkt geworben werden darf.

Bei Beachtung aller genannten Argumente ist eine Angleichung des Rechts der irreführenden und unlauteren Werbung im Gemeinsamen Markt gemäß Art. 100 als zulässig anzusehen.

d) Richtlinienvorschlag vom 21. 2. 1979 zur Angleichung der Rechts- und Verwaltungsvorschriften der Mitgliedstaaten über den Verbraucherkredit[55]

Die Kommission begründet die Erforderlichkeit einer Angleichung dieser Bestimmungen damit, daß ihre Unterschiedlichkeit[56] zu einem unterschiedlichen Maß an Verbraucherschutz innerhalb der Europäischen Gemeinschaft führe. Es ist offensichtlich, daß gerade die Vorschriften über den Verbraucherkredit für die Verbraucher von besonderem Interesse sind. Ihre Schutzlosigkeit ergibt sich insbesondere daraus, daß auf diesem Teil des Kreditmarktes neben den Banken viele private und teilweise unseriöse Institute tätig werden, welche die Unkenntnis ihrer Klienten auszunutzen versuchen. Hinzu kommt, daß gerade bei Konsumgütern die Händler häufig in einer engen Verbindung mit einem Kreditgeber stehen oder gar selbst Kredite vergeben und Kauf- und Kreditvertrag miteinander verkoppelt werden. Im Gemeinsamen Markt

---

[53] *Ulmer*, Unlauterer Wettbewerb, GRUR Int. 1973, S. 135 (137).

[54] Zu der Frage, inwieweit der Nachweis konkreter Behinderungen immer möglich ist, siehe: *Schricker*, FS Zweigert, S. 537 (553 f.).

[55] ABL C 80/79.

[56] Siehe dazu die Angaben der Kommission bei Vorlage des Entwurfs am 7. 3. 1979: KOM (79) 69 endg. Auf die Kritik an diesen Angaben im *Prout*-Bericht, S. 7 hat die Kommission in ihrer Erwiderung DOK.PE 67 867 v. 9. 10. 1980 Teile der Studie von *Reich* und *Micklitz* abgedruckt, S. 19 ff.; *Reich*/*Micklitz*, Verbraucherschutzrecht in den EWG-Staaten, New York 1980—1982.

der Anbieter und Nachfrager ist die besondere Schutzbedürftigkeit der Verbraucher beim Abschluß von Kreditverträgen ein gewichtiges Argument für die Rechtsangleichung, wenn darüberhinaus eine Beeinträchtigung einer der Freiheiten oder des Wettbewerbs zu bejahen ist.

Hierzu meint die Kommission, daß die Rechtsunterschiede es dem Verbraucher erschweren, einen Konsumentenkredit aufzunehmen und dadurch Umfang und Art der Kredite sowie der Erwerb von Gütern und Leistungen betroffen würden. Diese führe zu einer Beeinträchtigung des freien Waren- und Dienstleistungsverkehrs auf Kreditbasis. Jedoch kann in diesem Zusammenhang nicht von einer unmittelbar kausalen, sondern allenfalls von einer mittelbaren Auswirkung die Rede sein, die indessen zur Begründung einer Rechtsangleichung nicht hinreichend ist[57].

Allerdings könnte eine Behinderung des Wettbewerbs der Kreditgeber aufgrund der unterschiedlichen Rechtsvorschriften zu bejahen sein. Größere Kreditinstitute, die nicht nur in einem Land tätig sind, werden eine Mischkalkulation erstellen. Je nach ihrem Anteil auf dem Konsumentenkreditmarkt eines Landes mit strengeren Bestimmungen haben sie höhere Belastungen als ihre Konkurrenten. In Grenzgebieten[58] können Konsumentenkreditgeber Kunden aus dem Nachbarland mit auf den ersten Blick günstigen Angeboten werben, indem sie die schlechtere rechtliche Stellung der Kreditnehmer aufgrund der Vorschriften in ihrem Land verschleiern. Oftmals werden Verbraucher auch das Nachbarland aufsuchen, um dort wegen der günstigen Preise oder des größeren Angebots Waren einzukaufen. Benötigen sie dazu einen Kredit, werden sie häufig den Kreditvertrag an Ort und Stelle abschließen, ohne ernsthaft andere Angebote zu prüfen. Die vielfach anzutreffende enge Verknüpfung von Kauf- und Kreditvertrag, etwa durch Kreditbüros im Kaufhaus oder durch Abmachung zwischen Händler und Kreditinstitut tut dazu ihr übriges. All dies läßt eine Beeinträchtigung des Wettbewerbs der Konsumentenkreditgeber wegen der Unterschiedlichkeit der in den einzelnen Ländern geltenden Regeln als sehr wahrscheinlich erscheinen.

Die Kommission macht schließlich geltend, daß die genannten Rechtsunterschiede die Einführung eines Systems gefährden können, das eine Verfälschung des Wettbewerbs der Kreditgeber auf dem Gemeinsamen Markt verhindern soll. Hier kommt erneut der bereits mehrfach betonte Gedanke zum Tragen, daß der einheitliche Binnenmarkt für seine

---

57 A. A. die Kommission in ihrer Erwiderung auf den *Prout*-Bericht, Dok PE 67 867 v. 8. 10. 1980, S. 13.

58 Darauf stellt in besonderem Maß die Kommission in ihrer Erwiderung auf die Kritik im *Prout*-Bericht, S. 7 f. ab: Dok PE 67 867 v. 8. 10. 1980, S. 9.

Verwirklichung die Schaffung gleicher rechtlicher Rahmenbedingungen für die wirtschaftliche Tätigkeit erfordert. Die Regeln bezüglich der Vergabe von Krediten sind von wesentlicher Bedeutung für die Wirtschaft. In diesem Sinn ist der Richtlinienvorschlag zur Angleichung der Regelung über den Verbraucherkredit als ein Schritt in Richtung auf die Schaffung eines europäischen Kreditmarktes zu werten, auf dem ein ungehinderter Wettbewerb gewährleistet werden soll[59].

Insgesamt gesehen ist auch der Richtlinienvorschlag über den Verbraucherkredit von Art. 100 gedeckt.

e) Richtlinienvorschlag vom 25. 11. 1980 zur Angleichung des Markenrechts der Mitgliedstaaten[60]

Dieser Entwurf, der im Zusammenhang mit Bemühungen der Gemeinschaft zur Schaffung einer Gemeinschaftsmarke zu sehen ist[61], ist wie die anderen genannten Vorschläge auf Art. 100 gestützt.

Die Kommission weist darauf hin, daß die bestehenden Unterschiede der einzelstaatlichen gesetzlichen Regelungen den freien Warenverkehr und die Dienstleistungsfreiheit im Gemeinsamen Markt beeinträchtigen. In den einzelnen Ländern gelten unterschiedliche Grundsätze hinsichtlich der Verwechslungsfähigkeit von Zeichen und der Gleichartigkeit von Waren. Bei einem grenzüberschreitenden Warenverkehr entstehen hierbei leicht erhebliche Behinderungen. Deshalb ist eine Rechtsangleichung notwendig[62].

f) Ergebnis

Alle Richtlinienvorschläge, mit denen in Erfüllung des Verbraucherschutzprogrammes die wirtschaftlichen Interessen der Verbraucher geschützt werden sollen, können auf Art. 100 gestützt werden. Die Verwirklichung dieser Vorhaben ist nicht allein aus Gründen des Verbraucherschutzes erforderlich.

---

[59] Kritisch hierzu der *Prout*-Bericht, S. 7; dagegen die Kommission in Dok PE 67 867, S. 10 f.; sie stellt dabei auch einen Zusammenhang zu RL 77/789, ABL L 322/77 her.

[60] ABL C 351/80, S. 1.

[61] ABL C 351/80, S. 5.

[62] Siehe dazu auch: *Schwartz*, Markenrecht, GRUR Int. 1981, S. 1 (1, 7).

3. Systematisierung der Richtlinien nach Kompetenznormen

Die Harmonisierung auf dem Gebiet des Verbraucherschutzes kann in gleicher Weise wie das Umweltschutzrecht[63] nicht nur nach Sachbereichen, sondern auch nach Kompetenznormen systematisiert werden.

a) *Spezialnormen der Rechtsangleichung/Angleichungsvorschriften im Bereich der gemeinsamen Politiken*

Allein auf eine dieser Spezialnormen und nicht zumindest auch auf Art. 100 ist bislang noch keine Richtlinie gestützt worden.

b) *Angleichungsvorschriften im Bereich der gemeinsamen Politiken i. V. m. Art. 100 bzw. Art. 235*

Allerdings basieren einige Richtlinien sowohl auf Art. 43 als auch auf Art. 100[64]. Diese Vorgehensweise spiegelt die wachsende Tendenz zur Doppelabstützung einer Richtlinie in der EWG wider. Dabei hätte beispielsweise die RL 81/602 durchaus allein auf Art. 43 gestützt werden können. Die Heranziehung des Art. 235 anstelle des Art. 100 erscheint möglich, wenn Grenzbereiche der gemeinschaftlichen Tätigkeit erreicht werden. Dies ist jedoch bisher noch nicht geschehen.

c) *Art. 100 bzw. Art. 235*

Überwiegend werden die Verbraucherschutzrichtlinien auf Art. 100 allein gestützt[65]. In allen Fällen waren Behinderungen des freien Warenverkehrs der Anstoß zu der vorgenommenen Rechtsangleichung. Demgegenüber ist keine Richtlinie ausschließlich auf Art. 235 gestützt worden.

Eine Doppelabstützung auf beide Artikel zusammen ist bei den verabschiedeten Richtlinien auf dem Gebiet des Verbraucherschutzes im Gegensatz zu den Richtlinien zur Angleichung des Umweltschutzrechtes nicht festzustellen. Nicht anders ist die Situation bei den Richtlinien-

---

[63] *Offermann-Clas*, Umweltschutz, ZfU 1983, S. 47 (60—62); vgl. auch Abschnitt C. III. 7.

[64] Z. B. RL 76/621 v. 20. 7. 1976, ABL L 202/76; RL 76/895 v. 23. 11. 1976, ABL L 340/76; RL 81/602 v. 31. 7. 1981, ABL L 222/81.

[65] Z. B.: RL vom 23. 10. 1962, ABL 115/62, S. 2645/62; RL 64/54 vom 5. 11. 1963, ABL 12/64, S. 161/164; RL 70/357 vom 13. 7. 1970, ABL L 157/70; RL 74/329 vom 18. 6. 1974, ABL L 189/74; RL 76/893 vom 23. 11. 1976, ABL L 340/76; RL 78/142 vom 30. 1. 1978, ABL L 44/78; RL 77/94 vom 21. 12. 1976, ABL L 26/77; RL 76/768 vom 27. 7. 1976, ABL L 262/76; RL 67/548 vom 27. 6. 1967, ABL L 196/67; RL 73/173 vom 4. 6. 1973, ABL L 189/73; RL 76/769 vom 27. 7. 1976, ABL L 262/76; RL 77/728 vom 7. 11. 1977, ABL L 303/77; RL 78/631 vom 26. 6. 1978, ABL L 206/78; RL 71/307 vom 26. 7. 1971, ABL L 185/71; RL 75/106 vom 29. 12. 1974, ABL L 42/75; RL 76/211 vom 20. 1. 1976, ABL L 46/76; RL 79/112 vom 18. 12. 1978, ABL L 33/79.

vorschlägen, welche den Schutz der wirtschaftlichen Interessen der Verbraucher zum Gegenstand haben. Die Richtlinienentwürfe über das Recht der Produzentenhaftung[66], Haustürgeschäfte[67], irreführende und unlautere Werbung[68] sowie den Verbraucherkredit[69] sind allesamt nur auf Art. 100 gestützt.

III. Umweltschutz

Das Ansteigen der Bedeutung des Umweltschutzes in der Politik der Mitgliedstaaten seit Beginn der siebziger Jahre konnte auf die Tätigkeit der Europäischen Wirtschaftsgemeinschaft nicht lange ohne Einfluß bleiben. In diesem Sinn sind das Aktionsprogramm der Europäischen Gemeinschaften für den Umweltschutz vom 22. 11. 1973[70] und seine Fortschreibung vom 17. 5. 1977[71] zunächst einmal Ausdruck des dynamischen Charakters des EWG-Vertrages, der neue Prioritäten in der Politik durchaus aufnehmen kann, solange der Charakter der Wirtschaftsgemeinschaft nicht verändert wird[72].

Aktionen in diesem Bereich und damit auch die Angleichung des Umweltschutzrechtes stehen somit nicht automatisch außerhalb des Rahmens des Vertrages, auch wenn dieser den Umweltschutz nicht ausdrücklich zu den Aufgaben der Gemeinschaft zählt[73]. Eine Abwägung kann immer nur im Einzelfall erfolgen.

Zum Umweltschutzrecht zählen heute die Bereiche Gewässerschutz, Luftreinhaltung, Lärmbekämpfung, Abfallrecht, der Schutz von Fauna und Flora, der Schutz des Raumes sowie die Regelungen hinsichtlich der Umweltchemikalien[74]. Die im Bereich „Umweltchemikalien" zu nennenden Richtlinien sind bereits unter Punkt II., Verbraucherschutz, im Rahmen der Richtlinien hinsichtlich „gefährlicher Stoffe" aufgezählt

---

[66] ABL C 271/79.

[67] ABL C 22/77 und ABL C 127/78.

[68] ABL C 70/78 und ABL C 194/79.

[69] ABL C 80/79.

[70] ABL C 112/73.

[71] ABL C 139/77.

[72] Siehe dazu die Ausführungen unter A. III. 7.

[73] *Steiger*, Europarechtliche Grundlagen, in: Salzwedel, S. 65.

Allgemein zur Umweltpolitik der EWG: *Krämer* in: G-B-Th, 3. Aufl., Umweltpolitik, RN 44 ff.; *Offermann-Clas*, Umweltschutz, ZfU 1983, S. 47 ff.

[74] In diesem Sinn das erste und zweite Umweltschutzprogramm der EG, und die Aufstellung des Standes der Integration in „Europa heute" 1980—81; *Offermann-Clas*, Abfallrecht, DVBl 1981, S. 1125; ähnlich *Mastellone*, ICLQ 30 (1981), S. 104 (109 f.); weitergehend: *Lukes*, RTW 2 (1975), S. 151 f.

Allgemein zur Bestimmung des Begriffs Umweltschutzrecht: *Steiger*, Begriff des Umweltrechts, in: Salzwedel, S. 1 ff.; *Sendler*, JuS 1983, S. 255 ff.

worden. Zum Schutz von Fauna und Flora ist bisher eine Richtlinie ergangen, die RL 79/409[75] zur Erhaltung der wildlebenden Vogelarten. Sie wurde auf Artikel 235 gestützt und spielt daher hier keine Rolle. In den verbleibenden Teilgebieten Gewässerschutz, Luftreinhaltung, Lärmbekämpfung, Abfälle und Schutz des Raumes sind insgesamt 26 Hauptrichtlinien und 14 Richtlinienvorschläge ausschließlich oder teilweise auf Art. 100 gestützt worden. Sie gilt es zu untersuchen. Art. 100 ist damit die bedeutendste Ermächtigungsgrundlage für die Angleichung des Umweltschutzrechtes[76]. Trotz ihres weiten Rahmens wird sie vielfach als doch nicht ausreichend für alle Initiativen angesehen. Insbesondere wird eine starke Heranziehung des Art. 235 oder eine Vertragsänderung gemäß Art. 236 als wünschenswert angesehen[77].

1. Gewässerschutz

Bei der Harmonisierung des Wasserrechts geht die Europäische Gemeinschaft nach zwei Methoden vor. Zum einen werden Qualitätsanforderungen für Gewässer festgelegt, die in einer bestimmten Art und Weise genutzt werden, d. h. die Richtlinien enthalten Immissionsnormen[78]. Andere Richtlinien begrenzen die zulässige Einleitung bestimmter umweltgefährdender Stoffe in die Gewässer der Gemeinschaft. Es werden also Emissionsnormen oder sowohl Emissions- als auch Immissionsnormen festgegelegt[79].

Die unterschiedliche Vorgehensweise ist wegen der praktischen Erfordernisse des Umweltschutzes zu rechtfertigen. Bei bestimmten Gewässern sind nicht nur besonders strenge Schutzbestimmungen erforderlich, sondern ein wirksamer Umweltschutz wird nur dann gewährleistet, wenn eine umfassende Regelung des erforderlichen Zustandes dieses Gewässers getroffen wird. Dieses Ziel kann durch die Verabschiedung von immer neuen Emissionsnormen nur schwer erreicht werden, weil es dabei immer nur auf bestimmte gefährliche Stoffe ankommt. Die Sicherung von besonders schutzwürdigen Gewässern ergäbe sich dann bestenfalls als Folge einer langdauernden und umfassenden Angleichungstätigkeit, die praktisch alle gefährlichen Stoffe

---

[75] ABL L 103/79.

[76] *v. Moltke*, ZfU 1979, S. 77 (80 f.); *Scheuer*, Aspects juridiques, RMC 1975 S. 441 (453 f.).

[77] Siehe dazu: *Grabitz/Sasse*, S. 83 ff.; *Riegel*, Umfassende Kompetenz, EuR 1977, S. 74 (78 ff.); *derselbe*, Umweltschutzaktivitäten, DVBl 1977, S. 82 (82 f.); *Vygen*, ZRP 1974, S. 58 (59 ff., insbes. S. 61); *Offermann-Clas*, Abfallrecht DVBl 1981, S. 1125 (1126).

[78] *Scheuer*, Aktuelle Probleme, ZfU 1982, S. 65 (67—69); *Krämer* in: G-B-Th, 3. Aufl., Umweltpolitik, RN 14.

[79] *Scheuer*, Aktuelle Probleme, ZfU 1982, S. 65 (69—72).

erfaßt. Selbst dann wäre es allerdings fraglich, ob den besonderen Bedürfnissen eines Gewässers Rechnung getragen würde.

a) *RL 73/404 vom 22. 11. 1973, ABL L 347/73 über die Angleichung der Rechtsvorschriften über Detergentien*[80]

Diese Richtlinie muß im Rahmen der Angleichung des Wasserrechts erörtert werden, weil Detergentien[81] vor allem eine Verunreinigung von Gewässern hervorrufen. Im Gegensatz zu anderen Richtlinien und Richtlinienvorschlägen auf diesem Gebiet ist hier die Einschlägigkeit des Art. 100 nicht umstritten, weil die in den Erwägungsgründen beklagten unterschiedlichen Anforderungen an die Gewährleistung der biologischen Abbaubarkeit grenzflächenaktiver Substanzen in den einzelnen Mitgliedstaaten ein Hemmnis für den freien Warenverkehr darstellen.

b) *RL 75/440 vom 16. 6. 1975, ABL L 194/75 über die Qualitätsanforderungen an Oberflächenwässer für die Trinkwassergewinnung in den Mitgliedstaaten*[82]

Im Gegensatz zu der obigen Regelung war bei dieser Richtlinie die Anwendbarkeit des Art. 100 immer umstritten. Die Gemeinschaftsorgane haben selbst zu erkennen gegeben, daß mit dieser Richtlinie der Grenzbereich gemeinschaftlicher Kompetenz erreicht wurde, indem sie die Regelung neben Art. 100 auch auf Art. 235 stützten. Der Richtlinienvorschlag der Kommission war sogar ausschließlich auf Art. 235 gestützt[83].

Gegen die Anwendbarkeit von Art. 100 könnte sprechen, daß in der Richtlinie lediglich bestimmte Qualitätsanforderungen festgelegt wurden, die den freien Warenverkehr nicht unmittelbar beeinträchtigen[84]. Trotzdem kann nach der hier[85] vertretenen Ansicht immer noch eine Wettbewerbsbehinderung vorliegen. Entsprechend äußert sich der Rat in den Erwägungsgründen.

---

[80] Ergänzt durch RL 73/405, ABL L 347/73; geändert durch RL 82/242 ABL L 109/82 vom 22. 4. 1982.

[81] Gemäß Art. 1 der Richtlinie handelt es sich dabei um Erzeugnisse, deren Zusammensetzung speziell auf das Zusammenwirken von Reinigungsvorgängen abgestellt ist.

[82] Gemäß Art. 1 der Richtlinie handelt es sich dabei um Erzeugnisse, deren Zusammensetzung speziell auf das Zusammenwirken von Reinigungsvorgängen abgestellt ist.

[83] Meßmethoden und Häufigkeit der Analysen sind in RL 79/869 vom 9. 10. 1979, ABL L 271/79 geregelt.
Näher zu dieser Richtlinie: *Scheuer*, Aktuelle Probleme, ZfU 1982, S. 65 (67 f).

[84] *Lukes*, RTW 2 (1975), S. 151 (167).

[85] Siehe oben unter A. IV. 2.

Gemäß Art. 1 II der Richtlinie ist Trinkwasser das für den menschlichen Verbrauch bestimmte, und über Verteilernetze für die Allgemeinheit gelieferte Oberflächenwasser. Die besondere Betonung der Trinkwassergewinnung deutet darauf hin, daß die Richtlinie für Wasserwerke bedeutsam ist. Unterschiedliche Anforderungen an den Zustand von Oberflächengewässern in den einzelnen Staaten erlegen den Wasserwerken unterschiedliche Anstrengungen auf, um Trinkwasser zu liefern. Die daraus resultierende unterschiedliche Kostenbelastung könnte zu Wettbewerbsbehinderungen führen.

An einen Wettbewerb zwischen Wasserwerken kann dabei nicht gedacht werden, da diese immer nur einen lokal begrenzten Abnehmerkreis haben und dort eine Monopolstellung besitzen. Eine Wettbewerbsbehinderung kann folglich nur darin bestehen, daß Industrieunternehmen, die Trinkwasser benötigen, dafür unterschiedliche Preise bezahlen müssen, die einige von ihnen im Wettbewerb benachteiligen. Dabei haben die Belastungen außer Betracht zu bleiben, die aufgrund natürlicher Unterschiede der Gewässer bestehen, da der Gemeinsame Markt nur künstliche Wettbewerbsunterschiede beseitigen will. Unterschiedliche Kostenbelastungen und damit Wettbewerbsbehinderungen entstehen auch dann, wenn die nationalen Vorschriften über die Trinkwassergewinnung in unterschiedlichem Maß die Einleitung von Schadstoffen in Oberflächengewässer zulassen. In diesem Fall ergeben sich Berührungspunkte zwischen der Rechtsangleichung durch Setzung eines europäischen Qualitätsstandards und der Harmonisierung durch den Erlaß von Emissionsnormen.

Wegen der beschriebenen Wettbewerbsbehinderung konnte die Richtlinie auf Art. 100 gestützt werden. Trotzdem bleibt das Verhältnis zwischen Art. 100 und Art. 235 unklar. Der Text enthält keine Anhaltspunkte dafür, welche Ermächtigungsgrundlage hinter die andere zurücktritt[86]. Es wäre zu begrüßen gewesen, wenn der Rat die unterschiedliche Bedeutung der beiden Vorschriften klarer gestellt hätte.

c) *RL 76/160 vom 8. 12. 1975, ABL L 31/76 über die Qualität von Badegewässern*

Die sogenannte Badegewässerrichtlinie ist ebenso wie die RL 75/440 auf scharfe Kritik und Ablehnung gestoßen[87]. In den Erwägungen zu Beginn der Richtlinie wird nur in allgemeiner Form die Beeinträchti-

---

[86] Siehe dazu: *Zuleeg*, Wasserrecht, ZS f. Wasserrecht 1975, S. 133 (134—136), der die Richtlinie ausschließlich auf Art. 235 stützen will. Kritisch hinsichtlich der Neigung zu einer undifferenzierten Doppelabstützung auch: *Offermann-Clas*, Umweltschutz, ZfU 1983, S. 47 (64).

[87] Select Committee, S. 8; *Lukes*, RTW 2 (1975), S. 151 (167); siehe auch: *Zuleeg*, Wasserrecht, ZS für Wasserrecht 1975, S. 133 (134—136).

gung des Gemeinsamen Marktes geltend gemacht, die eine Rechtsangleichung gemäß Art. 100 und Art. 235 erfordere.

Unterschiedliche Kostenbelastungen und damit Wettbewerbsbehinderungen liegen vor, wenn die Unternehmen in unterschiedlichem Maße Schadstoffe in Badegewässer einleiten dürfen. Sie werden beseitigt, wenn alle Mitgliedstaaten in Erfüllung der sich aus der Richtlinie ergebenden Verpflichtung den in ihren Ländern ansässigen Firmen die gleichen Auflagen bezüglich der zulässigen Einleitung von Schadstoffen in Badegewässer machen.

Darüberhinaus besteht eine Auswirkung auf den Wettbewerb in der Touristikbranche, wenn die Badegewässer einen unterschiedlichen Sauberkeitsgrad aufweisen[88]. Angesichts des gesteigerten Umweltbewußtseins vieler Menschen übt der Zustand der Badegewässer einen erheblichen Einfluß auf ihre Urlaubsentscheidung aus und ist vielfach ausschlaggebend. Der konkrete Nachweis über das Ausmaß der Wettbewerbsbeeinträchtigung ist in diesem Fall nicht sehr schwer zu führen, wenn man den Besucherrückgang in bestimmten Urlaubsgebieten heranzieht, über deren Küstenmeerverschmutzung in der Presse berichtet wurde. Daneben müssen nur die Zahlen über die Zunahme von Besuchern in vergleichbaren Gebieten mit einer besseren Kritik gestellt werden.

Die RL 76/160 konnte somit auf Art. 100 gestützt werden. Die Vorschrift führt neben Art. 235 als weiterer Ermächtigungsgrundlage kein bloßes Schattendasein.

d) *RL 76/464 vom 4. 5. 1976, ABL L 129/76 betreffend die Verschmutzung infolge der Ableitung bestimmter gefährlicher Stoffe in die Gewässer der EG*[89]

Bei dieser Richtlinie kann die Wettbewerbsbehinderung aufgrund unterschiedlicher nationaler Bestimmungen und damit die Anwendbarkeit des Art. 100 als Ermächtigungsgrundlage neben Art. 235 leichter nachgewiesen werden als in den bisher erörterten Richtlinien. Man muß sich nur die erheblichen Kosten[90] vor Augen halten, die für Unternehmen entstehen, welche aufgrund strengerer nationaler Umweltschutzgesetze Kläranlagen u. ä. einrichten müssen. Diese Kosten beeinträchtigen ihre Wettbewerbsfähigkeit im Verhältnis zu Konkurrenten aus Ländern mit weniger scharfen Regelungen.

---

[88] Darauf weist das EP in seiner Stellungnahme besonders hin, ABL C 128/75.

[89] Dazu: *Scheuer*, Aktuelle Probleme, ZfU 1982, S. 65 (69—71); *Riegel*, Umweltschutzaktivitäten, DVBl 1977, S. 82 (85 ff.).

[90] Zu den Kosten des Umweltschutzes siehe: *Close*, ELR 3 (1978), S. 461 (468 ff.); *Lukes*, RTW 2 (1975), S. 151 (169 f.).

e) Im Zusammenhang mit der *RL 76/464 ist die RL 80/68*[91] *vom 17. 12. 1979 betreffend den Schutz des Grundwassers gegen die Verschmutzung durch bestimmte gefährliche Stoffe* zu sehen.

Art. 4 der RL 76/464 sah bereits den Erlaß einer besonderen Richtlinie für das Grundwasser vor.

f) Die Rahmenrichtlinie 76/464 wurde erstmals durch die *RL 82/176 vom 22. 3. 1982, ABL L 81/82* betreffend die Grenzwerte für die Ableitungen von Quecksilber in die Gewässer durch den Industriesektor Alkalichloridelektrolyse angewandt[92].

g) *RL 78/659 vom 18. 7. 1978, ABL L 222/78 über die Qualität des Süßwassers, das schutz- oder verbesserungswürdig ist, um das Leben von Fischen zu erhalten*

In den Erwägungsgründen zu dieser Richtlinie, als deren Ermächtigungsgrundlage Art. 100 und Art. 235 angegeben sind, wird darauf hingewiesen, daß „Unterschiede zwischen den Rechtsvorschriften, die in den einzelnen Mitgliedstaaten in bezug auf die Qualität von Süßwasser zur Erhaltung des Fischlebens ... zu unterschiedlichen Wettbewerbsbedingungen führen (können)". Hierbei ist an besondere Kostenbelastungen für Industriefirmen zu denken, die bei der Einleitung von Abwässern in Flüsse strengere Bestimmungen zu beachten haben als ihre Konkurrenten aus anderen Ländern.

Daneben sind die Auswirkungen auf den Wettbewerb von Fischern und Fischfirmen zu beachten. Neben dem schlechten Ruf, den Fische aus stark verschmutzten Flüssen genießen und die den Verkauf erschweren, kommen zusätzliche Kosten für die Entgiftung von Fischen[93] in Betracht. Die Unterschiede zwischen den nationalen Regelungen wirken sich deshalb aus, weil auch die Vermarktung von Süßwasserfischen häufig durch größere Unternehmen erfolgt, die Fische in verschiedenen Ländern kaufen und absetzen. Auch in den Fällen, in denen die Fischer ihren Fang noch selbst verkaufen, findet in Grenzregionen ein grenzüberschreitender Warenverkehr statt.

h) *RL 79/923 vom 30. 10. 1979, ABL L 281/79 betreffend Qualitätsanforderungen an Muschelgewässer*

Bei dieser Richtlinie, die Auf Art. 100 und Art. 235 basiert, können Anmerkungen gemacht werden, die denen zur RL 78/659 entsprechen. Je nachdem, in welchem Umfang die Industrie Abfälle in Küsten-

[91] ABL L 20/80.

[92] Bulletin EG 12/81, S. 45.

[93] Z. B. durch das zeitweilige Aussetzen in Teichen mit klarem Wasser.

gewässer einleiten darf, entstehen unterschiedliche Kostenbelastungen und damit Wettbewerbsbehinderungen. Ein unterschiedlicher Sauberkeitsgrad kann weiterhin den Wettbewerb zwischen Muschelfirmen, die Muschelbänke abbauen, behindern, wenn in einigen Ländern besondere Maßnahmen zur Reinhaltung des die Muschelbänke umgebenden Wassers oder zur Reinigung der Muscheln ergriffen werden müssen und in anderen nicht.

i) *RL 80/777 vom 15. 7. 1980, ABL L 229/80 betreffend die Gewinnung und den Handel mit natürlichen Mineralwassern*

Ermächtigungsgrundlage sind die Art. 100 und Art. 235. Unterschiede zwischen den nationalen Vorschriften hinsichtlich der Anerkennung als natürliches Mineralwasser, hinsichtlich der Nutzung von Heilquellen und hinsichtlich des Handels führen nach Angabe der Erwägungsgründe zu einer Behinderung des freien Warenverkehrs und auch des Wettbewerbs. Die Beseitigung von Handelshemmnissen ist eine originäre Aufgabe der Gemeinschaft. Die Anwendung von Art. 100 ist somit gerechtfertigt.

j) *RL 80/778 vom 15. 7. 1980, ABL L 229/80 betreffend die Qualität von Wasser für den menschlichen Gebrauch*, basierend auf Art. 100 und 235.

Wenn die Wasserwerke eines Landes größere Reinhaltungspflichten haben als die eines anderen, müssen sie das Wasser teurer verkaufen. Dadurch entstehen höhere Kosten für Unternehmen, die ein derartiges Wasser verbrauchen, beispielsweise Limonadenfabriken[94]. Die Richtlinie steht in einem gewissen Bezug zur RL 75/440 über die Qualitätsanforderungen für die Trinkwassergewinnung, auf die auch verwiesen wird. Artikel 4 der Richtlinie grenzt ihren Anwendungsbereich gegenüber der RL 80/777 ab. Somit kann auch bei dieser Richtlinie die Anwendung von Art. 100 gerechtfertigt werden.

Neben den aufgezählten 10 Richtlinien liegen dem Rat derzeit noch 2 Richtlinienvorschläge zum Gewässerschutz vor.

a) *Richtlinienvorschlag, ABL C 99/75 betreffend die Verringerung der Wasserverschmutzung durch Zellstoffabriken*

Die Erforderlichkeit einer Rechtsangleichung gemäß Art. 100 wird mit einer Beeinträchtigung der Wettbewerbsbedingungen durch unterschiedliche nationale Vorschriften betreffend die Schadstoffemission, die von Zellstoffabriken einzuhalten sind, begründet.

---

[94] Siehe auch Artikel 2 der Richtlinie.

Nach einer Studie der Kommission über die durchschnittlich zu erwartenden Kostensteigerungen für die Zellstoffindustrie durch die Annahme dieses Richtlinienvorschlages[95] würden diese sich auf 5—10 % belaufen. Daraus können Rückschlüsse auf die derzeit herrschenden Kostenunterschiede und die daraus resultierenden Wettbewerbsbehinderungen gezogen werden. Die Anwendbarkeit von Art. 100 ist damit hinreichend nachgewiesen[96].

b) *Richtlinienvorschlag, ABL C 146/79 betreffend Grenzwerte für Einleitungen von Aldrin, Dieldrin, Endrin in die Gewässer der Gemeinschaft*[97]

Dieser Vorschlag beabsichtigt eine weitere Anwendung der Rahmenrichtlinie 76/464 und kann deshalb ebenso auf Art. 100 gestützt werden[98].

2. Luftreinhaltung

Ein zweites wichtiges Teilgebiet im Rahmen der Angleichung des Umweltschutzrechts ist die Luftreinhaltung. Bisher wurden Richtlinien erlassen, die sich mit der Emission von Schadstoffen durch Kraftfahrzeuge befassen[99], weitere produktbezogene Richtlinien, in denen ein bestimmter Schadstoffhöchstgehalt festgelegt wurde[100] und schließlich eine Immissionsrichtlinie[101].

a) *RL 70/220 vom 20. 3. 1970, ABL L 76/70 über Maßnahmen bei Luftverunreinigung durch Abgase von bestimmten Kraftfahrzeugmotoren, gestützt auf Art. 100*[102]

Fragen des Umweltschutzes spielten bei Erlaß dieser Richtlinie noch keine Rolle. Sie fanden erst mit der ersten Änderungsrichtlinie Ein-

---

[95] Zitiert bei *Close*, ELR 3 (1978), S. 461 (469).

[96] In diesem Sinn auch *Zuleeg*, Wasserrecht, ZS f. Wasserrecht 1975, S. 133 (135).

[97] Geänderter Vorschlag veröffentlicht in: ABL C 341/80.

[98] Hingewiesen sei noch auf den Richtlinienvorschlag, ABL C 118/81 betreffend Grenzwerte für die Ableitungen von Kadmium in die Gewässer der Gemeinschaft und die Qualitätsziele für die Gewässer, in die Kadmium eingeleitet wird. Es handelt sich um eine weitere Anwendung von RL 76/464. Der Vorschlag stützt sich allerdings nur auf Art. 235, obwohl er auch auf Art. 100 gestützt werden könnte.

[99] RL 70/220; RL 72/306; RL 77/537.

[100] RL 75/716; RL 78/611.

[101] RL 80/779.

[102] Die Richtlinie wurde dreimal geändert: RL 74/290, ABL L 159/74; RL 77/102, ABL L 32/77; RL 78/665, ABL L 223/78. Sie nimmt Bezug auf die Richtlinie vom 6. 2. 1970 zur Angleichung der Rechtsvorschriften der Mitgliedstaaten über die Betriebserlaubnis für Kraftfahrzeuge und Kraftfahrzeuganhänger, ABL L 42/70.

gang in die Argumentation. Nationale Regelungen der betreffenden Materie in Deutschland und Frankreich und daraus resultierende technische Handelshemmnisse haben zu dem Erlaß dieser Richtlinie geführt. Sie ist auch aufgeführt in dem Verzeichnis der Kommission über die Rechtsakte, zur Beseitigung technischer Handelshemmnisse. Die Einschlägigkeit von Art. 100 steht außer Zweifel.

b) *RL 72/306 vom 2. 8. 1972, ABL L 190/72 über Maßnahmen bei Emissionen von verunreinigenden Stoffen aus Dieselmotoren*[103]

Unterschiedliche nationale Vorschriften hinsichtlich der zulässigen Emission von Schadstoffen führten zu technischen Handelshemmnissen. Deshalb war eine Rechtsangleichung gemäß Art. 100 erforderlich. Die Richtlinie ist deshalb auch in der entsprechenden Liste der Kommission über die bisherigen Rechtsakte erwähnt.

c) *RL 75/716 vom 24. 11. 1975, ABL L 307/75 betreffend den Schwefelgehalt bestimmter flüssiger Brennstoffe*

Unterschiedliche Anforderungen in den Mitgliedstaaten hinsichtlich des Höchstgehaltes von Schwefel für flüssigen Brennstoff führten zu einem technischen Handelshemmnis für den freien Warenverkehr. Daraus ergab sich die Notwendigkeit einer Rechtsangleichung gemäß Art. 100.

d) *RL 77/537 vom 28. 6. 1977, ABL L 220/77 betreffend Maßnahmen gegen die Emission verunreinigender Stoffe aus Dieselmotoren zum Antrieb land- und forstwirtschaftlicher Zugmaschinen, gestützt auf Art. 100*

Auch bei dieser Richtlinie spielten Fragen des Umweltschutzes keine vorrangige Rolle bei der Entscheidung über ihren Erlaß. Ausschlaggebend war vielmehr das Erfordernis der Beseitigung technischer Handelshemmnisse und der Wunsch, die EG-Betriebserlaubnis für Kraftfahrzeuge durchzusetzen und anzuwenden. Art. 100 ist einschlägig.

e) *RL 78/611 vom 29. 6. 1978, ABL L 197/78 über den Bleigehalt des Benzins, basierend auf Art. 100*

Hauptanliegen dieser Richtlinie sind Umweltschutz und Volksgesundheit im Gegensatz zu den o. g. Regelungen, die lediglich unter anderem auch einen umweltschützenden Effekt haben[104]. In den Erwägungsgründen macht der Rat geltend, daß die Rechtsvorschriften in die-

---

[103] Berichtigung in ABL L 215/74.

[104] Allgemein zu den Kosten gerade von Vorschriften über die Luftreinhaltung für die Industrie am Beispiel USA: *Lukes*, RTW 2 (1975), S. 151 (169).

ser Frage von Land zu Land unterschiedlich sind und sich deshalb unmittelbar auf Errichtung und Funktionieren des Gemeinsamen Marktes auswirken.

In Betracht kommt hierbei zunächst eine Auswirkung auf den Warenverkehr von Autos. Je nach der Unterschiedlichlichkeit der gesetzlichen Bestimmungen sind die Automobilfirmen verpflichtet gewesen, ihre Wagen mit anderen Motoren auszurüsten. Darin lag ein technisches Handelshemmnis, das beseitigt wurde.

Ebenso wird der freie Handel mit Mineralöl durch unterschiedliche Regeln bezüglich des Bleigehalts im Benzin behindert. Da die Rechtsangleichung die Beschaffenheit des Produkts Benzin betrifft, muß in diesem Fall auch nach der restriktiven Auslegung die Unmittelbarkeit der Auswirkung auf den Gemeinsamen Markt bejaht werden[105].

f) *RL 80/779 vom 15. 7. 1980, ABL L 229/80 über Grenzwerte und Leitwerte der Luftqualität für Schwefeldioxid und Schwebestaub*

Die erheblichen Kosten für Industrieunternehmen, die besondere Filteranlagen zur Verringerung der Luftverschmutzung einrichten müssen, behindern deren Wettbewerbssituation gegenüber Firmen, die aufgrund ihrer Gesetze nicht zu solchen Maßnahmen verpflichtet sind, erheblich. Die Berufung auf Art. 100 neben Art. 235 in dieser Richtlinie ist daher zulässig.

Neben den 6 Richtlinien im Bereich der Luftreinhaltung sind noch folgende Richtlinienvorschläge zu erwähnen, die gegenwärtig dem Rat vorliegen und die auf Art. 100 gestützt sind:

a) *Richtlinienvorschlag, ABL C 54/76 über die Verwendung von Heizölen mit dem Ziel der Verringerung von Schwefelemissionen*[106]

Gemäß Art. 2 des Vorschlags soll für Heizöle ein Höchstgehalt an Schwefel festgelegt werden. Da, wie die Kommission in den Erwägungsgründen ausführt, in verschiedenen Mitgliedstaaten entsprechende Vorschriften mit unterschiedlichem Inhalt in Kraft oder in Vorbereitung sind, ist nicht nur von einer Wettbewerbsbehinderung auszugehen, von der im Text allein die Rede ist, sondern auch von einer Behinderung des freien Warenverkehrs mit Heizölen in der Gemeinschaft, weil die Bestandteile des Heizöls den jeweiligen nationalen Bestimmungen angepaßt werden müssen. Daher ist eine Rechtsangleichung gemäß Art. 100 erforderlich.

---

[105] Siehe hierzu die Ausführungen oben unter A. IV. 2.

[106] Geändert in ABL C 205/77.

b) *Richtlinienvorschlag, ABL C 356/80 betreffend Meßinstrumente für den Kohlenmonoxidgehalt von Abgasen*

Der Vorschlag nimmt Bezug auf die RL 71/316[107] zur Angleichung der Rechtsvorschriften der Mitgliedstaaten betreffend gemeinsame Vorschriften über Meßinstrumente sowie über Meß- und Prüfverfahren. Diese Richtlinie war erlassen worden, um Behinderungen des freien Warenverkehrs aufgrund unterschiedlicher nationaler Bestimmungen zu beseitigen. Diese Erwägungen können auch auf den Richtlinienvorschlag übertragen werden. Art. 100 ist somit anwendbar.

c) *Richtlinienvorschlag, ABL C 181/82 zur Änderung der Richtlinie 70/220*

Der Verweis auf diese Richtlinie, die von Art. 100 gedeckt ist, läßt auch bei dem Richtlinienvorschlag die Anwendung der Vorschrift zulässig erscheinen.

3. Lärmbekämpfung

Die Bekämpfung der Lärmbelastung ist der dritte Schwerpunkt bei den Bemühungen um die Harmonisierung des Umweltrechts. Die unterschiedlichen Bestimmungen der Mitgliedstaaten der Gemeinschaft über den zulässigen Geräuschpegel von Maschinen verursachen technische Handelshemmnisse[108].

a) *RL 70/157 vom 6. 2. 1970, ABL L 42/70 betreffend Geräuschpegel und Auspuffvorrichtung von Kraftfahrzeugen*[109]

Hinsichtlich des Nachweises der Erforderlichkeit der Rechtsangleichung nach Art. 100 weist der Rat auf die unterschiedlichen technischen Vorschriften hin, denen ein Kraftfahrzeug genügen muß, um eine Betriebserlaubnis zu erhalten. Die Unterschiedlichkeit behindere den freien Handel, deshalb bedürfe es eines einheitlichen Betriebserlaubnisverfahrens[110] und damit der Rechtsangleichung aller hierbei relevanten Bestimmungen. Dazu zählt auch der Bereich „Geräuschpegel und Auspuffvorrichtung von Kraftfahrzeugen“.

---

[107] ABL L 202/71.

[108] *Krämer* in: G-B-Th, 3. Aufl., Umweltpolitik, RN 27.

[109] Änderungen durch: RL 73/350, ABL L 321/73; RL 77/212, ABL L 66/77; RL 81/334, ABL L 131/81.

[110] Siehe dazu: RL 70/156, ABL L 42/70.

b) *RL 74/151 vom 4. 3. 1974, ABL L 84/74 über bestimmte Bestandteile und Merkmale von land- und forstwirtschaftlichen Zugmaschinen auf Rädern*[111]

Die Richtlinie behandelt unter anderem auch die Vorrichtungen für Schaltzeichen (Anhang V) sowie den zulässigen Geräuschpegel und die Auspuffvorrichtung dieser Kraftfahrzeuge (Anhang VI). Sie ist in einem engen Zusammenhang mit der RL 74/150 über das Betriebserlaubnisverfahren für land- und forstwirtschaftliche Zugmaschinen auf Rädern[112] zu sehen. Es geht um die Beseitigung technischer Handelshemmnisse. Art. 100 ist anwendbar.

c) *RL 77/311 vom 29. 3. 1977, ABL L 105/77 betreffend den Geräuschpegel in Ohrenhöhe der Fahrer von land- und forstwirtschaftlichen Zugmaschinen auf Rädern*

Auch diese Richtlinie nimmt Bezug auf die RL 74/150 über die Betriebserlaubnis für land- und forstwirtschaftliche Zugmaschinen. Ziel ist folglich die Beseitigung technischer Handelshemmnisse für den Warenverkehr. Somit kann die Richtlinie auf Art. 100 gestützt werden.

d) *RL 78/1015 vom 23. 11. 1978, ABL L 349/78 zur Angleichung der Rechtsvorschriften der Mitgliedstaaten über den zulässigen Geräuschpegel und die Auspuffanlage von Krafträdern*[113]

In den Erwägungsgründen zu dieser Richtlinie wird ausgeführt: „Die technischen Vorschriften, denen die Krafträder nach den einzelnen Rechtsvorschriften genügen müssen, betreffen u. a. auch den zulässigen Geräuschpegel und die Auspuffanlage." Die Unterschiedlichkeit der Bestimmungen führt zu einer Behinderung des freien Warenverkehrs, Art. 100 ist deshalb anwendbar.

e) *RL 79/113 vom 19. 12. 1978, ABL L 33/79 betreffend die Ermittlung des Geräuschpegels von Baumaschinen und Baugeräten*[114]

Die Notwendigkeit einer Rechtsangleichung gemäß Art. 100 wird damit begründet, daß die Unterschiede in den nationalen Rechten zu dieser Frage den freien Warenverkehr mit Baumaschinen und Baugeräten behindern. Dann ist Art. 100 die geeignete Ermächtigungsgrundlage.

Im Bereich der Lärmbekämpfung gibt es neben den genannten 5 Richtlinien noch eine größere Zahl von Vorschlägen zur Angleichung einzelstaatlicher Bestimmungen.

---

[111] Berichtigung in ABL L 226/76.

[112] ABL L 84/74.

[113] Berichtigungen in ABL L 10/79 und ABL L 48/79.

[114] Geändert durch RL 81/1051, ABL L 376/81.

a) *Richtlinienvorschlag, ABL C 82/75 zur Angleichung der Rechtsvorschriften betreffend Baugeräte und Baumaschinen, insbesondere den zulässigen Geräuschemissionspegel von Betonbrechern und Preßlufthämmern (Teil III)*

Der Entwurf zu dieser Richtlinie wurde zusammen mit einem Vorschlag hinsichtlich der Ermittlung des Geräuschpegels von Baumaschinen und Baugeräten dem Rat vorgelegt. Er ist inzwischen als Richtlinie verabschiedet[115]. Die dort genannten Gründe für die Anwendung des Art. 100 gelten auch für den Richtlinienvorschlag.

b) *Richtlinienvorschläge, ABL C 54/76*

aa) zur Angleichung der Rechtsvorschriften betreffend den zulässigen Geräuschemissionspegel von Turmdrehkränen,

bb) zur Angleichung der Rechtsvorschriften betreffend den zulässigen Geräuschemissionspegel von Schweißstromerzeugern,

cc) zur Angleichung der Rechtsvorschriften betreffend den zulässigen Geräuschemissionspegel von Kraftstromerzeugern.

Der Vorschlag für diese drei Richtlinien wurde dem Rat vorgelegt, um die Behinderung des freien Warenverkehrs aufgrund unterschiedlicher Zulassungsbestimmungen zu beseitigen. Er konnte deshalb ohne weiteres auf Art. 100 gestützt werden.

c) *Richtlinienvorschlag, ABL C 94/78 betreffend den zulässigen Schallemissionspegel von Motorkompressoren[116], gestützt auf Art. 100*

In den Erwägungen bezüglich der Erforderlichkeit der Rechtsangleichung wird darauf hingewiesen, daß die Unterschiede zwischen den bestehenden oder geplanten nationalen Regelungen zu unterschiedlichen Wettbewerbsbedingungen führen. Die Festsetzung eines Höchstwerts für zulässige Schallemissionen läßt allerdings auch darauf schließen, daß die Unterschiede der nationalen Bestimmungen ein technisches Handelshemmnis für den freien Warenverkehr darstellen und die vorgeschlagene Harmonisierung der Verwirklichung des freien Warenverkehrs dienen würde. Die Anwendbarkeit des Art. 100 zu diesem Zweck ist zu bejahen.

d) *Richtlinienvorschlag, ABL C 86/79 zur Angleichung der Rechtsvorschriften über die Geräuschemission von Rasenmähern*

Auch bei diesem Vorschlag ergibt sich die Notwendigkeit einer Rechtsangleichung gemäß Art. 100 aus der Behinderung des freien Wa-

---

[115] RL 79/113, ABL L 33/79.

[116] Geändert in ABL C 87/79.

renverkehrs aufgrund von unterschiedlichen Höchstgrenzen für die zulässige Geräuschemission in den einzelnen Ländern[117].

e) *Richtlinienvorschlag, ABL C 356/80 betreffend den Schallemissionspegel von Hydraulik- und Seilbaggern, Planiermaschinen und Ladern*[118]

Der Vorschlag wird auf Art. 100 gestützt und nimmt Bezug auf die RL 79/113[119]. Die Erwägungsgründe lassen den Schluß zu, daß unterschiedliche nationale Bestimmungen den freien Warenverkehr behindern. Deshalb ist eine Angleichung gemäß Art. 100 zu befürworten.

Zusammenfassend ist festzustellen, daß sich bei allen Richtlinien und Richtlinienvorschlägen die Erforderlichkeit der Rechtsangleichung nicht allein mit dem Gedanken des Umweltschutzes rechtfertigen läßt, sondern auch mit den Erfordernissen der Beseitigung von Hemmnissen für den freien Warenverkehr.

4. Abfälle

5 Millionen Tonnen Abfälle pro Tag[120] sind eine große Belastung für die Umwelt und stellen Industrie und Staaten vor große Probleme. Wie bereits bei den anderen Arbeiten zur Angleichung des Umweltschutzrechtes sollen auch die Richtlinien zur Harmonisierung des Abfallrechts[121] unter dem Gesichtspunkt der Auswirkungen der Unterschiedlichkeit abfallrechtlicher Bestimmungen auf den Gemeinsamen Markt erörtert werden.

a) *RL 75/442 vom 15. 7. 1975, ABL L 194/75 über Abfälle*

Diese, auf Art. 100 und Art. 235 gestützte Richtlinie ist zwar nicht die erste Maßnahme der Gemeinschaft auf diesem Gebiet[122], enthält jedoch im Gegensatz zu den anderen Richtlinien eine allgemeine Regelung und steckt dadurch den Rahmen ab[123]. Sie gibt in ihrem Art. 1 auch die allgemeinste Erklärung für den Begriff Abfall. Art. 1 verdeutlicht darüberhinaus, daß unter Beseitigung von Abfall nicht nur das Einsammeln und Lagern von Abfall zu verstehen ist, sondern im Rahmen des Möglichen auch seine Wiederverwendung[124] und sogar die

---

[117] In Artikel 2 werden einheitliche Höchstwerte vorgeschlagen.

[118] Geändert in ABL C 302/81.

[119] ABL L 33/79; hier aufgeführt unter Nummer d) der Richtlinien zur Lärmbekämpfung.

[120] *Offermann-Clas*, Abfallrecht, DVBl 1981, S. 1125.

[121] Kurze Darstellung bei *Krämer* in: G-B-Th, 3. Aufl., Umweltpolitik, RN 35.

[122] Siehe RL 75/439 unter b).

[123] *Offermann-Clas*, Abfallrecht, DVBl 1981, S. 1125 (1128).

Abfallverhinderung[125]. Unterschiedlich strenge Anforderungen hinsichtlich der Beseitigung von Abfällen in dem von der Richtlinie gebrauchten weiten Sinn, egal, ob der Abfall vom Verursacher selbst oder von anderen Stellen beseitigt wird, belasten die Unternehmer in Ländern mit harten Bestimmungen mit erheblich größeren Kosten[126] als ihre Konkurrenten aus anderen Staaten. Damit wird der Wettbewerb zwischen den Anbietern beeinträchtigt und eine Rechtsangleichung gemäß Art. 100 erforderlich.

b) *RL 75/439 vom 16. 6. 1975, ABL L 194/75 betreffend die Beseitigung von Altöl*[127]

Hinsichtlich der wettbewerbsverfälschenden Wirkung von unterschiedlichen Kosten kann bei dieser Richtlinie die Argumentation zu RL 75/442 herangezogen werden. Art. 13 der in Frage stehenden Richtlinie stellt darüberhinaus klar, daß mögliche Zuschüsse für die Abfallbeseitigung nicht ihrerseits zu einer Wettbewerbsbehinderung führen dürfen[128]. Insgesamt muß die Zulässigkeit einer Rechtsangleichung bejaht werden.

c) *RL 76/403 vom 6. 4. 1976, ABL L 108/76 betreffend die Beseitigung polychlorierter Biphenyle (PCB) und Terphenyle, basierend auf Art. 100 und 235*

Diese Richtlinie fügt den oben bereits genannten Aufgaben der Abfallbeseitigung noch den Auftrag zur Vernichtung von PCB bei[129]. Auch hier führen besonders strenge Anforderungen in einem Land zu einer erhöhten Kostenbelastung der Industrie dieses Landes im Verhältnis zu Mitbewerbern aus anderen Staaten. Von der Zulässigkeit der Anwendung des Art. 100 ist folglich auszugehen.

d) *RL 78/176 vom 20. 2. 1978, ABL L 54/78 betreffend Abfälle aus der Titandioxid-Produktion*

Bei dieser Richtlinie, die wie die drei bisher genannten Richtlinien auf Art. 100 und 235 gestützt ist, kann die Abfallbeseitigung auch durch die Einleitung in Gewässer oder das Versenken im Meer erfolgen[130].

---

[124] Art. 1 b; dazu auch *Offermann-Clas*, Abfallrecht, DVBl 1981, S. 1125 (1130).

[125] Art. 3 I; allgemein dazu: *Offermann-Clas*, Abfallrecht, DVBl 1981, S. 1125 (1132).

[126] Art. 11 der RL 75/442.

[127] Dazu die kurze Inhaltsdarstellung bei: *Offermann-Clas*, Abfallrecht, DVBl 1981, S. 1125 (1128).

[128] Siehe dazu: *Offermann-Clas*, Abfallrecht, DVBl 1981, S. 1125 (1132).

[129] Art. 1 b der RL 76/403.

[130] Art. 1 II c.

Je nach den hierbei zu beachtenden Bestimmungen sind erneut, wie bei allen anderen Abfall-Beseitigungsmaßnahmen, unterschiedliche Kostenbelastungen anzunehmen. Deshalb ist eine Rechtsangleichung nötig, um Wettbewerbsbehinderungen zu beseitigen und für die Zukunft auszuschließen.

e) *RL 78/319 vom 20. 3. 1978, ABL L 84/78 über giftige und gefährliche Abfälle*

Bei diesem Teilbereich des Abfallrechts können die bereits erwähnten Argumente für eine Rechtsangleichung übernommen werden. Unterschiedlich strenge Regelungen führen zu unterschiedlichen Kostenbelastungen und damit zu Wettbewerbsbehinderungen. Eine Rechtsangleichung ist erforderlich.

Derzeit liegen dem Rat noch einige Richtlinienentwürfe zur Entscheidung vor, die ebenfalls auf Artikel 100 gestützt werden.

a) *Richtlinienvorschlag, ABL C 40/76 betreffend die Versenkung von Abfällen im Meer*

Gegen eine gemeinschaftsrechtliche Regelung dieser Problematik könnte eingewandt werden, daß alle Fragen in diesem Zusammenhang auf internationaler Ebene geregelt werden müssen. Die Kommission hat sich dennoch zu dem Richtlinienvorschlag entschlossen, weil ihr eine zu erwartende internationale Konvention nicht konkret genug werden zu können scheint. Bestehende völkerrechtliche Übereinkommen werden in den Erwägungsgründen als nicht geeignet angesehen, Unterschiede zwischen einzelstaatlichen Regelungen zu verhindern.

Da solche Unterschiede tatsächlich bestehen, ergeben sich daraus unterschiedliche Kostenbelastungen, je nachdem, ob die Versenkung von Abfällen im Meer leicht — oder schwer — gemacht wird. Die daraus folgenden Wettbewerbsbehinderungen rechtfertigen eine Rechtsangleichung.

b) *Richtlinienvorschlag, ABL C 356/80 über Einzelheiten zur Überwachung der Kontrolle der durch die Ableitung von Titandioxid-Produktion betroffenen Umweltmedien*[131]

Der Richtlinienvorschlag lehnt sich an die RL 78/176[132] an. Er kann daher neben Art. 235 auch auf Art. 100 gestützt werden.

---

[131] Änderung des Vorschlags in ABL C 187/82.

[132] Aufgeführt unter Punkt d) der Richtlinien zur Angleichung des Abfallrechts.

c) *Richtlinienvorschlag, ABL C 196/82* zur Änderung der RL 78/176, der daher ebenfalls durch Art. 100 gedeckt ist[133].

5. Schutz des Raumes

Im Zusammenhang mit diesem Aufgabengebiet ist an dieser Stelle nur der Richtlinienvorschlag, ABL C 169/80 über die Umweltverträglichkeitsprüfung bei bestimmten öffentlichen und privaten Vorhaben zu erwähnen[134].

Die Kommission macht in ihren Erwägungsgründen geltend: „... haben die Mitgliedstaaten ... zahlreiche Gesetze und Verordnungen auf dem Gebiet des allgemeinen Umweltschutzes erlassen, wobei sich einige speziell mit der Frage der Umweltverträglichkeitsprüfung befassen. Erhebliche Unterschiede zwischen den Bestimmungen, die in den einzelnen Mitgliedstaaten für die Abschätzung der Umweltauswirkungen gelten, können zu ungleichen Wettbewerbsbedingungen führen".

Der Entwurf befaßt sich nicht mit den Umweltauflagen, die von der Industrie zu erfüllen sind und die insbesondere beim Bau neuer Fabriken etc. beachtet werden müssen. Sie ergeben sich aus anderen Regeln, auch aus anderen Richtlinien. Wettbewerbsbehinderungen aufgrund unterschiedlicher Kostenbelastungen wegen uneinheitlicher Anforderungen können sich nur durch verschieden hohe Aufwendungen für Gutachten und Prüfungsmaßnahmen ergeben[135]. Ist die Umweltverträglichkeitsprüfung in einem Staat besonders streng und damit besonders teuer, kann es sein, daß ein Unternehmen in einen anderen Staat ausweicht und dort sein Vorhaben verwirklicht.

Auch wenn unterschiedliche Anforderungen an die Umweltverträglichkeitsprüfung nicht die schwersten Wettbewerbsbehinderungen hervorrufen und man sich fragen kann, ob die EWG dem Ziel der Schaffung gleicher Wettbewerbsverhältnisse nicht besser nachstreben könnte, wenn sie vorrangig die Unterschiede bei den zulässigen Höchstgrenzen für die Emission von umweltschädigenden Schadstoffen aller Art beseitigen würde, so verbietet diese Kritik an den Prioritäten der Gemeinschaft doch nicht ihr Tätigwerden in weniger wichtigen Teilbereichen, wenn sie sich dort eine größere Chance für das Zustandekommen einer gemeinschaftlichen Regelung ausrechnet[136].

---

[133] Ein in Anlehnung an RL 75/442 vorgelegter Richtlinienvorschlag über Verpackungen für flüssige Lebensmittel wird allein auf Art. 235 gestützt und ist daher in der Aufzählung nicht zu berücksichtigen.

[134] Geänderter Vorschlag abgedruckt in ABL C 110/82.

[135] Allgemein zur Prüfung der Umweltverträglichkeit siehe: *Ercman*, ZfRV 1978, S. 267 (280—282).

6. Fauna und Flora

Zum Schutz der Fauna sind zwei Richtlinien ergangen, die neben Art. 43 auch auf Art. 100 gestützt sind:

a) RL 74/63 vom 17. 12. 1973, ABL L 38/74 über die Festlegung von Höchstgehalten an unerwünschten Stoffen und Erzeugnissen in Futtermitteln;

b) RL 74/577 vom 18. 11. 1974, ABL L 316/74 über die Betäubung von Tieren vor dem Schlachten.

Den Umweltschutz von Pflanzen betrifft die RL 77/93 vom 21. 12. 1976, ABL L 26/77 über Maßnahmen zum Schutz gegen das Vordringen von Schadorganismen der Pflanzen oder Pflanzenerzeugnisse in die Mitgliedstaaten.

Eine Reihe von Richtlinien, die unter anderem auch dem Schutz von Fauna und Flora dienen, sind bereits oben im Abschnitt Verbraucherschutz aufgezählt worden. Bei den genannten Richtlinien dominiert Art. 43 vor Art. 100 als Ermächtigungsgrundlage. Die Richtlinien hätten auch ausschließlich auf Art. 43 gestützt werden können.

7. Ergebnis

Alle untersuchten Richtlinien und Richtlinienvorschläge können auf Art. 100 gestützt werden. Allerdings gibt es Unterschiede hinsichtlich des Umfangs der Wettbewerbsbehinderungen.

8. Systematisierung der Richtlinien nach Kompetenznormen

Die Umweltschutzrichtlinien können nicht nur nach Sachgebieten, sondern auch nach Kompetenznormen systematisiert werden.

a) *Spezialnormen der Rechtsangleichung*

In Betracht kommt dabei zunächst, eine Richtlinie auf eine der oben[137] genannten und in ihrem Anwendungsbereich dem Art. 100 vorgehenden Spezialnormen zu stützen. Dies ist bislang allerdings noch nicht geschehen.

---

[136] Anderer Ansicht, wie bereits erwähnt: *Börner*, Produkthaftung, FS Kutscher, S. 43 (52).

[137] A. V. 1.

b) *Angleichungsvorschriften im Bereich der gemeinsamen Politiken*

Anders ist die Sachlage bereits im Rahmen der gemeinsamen Politiken. Bei der gemeinsamen Agrar- und der gemeinsamen Verkehrspolitik sind die Bezüge zum Umweltschutz offensichtlich. Dennoch sind bisher nur wenige Richtlinien auf einen entsprechenden Artikel des EWG-Vertrages gestützt worden. Es handelt sich zum einen um die auf Art. 84 II basierende Richtlinie 80/51 vom 20. 12. 79 zur Verringerung von Schallemissionen bei Unterschall-Luftfahrzeugen[138]. Art. 43 stellt die Ermächtigungsgrundlage für Richtlinien dar, die im Rahmen der EWG-Raumordnungspolitik erlassen worden sind[139].

c) *Angleichungsvorschriften im Bereich der gemeinsamen Politiken i. V. m. Art. 100*

Eine Doppelabstützung von Richtlinien gewinnt nicht nur neuerdings bei Art. 100 und 235 an Bedeutung. Die Heranziehung sowohl von Art. 43 und Art. 100 hat in der EWG bereits eine längere Tradition. Allerdings hätten die hier zu nennenden Richtlinien auf dem Gebiet des Schutzes von Fauna und Flora ohne weiteres allein auf Art. 43 gestützt werden können.

d) *Angleichungsvorschriften im Bereich der gemeinsamen Politiken i. V. m. Art. 235*

Eine derartige Doppelabstützung von Richtlinien erscheint möglich, wenn die Tätigkeit der Gemeinschaft den Randbereich ihrer Kompetenzen erreicht. Allerdings ist bislang in dem hier zu behandelnden Bereich erst eine Verordnung ergangen, die auf Art. 7, 42 und 43 i. V. m. 235 gestützt wurde[140].

e) *Art. 100*

Eine Durchsicht der obigen Auflistung der einschlägigen Richtlinien ergibt, daß die Angleichung des Umweltschutzrechtes zu einem wesentlichen Teil über die Generalnorm des Art. 100 erfolgt. Seine Anwendung dominiert in den Teilbereichen Luft- und Lärmrecht. Die Analyse der Richtlinien hat gezeigt, daß Beeinträchtigungen des Gemeinsamen Marktes eine Rechtsangleichung angezeigt erscheinen lassen.

---

[138] ABL L 18/80; dazu auch: *Offermann-Clas*, Umweltschutz, ZfU 1983, S. 47 (61).

[139] RL v. 17. 4. 1972, ABL L 96/1976; RL v. 28. 4. 1975, ABL L 128/1975.

[140] Verordnung über die Einführung einer gemeinsamen Strukturpolitik für die Fischerwirtschaft. Dazu: *Offermann-Clas*, Umweltschutz, ZfU 1983, S. 47 (61).

f) *Art. 235*

Obwohl das Umweltschutzrecht nicht zu den Materien zählt, die erklärtermaßen in das Aufgabengebiet der EWG fallen, wird Art. 235 nur selten und entgegen der ursprünglichen Absicht des Rates als alleinige Ermächtigungsgrundlage einer Richtlinie herangezogen. Ein Beispiel ist die Richtlinie über die Erhaltung wildlebender Vogelarten[141].

g) *Art. 100 und 235*

Die Richtlinien zur Angleichung des Umweltschutzrechts basieren allerdings in zunehmendem Maße sowohl auf Art. 100 als auch auf Art. 235[142]. Diese Methode wird vor allem bei Richtlinien zur Harmonisierung des Abfall- und des Wasserrechts angewandt. Leider ist die Kompetenzabstützung regelmäßig undifferenziert. Insbesondere daran ist Kritik zu üben. Eine deutlichere Begründung und Abgrenzung würde die Diskussion über die Zulässigkeit des jeweiligen Rechtsangleichungsprojekts versachlichen und seine Verwirklichung fördern.

---

141 RL 79/409, ABL L 103/79.

142 *Offermann-Clas*, Umweltschutz, ZfU 1983, S. 47 (62—64).

Schlußbetrachtung

Die Auslegung des Art. 100 im ersten Teil dieser Arbeit hat gezeigt, daß diese Vorschrift den Arbeiten der Rechtsangleichung nur einen sehr weiten Rahmen setzt. Immerhin lassen sich jedoch Grenzen aufzeigen, die einer uferlosen Ausweitung des Aufgabenbereichs der Gemeinschaft im allgemeinen und der Rechtsangleichung im besonderen entgegenstehen. Sie ergeben sich einerseits aus dem Begriff des Gemeinsamen Marktes und andererseits aus dem Erfordernis der unmittelbaren Auswirkung der Verschiedenheit der nationalen Rechtsvorschriften auf den Gemeinsamen Markt. Allerdings müssen dabei die Schwierigkeiten bei dem konkreten Nachweis einer unmittelbaren Auswirkung sowie der dynamische Charakter der Integration in Betracht gezogen werden.

In der Praxis schwankt die Rechtsangleichung immer zwischen einer Rechtsvereinheitlichung und der Festsetzung von sehr allgemeinen Grundsätzen, die ob ihrer Unbestimmtheit nicht richtig angewandt werden können. Das richtige Maß kann hierbei nur im Einzelfall gefunden werden. Bedenklich stimmt jedoch, daß nur selten die umfassende Harmonisierung eines Sachgebietes erreicht werden kann, weil die divergierenden Interessen der Partnerländer nur die Setzung eines Mindeststandards ermöglichen oder weil die Zustimmung eines Landes nur durch das Zugeständnis einer Sonderregelung erkauft werden kann. Auf diese Weise bleiben immer noch Behinderungen des freien Warenverkehrs oder des freien Wettbewerbs bestehen.

Überhaupt bedarf die Rechtsangleichung für ihren Erfolg des entsprechenden politischen Willens der Staaten und der Übereinstimmung ihrer Interessen. Fehlen sie, kann auch jede noch so extensive Interpretation des Art. 100 und jede noch so starke Ausweitung der Tätigkeitsfelder der Kommission den Fortgang der Rechtsharmonisierung nicht erreichen. Die Rechtsangleichung ist somit ein gutes Beispiel für die Abhängigkeit der Rechtsentwicklung vom allgemeinen politischen und gesellschaftlichen Umfeld. Wie dieses Umfeld pro-europäisch zu beeinflussen ist, konnte im Rahmen dieser Arbeit nicht erörtert werden. Fest steht nur, daß ein mit erweiterten Befugnissen ausgestaltetes Europäisches Parlament dazu und damit auch für den Fortgang der Rechtsangleichung einen großen Beitrag leisten könnte. Es könnte darüberhinaus die Orientierung der Aktivitäten der Gemeinschaft an Prioritäten fördern.

Selbst bei einer strafferen und schnelleren Angleichungstätigkeit der Gemeinschaft bleibt die Frage offen, ob Art. 100 zwar die Ermächtigungsgrundlage für viele und weitgefaßte Regelungen sein kann, die letztlich jedoch nur punktuelle Lösungen[1] erreichen? Hierbei ist namentlich an die Umwelt- und Verbraucherschutzpolitik der Gemeinschaft zu denken. Angesichts des Instrumentalcharakters der Rechtsangleichung handelt es sich in diesem Zusammenhang um ein Problem des EWG-Vertrages und des durch ihn geschaffenen Gemeinsamen Marktes[2], der die Harmonisierung rechtlicher Regeln in dem Maß zuläßt, wie es für seine Funktionsfähigkeit erforderlich ist. Als einziger Ausweg bietet sich eine Vertragsänderung an. Das verbietet jedoch nicht, daß die angestrebten Ziele im Rahmen des geltenden Vertrages soweit als möglich verwirklicht werden.

---

[1] *Joerges*, ZVP 1979, S. 213 (222).

[2] *Scheuer*, Aspects juridiques, RMC 1975, S. 441 (454); *Krämer*, ZVP 1979, S. 228.

Literaturverzeichnis

Albonetti, Achille: Vorgeschichte der Vereinigten Staaten von Europa, Baden-Baden/Bonn 1961

Aubin, Bernhard: Fragen der Rechtsangleichung in der EWG, in: Europäische Gemeinschaft 1965, Heft 12, S. 53 ff.

Badura, Peter: Bewahrung und Veränderung demokratischer und rechtsstaatlicher Verfassungsstruktur in den internationalen Gemeinschaften, in: VVDStRL 23 (1966), S. 34 ff.

Bärmann, Johannes: Europäische Integration im Gesellschaftsrecht, FIW-Schriftenreihe Nr. 54, Köln-Berlin-Bonn-München 1970

Bail, Theodor: Das Dilemma der Zollrechtsangleichung, in: ZfZ 1976, S. 130 ff., 162 ff.

Barents, René: New Developments in Measures having Equivalent Effect, in: CMLR 1981, S. 271 ff.

Behrens, Fritz: Rechtsgrundlagen der Umweltpolitik der Europäischen Gemeinschaften, Berlin 1976

Béraud, René Christian: Les mesures d'effet équivalent au sens des articles 30 et suivants du Traité de Rome, in: RTDE 1968, 265 ff.

Bernhardt, Rudolf: Die Auslegung völkerrechtlicher Verträge, Köln, Berlin 1963

— Zur Auslegung des europäischen Gemeinschaftsrechts, in: Europäische Gerichtsbarkeit und nationale Verfassungsgerichtsbarkeit, Festschrift für Hans Kutscher, S. 17 ff., Baden-Baden 1981
(zit.: Bernhardt, FS Kutscher)

Beutler/Bieber/Pipkorn/Streil: Die Europäische Gemeinschaft — Rechtsordnung und Politik —, 2. Auflage, Baden-Baden 1982
(zit.: Bearbeiter in: Beutler/Bieber u. a.)

Beuve-Méry, Jean Jacques: L'élimination des entraves techniques aux échanges intracommunitaires, in: KSE 11 (1971), S. 704 ff.

von Beyme, Klaus: Grundtendenzen in der Entwicklung der Funktionen des Parlaments in Westeuropa, in: Eur. Parlament: Europäische Integration und die Zukunft der Parlamente in Europa, Luxemburg 1975

Bieber, Roland: Anmerkung zu einem Beschluß des Conseil Constitutionnel vom 30. 12. 1976, in: EuR 1977, S. 53 ff.

Bleckmann, Albert: Grundgesetz und Völkerrecht, Berlin 1975
(zit.: Bleckmann, GG und Völkerrecht)

— Die Rolle der Rechtsvergleichung in den Europäischen Gemeinschaften, in: ZS f. vergl. Rechtswissenschaften 75 (1975), S. 106 ff.
(zit.: Bleckmann, Rechtsvergleichung)

— Der Rechtsstaat in vergleichender Sicht. Zugleich ein Beitrag zur Rechtsquellenlehre des Europäischen Gemeinschaftsrechts, in: GYIL 20 (1977), S. 40 ff.

— Die Rechtsnatur des Europäischen Gemeinschaftsrechts, in: DÖV 1978, S. 391 ff.
(zit.: Bleckmann, Rechtsnatur)

— Teleologie und dynamische Auslegung des Europäischen Gemeinschaftsrechts, in: EuR 1979, S. 239 ff.
(zit.: Bleckmann, Auslegung)

— Europarecht, 3. Auflage, Köln-Berlin-Bonn-München 1980
(zit.: Bleckmann, LB)

— Zu den Auslegungsmethoden des Europäischen Gerichtshofes, in: NJW 1982, S. 1177 ff.
(zit.: Bleckmann, Auslegungsmethoden)

— Die allgemeinen Schranken der Einzelzuständigkeiten der EWG. Zu den Schranken des Art. 100 EWG-Vertrag, in Vorbereitung
(zit.: Bleckmann, Schranken)

— Die Grundsatzartikel des EWG-Vertrages, Kommentierung zur Art. 1—8 des EWG-Vertrages, in Vorbereitung
(zit.: Bleckmann, Grundsatzartikel)

Börner, Bodo: Rechtsfragen des Zahlungs- und Kapitalverkehrs in der EWG, in: Studien zum deutschen und eiuropäischen Wirtschaftsrecht, Band 1, KSE 17 (1973), S. 135 ff.
(zit.: Börner, Rechtsfragen)

— Die Harmonisierung der Regeln der Technik in der EWG, in: Studien zum deutschen und europäischen Wirtschaftsrecht, Band 1, KSE 17 (1973), S. 230 ff.
(zit.: Börner, Regeln der Technik)

— Das Rechtssystem des freien Warenhandels in der EWG, in: Studien zum deutschen und europäischen Wirtschaftsrecht, Band 2, KSE 26 (1977), S. 1 ff.
(zit.: Börner, Freier Warenhandel)

— Rechtsangleichung als Interessenangleichung — die Wirtschafts- und Währungsunion, in: Bodo Börner, Studien zum deutschen und europäischen Wirtschaftsrecht, Band 3, KSE 30 (1980), S. 23 ff.
(zit.: Börner, Interessenangleichung)

— Die Produkthaftung oder das vergessene Gemeinschaftsrecht, in: Europäische Gerichtsbarkeit und nationale Verfassungsgerichtsbarkeit, Festschrift für Hans Kutscher, S. 43 ff., Baden-Baden 1981

Bourgoignie, Thierry: Vers un droit européen de la consommation? Possibilités et limites, in: RTDE 1982, S. 1 ff.

Bothe, Michael: „Soft Law“ in den Europäischen Gemeinschaften?, in: Staatsrecht-Völkerrecht-Europarecht, Festschrift für Hans Jürgen Schlochauer, S. 761 ff., Berlin-New York 1981

Buchholz, Hans-Henning: Die Harmonisierung des Gesellschaftsrechts nach dem EWG-Vertrag unter besonderer Berücksichtigung des Art. 54 III g, Bonn 1966

Bülow, Erich: Diskussionsbeitrag, in: KSE 11 (1971), S. 770 ff.

Burckhardt, Carl J.: Sullys Plan einer Europaordnung, in: Gestalten und Mächte — Neue Ausgabe, S. 135 ff., Zürich 1961

van der Burg, L. J.: The Customs Tariff and Customs Legislation in the European Communities, in: CMLR 1970, S. 184 ff.

Campbell, Alan: Common Market Law, Volume III, London 1973

Cappelletti, Mauro (Hrsg.): New Perspectives for a Common Law of Europe / Nouvelles Perspectives d'un Droit Commun de L'Europe, Stuttgart 1978 (zit.: Bearbeiter in: Cappelletti)

Carstens, Karl: Die Errichtung des Gemeinsamen Marktes in der Europäischen Wirtschaftsgemeinschaft, Atomgemeinschaft und Gemeinschaft für Kohle und Stahl, in: ZaöRV 18 (1957/58), S. 459 ff.

— Die kleine Revision des Vertrages über die Europäische Gemeinschaft für Kohle und Stahl, in: ZaöRV 21 (1961), S. 1 ff.
(zit.: Carstens, Kleine Revision)

— Das politische Element in den Europäischen Gemeinschaften, in: Probleme des Europäischen Rechts, Festschrift für Walter Hallstein, S. 96 ff., Frankfurt 1966
(zit.: Carstens, Polit. Element)

CD-Fraktion des Europ. Parlaments (Hrsg.): Direktwahl 1979. Materialien zur Europäischen Politik aus der Sicht der CD-Fraktion, Luxemburg 1979

Christiansen, R.: Probleme und Schwierigkeiten für eine nationale Zollverwaltung bei dem Prozeß der wirtschaftlichen Integration, in: ZfZ 1974, S. 326 ff.
(zit.: Christiansen, Zollverwaltung)

— Die Entwicklung des Zollrechts in und um Europa, in: ZfZ 1975, S. 2 ff.
(zit. Christiansen, Zollrecht)

Churchill, Sir Winston: The Collected Works of Sir Winston Churchill, Centenary Limited Edition, Vol. XXVIII, The Post-War Speeches, Vol. 1, London 1975

Cicero, Marcus Tullius: De re publica / Vom Gemeinwesen, dt. Übersetzung von Karl Büchner, Stuttgart 1979

Close, George: Harmonisation of laws: use or abuse of the powers under the EEC Treaty?, in: ELR 3 (1978), S. 461 ff.

Constantinesco, Léontin-Jean: Das Recht der Europäischen Gemeinschaften I, Baden-Baden 1977

— Die Institutionen der Gemeinschaft an der Schwelle der 80er Jahre — auf der Suche nach einem neuen Gleichgewicht, in: EuR 1981, S. 209 ff.
(zit.: Constantinesco, Institutionen)

— Die Kulturkreise als Grundlage der Rechtskreise, in: ZfRV 1981, S. 161 ff.
(zit.: Constantinesco, Kulturkreise)

Coudenhove-Kalergi, Richard: Pan-Europa, Wien 1923
(zit.: Coudenhove, Pan-Europa)

— Die Europäische Nation, Stuttgart 1953

Dashwood, Alan: Hastening Slowly: The Communities' Path towards Harmonisation, in: Wallace/Wallace/Webb: Policy Making in the European Communities, S. 273 ff., London-New York-Sydney-Toronto 1977

Deringer, Arved: Zum Spannungsverhältnis zwischen den Freiheiten des Gemeinsamen Marktes und den nationalen Interessen der Mitgliedstaaten, in: Europäische Gerichtsbarkeit und nationale Verfassungsgerichtsbarkeit, Festschrift für Hans Kutscher, S. 95 ff., Baden-Baden 1981

Diplock, Lord: Rede vor dem House of Lords am 13. 10. 1975, 364, House of Lords Debates, No. 144, Spalte 743 ff.

Dorsch, Eberhard: Die Zollrechtsangleichung in der Europäischen Wirtschaftsgemeinschaft und ihre Rechtsgrundlage im EWG-Vertrag, in: ZfZ 1966, S. 161 ff.

Duden, Konrad: Gemeinsame Rechtsfortbildung in der erweiterten EWG, in: EuR 1972, S. 213 ff.

Dürr, Ernst: Ordnungsvorstellungen in der Wirtschaftspolitik der Gemeinschaft, in: Ernst Dürr u. a.: Wirtschafts- und gesellschaftspolitische Ordnungsprobleme der Europ. Gemeinschaften, S. 107 ff., Baden-Baden 1978

Dutheil de la Rochère, Jacqueline: L'application du droit communautaire par les juridictions britanniques au cours de l'année 1977, in: RTDE 1978, S. 250 ff.

— L'application du droit communautaire par les juridictions britanniques au cours de l'année 1980, in: RTDE 1981, S. 527 ff.

Eckert, Dieter: Die Angleichung des Lebensmittelrechts in der Europäischen Wirtschaftsgemeinschaft, in: NJW 1967, S. 437 ff.

Ehle, Dietrich: Maßnahmen mit gleicher Wirkung wie mengenmäßige Beschränkungen und ihre Abschaffung im Gemeinsamen Markt, in: AWD 1967, S. 453 ff.

Ehle, Dietrich / *Meier,* Gerd: EWG-Warenverkehr, Köln 1971
(zit.: Ehle/Meier)

Ehlermann, Claus-Dieter: Grenzen der gemeinsamen Agrarpolitik, in: KSE 10 (1969), S. 57 ff.
(zit.: Ehlermann, KSE 10)

— Das Verbot der Maßnahmen gleicher Wirkung in der Rechtsprechung des Gerichtshofes, in: Hamburg-Deutschland-Europa, Festschrift für Hans Peter Ipsen, S. 579 ff., Tübingen 1977
(zit.: Ehlermann, FS Ipsen)

— Community Policy with regard to the Approximation of Laws, Anhang zum Bericht des Select Committee on the European Communities des House of Lords vom 18. 4. 1978, S. 43 ff., London 1979
(zit.: Ehlermann, Community Policy)

— Die Verfolgung von Vertragsverletzungen der Mitgliedstaaten durch die Kommission, in: Europäische Gerichtsbarkeit und nationale Verfassungsgerichtsbarkeit, Festschrift für Hans Kutscher, S. 135 ff., Baden-Baden 1981
(zit.: Ehlermann, Vertragsverletzung)

— Das schwierige Geschäft der Kommission, in: EuR 1981, S. 335 ff.
(zit.: Ehlermann, Kommission)

Ercman, Sevinc: Europäisches Umweltschutzrecht, in: ZfRV 1978, S. 267 ff.

Erler, Georg: Das Grundgesetz und die öffentliche Gewalt internationaler Staatengemeinschaften, in: VVDStRL 18 (1960), S. 7 ff.

Everling, Ulrich: Die Koordinierung der Wirtschaftspolitik in der Europäischen Wirtschaftsgemeinschaft als Rechtsproblem. Recht und Staat in Geschichte und Gegenwart, Band 296/297, Tübingen 1964
(zit.: Everling, Koordinierung)

— Die Rechtsangleichung in der Europäischen Wirtschaftsgemeinschaft auf dem Gebiete des Niederlassungsrechts, in: ZHR Beiheft 29 (1965), S. 60 ff.
(zit.: Everling, ZHR Beiheft 29 (1965))

— Diskussionsbeitrag, in: KSE 11 (1971), S. 220 ff.
(zit.: Everling, Diskussionsbeitrag)

— Diskussionsbeitrag, in: KSE 11 (1971), S. 767 ff.
(zit.: Everling, Diskussionsbeitrag)

— Europäische Gemeinschaften und Bundesrepublik Deutschland — zur Verflechtung der nationalen und der gemeinschaftlichen Politik, in: Regionale Verflechtung der Bundesrepublik Deutschland, Bd. 33 der Schriften des Forschungsinstituts der Dt. Gesellschaft für Auswärtige Politik, S. 39 ff., München, Wien 1973
(zit.: Everling, Verflechtung)

— Möglichkeiten und Grenzen der Rechtsangleichung in der Europäischen Gemeinschaft, in: Festschrift für Reimer Schmidt, S. 165 ff., Karlsruhe 1976
(zit.: Everling in: FS R. Schmidt)

— Vom Zweckverband zur Europäischen Union, in: Hamburg-Deutschland-Europa, Festschrift für Hans Peter Ipsen, S. 595 ff., Tübingen 1977
(zit.: Everling, Zweckverband)

— Die Bundesrepublik Deutschland in der Europäischen Gemeinschaft — ihre Rolle in den siebziger Jahren und an der Schwelle der achtziger Jahre, in: Das Europa der zweiten Generation, Gedächtnisschrift für Christoph Sasse, S. 35 ff., Baden-Baden 1981
(zit.: Everling, Gedächtnisschrift Sasse)

— Das europäische Gemeinschaftsrecht im Spannungsfeld von Politik und Wirtschaft, in: Europäische Gerichtsbarkeit und nationale Verfassungsgerichtsbarkeit, Festschrift für Hans Kutscher, S. 155 ff., Baden-Baden 1981
(zit.: Everling, Politik und Wirtschaft)

— Sind die Mitgliedstaaten der Europäischen Gemeinschaft noch Herren der Verträge?, in: Völkerrecht als Rechtsordnung, Internationale Gerichtsbarkeit, Menschenrechte, Festschrift für Hermann Mosler, S. 173 ff., Berlin, Heidelberg, New York 1983
(zit.: Everling, Herren der Verträge)

Everling, Ulrich / *Schwartz,* Ivo / *Tomuschat,* Christian: Die Rechtsetzungsbefugnisse der EWG in Generalermächtigungen, insbesondere in Art. 235 ff., in: EuR Sonderheft 1976
(zit.: Bearbeiter in: Everling/Schwartz/Tomuschat)

Ficker, Hans-Claudius: Die Rechtsentwicklung innerhalb der Europäischen Gemeinschaften und ihre Auswirkungen auf die EFTA-Staaten, in: ZfRV 14 (1973), S. 161 ff.

— Zur Angleichung der Gesellschaftsrechte in den erweiterten Europäischen Gemeinschaften, in: Recht und Internationaler Handel, Festschrift für Clive H. Schmitthoff, S. 157 ff., Frankfurt 1973
(zit.: Ficker, Angleichung)

— Grundprobleme der Produktenhaftung, in: Festschrift für Konrad Duden, S. 93 ff., München 1977
(zit.: Ficker, Produktenhaftung)

— Produktenhaftung als Gefährdungshaftung, in: Festschrift für Ernst v. Caemmerer, S. 343 ff., Tübingen 1978
(zit.: Ficker, Gefährdungshaftung)

— Bemerkungen zur Rechtsangleichung in der Europäischen Gemeinschaft, in: Liber Amicorum B. C. H. Aubin, S. 57 ff., Kehl-Straßburg 1979

Fikentscher, Wolfgang: Wirtschaftsrecht, Band 1, München 1983

Foerster, Rolf-Hellmut: Europa — Geschichte einer politischen Idee, München 1967

Frowein, Jochen Abr.: Zur institutionellen Fortentwicklung der Europäischen Gemeinschaften, in: EA 1972, S. 623 ff.

Fuß, Ernst-Werner: Rechtliche Aspekte einer gemeinsamen Wirtschaftspolitik in der EWG, in: Integration 1969, S. 137 ff.

— Positionsstärkung des Europäischen Parlaments, in: EuR 1972, S. 358 ff.
(zit.: Fuß, Positionsstärkung)

— Souveränitätsdenken als Fessel des Integrationsfortschritts, in: DVBl 1980, S. 98 ff.
(zit.: Fuß, Souveränitätsdenken)

Ganshof van der Meersch, W. J. (Hrsg.): Les Novelles. Droit des Communautés européennes, Brüssel 1969
(zit.: Bearbeiter in: Les Novelles)

Gaudet, Michel: Rechtliche Aspekte der Niederlassungsfreiheit im Gemeinsamen Markt, in: ZHR 124 (1962), S. 66 ff.

Gericke, Hans-Peter: Allgemeine Rechtsetzungsbefugnisse nach Artikel 235 EWG-Vertrag, Hamburg 1970

Grabitz, Eberhard: Das Recht auf Zugang zum Markt nach dem EWG-Vertrag, in: Hamburg-Deutschland-Europa, Festschrift für Hans Peter Ipsen, S. 645 ff., Tübingen 1977
(zit.: Grabitz, Zugang zum Markt)

Grabitz, Eberhard / *Läufer,* Thomas: Das Europäische Parlament, Bonn 1980

Grabitz, Eberhard / *Sasse,* Christoph: Umweltkompetenz der Europäischen Gemeinschaften, Berlin 1979

Graf, Michael: Der Begriff „Maßnahmen gleicher Wirkung, wie mengenmäßige Einfuhrbeschränkungen" in dem EWG-Vertrag, Köln-Berlin-Bonn-München 1972

von der Groeben, Hans: Die Politik der Europäischen Kommission auf dem Gebiet der Rechtsangleichung, in: NJW 1970, S. 359 ff.

— EG-Wettbewerbsregeln und Wettbewerbspolitik als Instrumente der europäischen Integration, in: Wettbewerbsordnung im Spannungsfeld von Wirtschafts- und Rechtswissenschaft, Festschrift für Gunther Hartmann, S. 105 ff., Köln-Berlin-Bonn-München 1976
(zit.: v. d. Groeben, FS Hartmann)

— Der Einfluß liberaler Vorstellungen auf die Gründungsverträge der Europäischen Gemeinschaften, in: Politische Grundströmungen im europäischen Integrationsprozeß, hrsg. vom Arbeitskreis Europäische Integration, S. 9 ff., Baden-Baden 1982
(zit.: v. d. Groeben, Liberale Vorstellungen)

von der Groeben / v. Boeckh / Thiesing: Kommentar zum EWG-Vertrag, 2. Auflage, Baden-Baden 1974
(zit.: Bearbeiter in: G-B-Th, 2. Aufl.)

von der Groeben / v. Boeckh / Thiesing / Ehlermann: Kommentar zum EWG-Vertrag, 3. Auflage, Baden-Baden 1983
(zit.: Bearbeiter in: G-B-Th, 3. Aufl.)

Günther, Eberhard: Europäische und nationale Wettbewerbspolitik, in: Wirtschaftsordnung und Rechtsordnung, Festschrift für Franz Böhm, S. 279 ff., Karlsruhe 1965

Hahn, Hugo J.: Verstaatlichung und Gemeinsamer Markt, in: Langer/Hahn/Minet: Europäische und marktwirtschaftliche Aspekte der französischen Verstaatlichung, FIW Schriftenreihe 101, S. 15 ff., Köln-Berlin-Bonn-München 1982

Hallstein, Walter: Wirtschaftliche Integration als Faktor politischer Einigung, in: Wirtschaft, Gesellschaft und Kultur, Festgabe für Alfred Müller-Armack, S. 267 ff., Berlin 1961
(zit.: Hallstein, Wirtschaftliche Integration)

— Angleichung des Privat- und Prozeßrechts in der Europäischen Wirtschaftsgemeinschaft, in: RabelsZ 28 (1964), S. 211 ff.
(zit.: Hallstein, RabelsZ)

— Europäische Reden, Stuttgart 1979
(zit.: Hallstein, Eur. Reden)

— Die Europäische Gemeinschaft, 5. Auflage, Düsseldorf-Wien 1979
(zit.: Hallstein, Europ. Gemeinschaft)

Heitland, H. / *Bernhardt,* W. / *Bolka,* G. / *v. Hülsen,* H. V.: Auswirkungen unterschiedlicher Umweltschutzanforderungen auf den Kraftfahrzeugexport, in: RTW 2 (1975), S. 97 ff.

Helm, Horst: Allgemeine Schranken für die Rechtsangleichung nach dem EWG-Vertrag, in: AWD 1968, S. 453 ff.

Henckel von Donnersmarck, Graf Guidotto: Planimmanente Krisensteuerung in der Europäischen Wirtschaftsgemeinschaft. Funktion und Bedeutung des Art. 235 EWG-Vertrag, Frankfurt-Berlin 1971

Herriot, Eduard: Vereinigte Staaten von Europa, Leipzig 1930

Herzog, Roman: Zur Legitimation der Willensbildung der Gemeinschaften, in: KSE 22 (1973), S. 35 ff.

Hiehle: Bundesfinanzverwaltung und Europäische Gemeinschaften, in: ZfZ 1974, S. 322 ff.

v. Hippel, Eike: Verbraucherschutz, 2. Auflage, Tübingen 1979

Hoffmann-Becking, Gerhard: Normaufbau und Methode, Tübingen 1973

Holch, Georg: Der Deutsche Bundesrat zur Rechtsetzung der EWG, in: EuR 1967, S. 217 ff.

Houin, Roger: Le rapprochement des législations à l'expiration de la période de transition, in: KSE 11 (1971), S. 778 ff.

House of Lords: Select Committee on the European Communities. Approximation of Laws under Article 100 of the EEC Treaty, London 1979

von Hülsen, Hans-Viggo / *Krämer*, Ludwig: Verbraucherschutz durch Produzentenhaftung und Garantien bei technischen Konsumgütern. Arbeitsgemeinschaft für Rationalisierung des Landes Nordrhein-Westfalen 1982

Ipsen, Hans-Peter: Richtlinien-Ergebnisse, in: Zur Integration Europas, Festschrift für C. F. Ophüls, S. 67 ff., Karlsruhe 1965
(zit.: Ipsen, Richtlinien-Ergebnisse)

— Verfassungsperspektiven der Europäischen Gemeinschaften, Berlin 1970
(zit.: Ipsen, Verfassungsperspektiven)

— Europäisches Gemeinschaftsrecht, Tübingen 1972
(zit.: Ipsen, LB)

— Diskussionsbeitrag zu Lukes, Umweltschutz und Rechtsangleichung in der EWG, in: RTW 2 (1975), S. 187
(zit.: Ipsen, Diskussionsbeitrag)

Jenkins, Roy: Harmonisierung der nationalen Rechtsvorschriften. Antwort auf eine mündliche Anfrage (EP/Dok. 345/78; Sitzung vom 10. 10. 1978), S. 111 ff., in: Amtsblatt der Eur. Gemeinschaften, Verhandlungen des Europ. Parlaments Nr. 234 / Okt. 1978

Joerges, Christian: Zielsetzungen und Instrumentarien der europäischen Verbraucherrechtspolitik, in: ZVP 1979, S. 213 ff.

Jonker, Hans: Entwurf eines Vertrages über die erste Etappe zur Verwirklichung der Europäischen Union, Dok. EP 1-940/81/rev. II

Kaiser, Joseph H.: Die im Rat vereinigten Vertreter der Regierungen der Mitgliedstaaten, in: Zur Integration Europas, Festschrift für C. F. Ophüls, S. 107 ff., Karlsruhe 1965
(zit.: Kaiser, FS Ophüls)

— Bewahrung und Veränderung demokratischer und rechtsstaatlicher Verfassungsstruktur in den internationalen Gemeinschaften, in: VVDStRL 23 (1966), S. 1 ff.
(zit.: Kaiser, Verfassungsstruktur)

— Grenzen der EG-Zuständigkeit, in: EuR 1980, S. 97 ff.

Kennet, W. Lord: Bericht über den Vorschlag der Kommission der Europäischen Gemeinschaften an den Rat für eine Richtlinie zur Angleichung der Rechts- und Verwaltungsvorschriften der Mitgliedstaaten über irreführende und unlautere Werbung, Dok. EP. 36/79 v. 10. 4. 1979

Klisch, Carsten-Michael: Die Konjunkturpolitik in der Europäischen Wirtschaftspolitik, Baden-Baden 1974

Kötz, Hein: Gemeineuropäisches Zivilrecht, in: Festschrift für Konrad Zweigert, S. 481 ff., Tübingen 1981

Kohler, Beate: Der Abgeordnete als Vertreter des europäischen Volkes? Die Demokratietheorie vor der Bewährungsprobe, in: EuR 1978, S. 333 ff.

Krämer, Ludwig: Zielsetzungen und Instrumentarium der europäischen Verbraucherrechtspolitik: Eine Entgegnung zu Joerges, in: ZVP 1979, S. 228 ff.

Kroymann, Albrecht: Die Koordinierung des Gesellschaftsrechts nach dem EWG-Vertrag, Bochum 1970

Kutscher, Hans: Thesen zu den Methoden der Auslegung des Gemeinschaftsrechts, aus der Sicht eines Richters, in: Gerichtshof der Europäischen Gemeinschaft, Begegnung von Justiz und Hochschule 27.—28. 9. 1976, S. 1 ff., Luxemburg 1976

— Über den Gerichtshof der Europäischen Gemeinschaft, in: EuR 1981, S. 392 ff.
(zit.: Kutscher, Gerichtshof)

Langeheine, Bernd: Abgestufte Integration, in: EuR 1983, S. 227 ff.

Lasok, D. / *Bridge*, J. W.: An Introduction to the Law and Institutions of the European Communities, London 1973

Lasok, Dominik / *Soldatos*, Panayotis: Les Communautés Européennes en Fonctionnement, Brüssel 1981
(zit.: Bearbeiter in: Lasok/Soldatos)

Lauwaars, R. H.: Lawfulness and Legal Force of Community Decisions, Leiden 1973
(zit.: Lauwaars, Lawfulness)

— Art. 235 als Grundlage für die flankierenden Politiken im Rahmen der Wirtschafts- und Währungsunion, in: EuR 1970, S. 100 ff.

The Law Society: Memorandum by the Council's Law Reform Committee, Approximation of Laws under Article 100 of the EEC Treaty, London 1978

Leleux, Paul: Le Rapprochement des Législations dans la Communauté Economique Européenne, in: Cahiers de Droit Européen 1968, S. 129 ff.

Lindemeyer, Bernd: Die Entwürfe des Europarats und der Europäischen Gemeinschaften zur Vereinheitlichung des Rechts der Produktenhaftung, in: WRP 1975, S. 420 ff.

Lorenz, Werner: Der Entwurf einer Europäischen Konvention über die Produkthaftpflicht, in: AWD 1975, S. 246 ff.

Loussaouarn, Yvon: L'Harmonisation du droit d'établissement, in: RTDE 1969, S. 275 ff.

Lukes, Rudolf: Umweltschutz und Rechtsangleichung in den Europäischen Gemeinschaften, in: RTW 2 (1975) S. 151 ff.

— Reform der Produkthaftung, Köln-Berlin-Bonn-München 1979
(zit.: Lukes, Produkthaftung)

Lutter, Marcus: Die Rechtsangleichung im Gesellschaftsrecht, in: Europäische Handelsgesellschaft und Angleichung des nationalen Gesellschaftsrechts, in: Arbeiten für Rechtsvergleichung 39, S. 5 ff., Frankfurt/Berlin 1968
(zit.: Lutter, Gesellschaftsrecht)

— Die Entwicklung des Gesellschaftsrechts in Europa, in: EuR 1975, 44 ff.

Maag, Andreas: Anmerkung zu EuGH, RS 74/76, in: EuR 1978, S. 56 ff.

Magiera, Siegfried: Organisationsformen der politischen Parteien auf Gemeinschaftsebene und ihre Funktion bei der politischen Willensbildung, in: EuR 1978, 311 ff.

Malangré, Kurt: Arbeitsdokument über die Vorschläge der Kommission der Europäischen Gemeinschaften an den Rat für
I. eine Richtlinie zur Koordinierung der Rechts- und Verwaltungsvorschriften über bestimmte pharmazeutische Tätigkeiten
II. eine Richtlinie für die gegenseitige Anerkennung der Diplome, Prüfungszeugnisse und sonstigen Befähigungsnachweise des Apothekers und für Maßnahmen zur Erleichterung der tatsächlichen Ausübung des Niederlassungsrechts für bestimmte pharmazeutische Tätigkeiten
Dok.EP 1-934/82 v. 4. 3. 1982
PE 77 316

Marenco, Giuliano: Les conditions d'application de l'article 235 du traité C.E.E., in: RMC 1970, S. 147 ff.

Martens, Joachim: Die Rechtsstaatliche Struktur der Europäischen Wirtschaftsgemeinschaft, in: EuR 1970, S. 209 ff.

Marx, Friedhelm: Funktion und Grenzen der Rechtsangleichung nach Art. 100 EWG-Vertrag, Köln-Berlin-Bonn-München 1976

Masclet, Jean-Claude: Les articles 30, 36 et 100 du traité C.E.E. à la lumière de l'arrêt „Cassis de Dijon", in: RTDE 1980, S. 611 ff.

Mastellone, Carlo: The external relations of the E.E.C. in the field of environmental protection, in: ICLQ 30 (1981), S. 104 ff.

Mattera, Alfonso: L'arrêt „Cassis de Dijon": une nouvelle approche pour la réalisation et le bon fonctionnement du marché interieur, in: RMC 1980, S. 505 ff.

Matthies, Heinrich: Die Verantwortung der Mitgliedstaaten für den freien Warenverkehr im Gemeinsamen Markt, in: Hamburg-Deutschland-Europa, Festschrift für Hans Peter Ipsen, S. 669 ff., Tübingen 1977

— Die Verfassung des Gemeinsamen Marktes, in: Das Europa der zweiten Generation, Gedächtnisschrift für Christoph Sasse, S. 115 ff., Baden-Baden 1981
(zit.: Matthies, Verfassung)

Mégret, Jacques: La Technique Communautaire d'Harmonisation de Législations: l'Article 100, in: RMC 1967, S. 181 ff.

Mégret/Louis/Vignes/Waelbroeck: Le Droit de la Communauté. Economique Européenne — Vol. I., Vol. V., Brüssel 1973
zit.: Bearbeiter in: Mégret/Louis/Vignes/Waelbroeck)

von Meibom, Hanspeter: Lückenfüllung bei den Europäischen Gemeinschaftsverträgen. Zur Anwendung des Artikels 235 des EWG-Vertrages, in: NJW 1968, S. 2165 ff.

Meier, Gerd: Produkthaftpflicht und Gemeinsamer Markt, in: AWD 1976, S. 201 ff.

Mestmäcker, Ernst Joachim: Offene Märkte im System des unverfälschten Wettbewerbs in der Europäischen Wirtschaftsgemeinschaft, in: Wirtschaftsordnung und Rechtsordnung, Festschrift für Franz Böhm, S. 345 ff., Karlsruhe 1965

— Europäisches Wettbewerbsrecht, München 1974
(zit.: Mestmäcker, Eur. WettbewerbsR)

Micklitz, Hans W.: Technische Normen, Produzentenhaftung und EWG-Vertrag, in: NJW 1983, S. 483 ff.

Moench, Christoph: Der Schutz des freien Warenverkehrs im Gemeinsamen Markt, in: NJW 1982, S. 2689 ff.

von Moltke, Konrad: Europäische Umweltpolitik, in: ZfU 1979, S. 77 ff.

Monaco, Riccardo: La Méthode de L'Harmonisation normative dans le Marché Commun, in: Jus et lex, Festgabe für Max Gutzwiller, S. 149 ff., Basel 1959

Monnet, Jean: Erinnerungen eines Europäers, München 1978 (Taschenbuchausgabe)

Müller-Armack, Alfred: Die Wirtschaftsordnung des Gemeinsamen Marktes, in: Wirtschaftsordnung und Wirtschaftspolitik, Studien und Konzepte zur Sozialen Marktwirtschaft und zur Europäischen Integration, S. 401 ff., Freiburg 1966

Muthesius, Peter: Euratom und soziale Marktwirtschaft, in: Ordo X (1958), S. 115 ff.

Narjes, Karl Heinz: Perspektiven der politischen Integration Europas, in: EuR 1981, S. 414 ff.

— Rechtsangleichung heute — zur Politik der Kommission. Vortrag vor dem Rechtsausschuß des Europäischen Parlaments am 10. 11 1981, Europäisches Parlament — Rechtsausschuß — Mitteilung an die Mitglieder Nr. 46/81 v. 14. 12. 1981
(zit.: Narjes, Rechtsangleichung)

Nascimbene, Bruno: Projects et Initiatives en Vue d'une Reglementation uniforme de la Responsabilité du Producteur, in: Cah. Dr. Eur. 1977, S. 371 ff.

Nelhans, Joachim: Die Freizügigkeit der Arbeitnehmer in Europa, Baden-Baden 1975

Nicolaysen, Gert: Zur Theorie von den implied powers in den Europäischen Gemeinschaften, in: EuR 1966, S. 129 ff.
(zit.: Nicolaysen, implied powers)

— Gemeinschaftsverfassung im Zeichen der Wirtschafts- und Währungsunion, in: Integration 1971, S. 90 ff.
(zit.: Nicolaysen, Gemeinschaftsverfassung)

— Europäisches Gemeinschaftsrecht, Stuttgart-Berlin-Köln-Mainz 1979

Offermann-Clas, Christel: Das Abfallrecht der Europäischen Gemeinschaften, in: DVBl 1981, S. 1125 ff.
(zit.: Offermann-Clas, Abfallrecht)

— Die Kompetenzen der Europäischen Gemeinschaften im Umweltschutz, in: ZfU 1983, S. 47 ff.
(zit.: Offermann-Clas, Umweltschutz)

Olbertz, Frank Florian: Gegenwartsprobleme der Zollgesetzgebung, in: ZfZ 1975, S. 354 ff.

Oldekop, Dieter: Die Richtlinien der EWG, Göttingen 1968
(zit.: Oldekop, Richtlinie)

— Die Richtlinien der Europäischen Wirtschaftsgemeinschaft, in: JÖR NF 21 (1972), S. 55 ff.
(zit.: Oldekop, JÖR 1972)

Oliver, Peter: Measures of equivalent effect: a reappraisal, in: CMLR 1982, S. 217 ff.

Ophüls, Carl Friedrich: Über die Auslegung der Europäischen Gemeinschaftsverträge, in: Wirtschaft, Gesellschaft und Kultur, Festschrift für Alfred Müller-Armack, S. 279 ff., Berlin 1961
(zitiert: Ophüls, Auslegung)

— Grundzüge europäischer Wirtschaftsverfassung, in: ZHR 124 (1962), S. 136 ff.
(zit.: Ophüls, Grundzüge)

Pescatore, Pierre: Le Droit de l'Integration, Leiden 1972

Pingel: Zum „Dilemma der Zollrechtsharmonisierung", in: ZfZ 1976, S. 322 ff.

Pipkorn, Jörn: Zur Entwicklung des europäischen Gesellschafts- und Unternehmensrechts, in: ZHR 1936 (1972), S. 499 ff.
(zit.: Pipkorn, ZHR 136 (1972))

— Römischrechtliches zur Rechtsfortbildung in der EG, in: Bieber/Bleckmann/Capotorti (Hrsg.): Das Europa der zweiten Generation, Gedächtnisschrift für Christoph Sasse, S. 131 ff., Baden-Baden 1981
(zit.: Pipkorn, GS Sasse)

— Das Verbot von Maßnahmen gleicher Wirkung wie mengenmäßige Beschränkungen, in: Ernst-Werner Fuß (Hrsg.): Der Beitrag des Gerichtshofes der Europäischen Gemeinschaften zur Verwirklichung des Gemeinsamen Marktes, S. 9 ff., Baden-Baden 1981
(zit.: Pipkorn, Maßnahmen gleicher Wirkung)

Prout, Christopher J.: Bericht über den Vorschlag der Kommission der Europäischen Gemeinschaft an den Rat für eine Richtlinie zur Angleichung der Rechts- und Verwaltungsvorschriften der Mitgliedstaaten über den Verbraucherkredit, Dok. EP 1—161/80 v. 25. 6. 1980

Quadri, Rolando / *Monaco,* Riccardo / *Trabucchi,* Alberto: Trattato istitutivo della Comunità Economica Europea — Commentario, Mailand 1965

Rabe, Hans-Jürgen: Das Verordnungsrecht der Europäischen Wirtschaftsgemeinschaft, Hamburg 1963

Radbruch, Gustav: Der Geist des englischen Rechts, 3. Auflage, Göttingen 1956

— Einführung in die Rechtswissenschaft, 12. Auflage, Stuttgart 1969

Rahmsdorf, Detlev W.: Ordnungspolitischer Dissens und europäische Integration, Kehl-Straßburg 1982

Rambow, Gerhard: Möglichkeiten und Grenzen der Verbraucherpolitik im Gemeinsamen Markt, in: EuR 1981, S. 240 ff.

Rasmussen, Erik: Das Europäische Parlament, die nationalen Parlamente und das Prinzip der Ministerverantwortlichkeit, in: Europäisches Parlament, Europäische Integration und die Zukunft der Parlamente in Europa, Luxemburg 1975

Reich, Norbert: Rechtliche Grundlagen zur Schaffung eines Konsumentenschutzrechtes innerhalb der Europäischen Gemeinschaften, in: Europäisches Rechtsdenken in Geschichte und Gegenwart, Festschrift für Helmut Coing, Band 2, S. 441 ff., München 1982

Reich, Norbert / *Micklitz*, Hans-W.: Verbraucherschutzrecht in den EWG-Staaten, New York 1980—1982

Reich, Norbert / *Tonner*, Klaus / *Wegener*, Hartmut: Verbraucher und Recht, Göttingen 1976

Ress, Georg (Hrsg.): Souveränitätsverständnis in den Europäischen Gemeinschaften, Baden-Baden 1979

Reuter, Paul: Organisations Européennes, Paris 1965

Riegel, Reinhard: Für eine umfassende Kompetenz der Gemeinschaftsorgane auf dem Gebiet des Umweltschutzes, in: EuR 1977, S. 74 ff.
(zit.: Riegel, Umfassende Kompetenz)

— Umweltschutzaktivitäten der Europäischen Gemeinschaften auf dem Gebiet des Wasserrechts und deren Bedeutung für das innerstaatliche Recht, in: DVBl 1977, S. 82 ff.
(zit.: Riegel, Umweltschutzaktivitäten)

Röhling, Eike: Überbetriebliche technische Normen als nichttarifäre Handelshemmnisse im Gemeinsamen Markt, Köln-Berlin-Bonn-München 1972

Salzwedel, Jürgen: Grundzüge des Umweltrechts, Berlin 1982

Sasse, Christoph: Die Zukunft der Verfassung der Europäischen Gemeinschaft, in: EA 1972, S. 87 ff.
(zit.: Sasse, Zukunft)

— Die institutionelle Fortentwicklung der Gemeinschaften, in: Die institutionelle Entwicklung der Europäischen Gemeinschaften in den siebziger Jahren, in: KSE 22, Köln-Berlin-Bonn-München 1973

— Regierungen, Parlamente, Ministerrat — Entscheidungsprozesse in der Europäischen Wirtschaftsgemeinschaft, Bonn 1975
(zit.: Sasse, Regierungen)

— Integration und Verfassungsjustiz, in: Hamburg-Deutschland-Europa, Festschrift für Hans Peter Ipsen, S. 701 ff., Tübingen 1977
(zit.: Sasse, Integration und Verfassungsjustiz)

Sasse/Poullet/Coombes/Deprez: Decision Making in the European Community, New York-London-Sydney-Toronto 1977

Scherer, Josef: Die Wirtschaftsverfassung der EWG, Baden-Baden 1970

Schermers, H. G.: Besluiten van de Vertretenwoordigers der Lid-Staaten; Gemeenschapsrecht?, in: SEW 1966, S. 545 ff.

Scheuer, Hans: Aspects juridiques de la protection de l'environnement dans le Marché Commun, in: RMC 1975, S. 441 ff.
(zit.: Scheuer, Aspects juridiques)

— Aktuelle Probleme der Durchführung der EG-Gewässerschutzrichtlinien in den Mitgliedstaaten der Gemeinschaft, in: ZfU 1982, S. 65 ff.
(zit.: Scheuer, Aktuelle Probleme)

Scheuner, Ulrich: Prognose zur Fortentwicklung des Europäischen Parlaments, in: ZS f. Parlamentsfragen 1972, S. 497 ff.

Schmeder, Winfried: Die Rechtsangleichung als Integrationsmittel der Europäischen Gemeinschaft, Köln-Berlin-Bonn-München 1978

Schneider, Heinrich: Politische Willensbildung in der Europäischen Gemeinschaft, in: EA 1972, S. 653 ff.
(zit.: Schneider, Polit. Willensbildung)

Schöndube, Claus: Das neue Europa Handbuch, Köln 1969

Schricker, Gerhard: Probleme der europäischen Angleichung des Rechts des unlauteren Wettbewerbs, in: Festschrift für Konrad Zweigert, S. 537 ff., Tübingen 1981

Schumacher, Detlev: Die Ausfüllung von Kompetenzlücken im Verfassungsrecht der Europäischen Gemeinschaft, in: AWD 1970, S. 539 ff.

Schumann, Robert: Für Europa, Hamburg-Genf-Paris 1963

Schuster, Helmut-Ernst: Die EWG-Richtlinie, Frankfurt 1977

Schwartz, Ivo E.: Zur Konzeption der Rechtsangleichung in der Europäischen Wirtschaftsgemeinschaft, in: Probleme des Europäischen Rechts, Festschrift für Walter Hallstein, S. 474 ff., Frankfurt 1966
(zit. Schwartz, FS Hallstein)

— Das Markenrecht in der Europäischen Gemeinschaft — eine Zwischenbilanz, in: GRUR Int. 1981, S. 1 ff.
(zit.: Schwartz, Markenrecht)

— Übereinkommen zwischen den EG-Staaten: Völkerrecht oder Gemeinschaftsrecht?, in: Im Dienste Deutschlands und des Rechts, Festschrift für Wilhelm Grewe, S. 551 ff., Baden-Baden 1981
(zit.: Schwartz, Übereinkommen)

Seidel, Martin: Aktuelle Probleme der Rechtsangleichung gemäß Art. 100 EWGV, in: EuR 1967, S. 203 ff.
(zit.: Seidel, Aktuelle Probleme)

— Der EWG-rechtliche Begriff der „Maßnahme gleicher Wirkung wie mengenmäßige Beschränkungen", in: NJW 1967, S. 2081 ff.
(zit.: Seidel, MglW)

— Die Rechtsangleichung zur Herstellung des Gemeinsamen Marktes und der Wirtschaftsunion, in: Einführung in die Rechtsfragen der europäischen Integration, hrsg. v. Gustav Stresemann-Institut, S. 207 ff., Köln 1969
(zit.: Seidel, Einführung)

— Die Beseitigung der technischen Handelshemmnisse, in: KSE 11 (1971), S. 733 ff.
(zit.: Seidel, KSE)

— Ziele und Ausmaß der Rechtsangleichung in der EWG — Zur britischen Auffassung, in: EuR 1979, S. 171 ff.
(zit.: Seidel, Brit. Auffassung)

— Rezension von: *Winfried Schmeder*, Die Rechtsangleichung als Integrationsmittel der Europäischen Gemeinschaft, in: EuR 1979, S. 209 ff.
(zit.: Seidel, Rezension)

— Regeln der Technik und europäisches Gemeinschaftsrecht, in: NJW 1981, S. 1120 ff.
(zit.: Seidel, Regeln der Technik)

— Direktwirkung von Richtlinien, Band 14 d. Schriftenreihe des Europa-Instituts, Saarbrücken 1983
(zit.: Seidel, Direktwirkung)

Seidl-Hohenveldern, Ignaz: Harmonisation of Legislation in the Common Market and the Heritage of the Common Law, in: Journal of Business Law 1962, S. 247 ff., 363 ff.
(zit.: Seidl-Hohenveldern, Common Law)

— Rechtsakte der Organe der EWG als Mittel der Angleichung, in: KSE 11 (1971), S. 170 ff.

Sendler, Horst: Grundprobleme des Umweltrechts, in: JuS 1983, S. 255 ff.

Siegler, Heinrich: Dokumentation der Europäischen Integration, Bd. 1: 1946—1961, Bd. 2: 1961—1964, Bonn-Wien-Zürich 1961, 1964

Sieglerschmidt, Helmut: Bericht im Namen des Rechtsausschusses über die Verantwortung des Gerichtshofes der Europäischen Gemeinschaften für die einheitliche Anwendung des Gemeinschaftsrechts in den Mitgliedstaaten v. 1. 9. 1981, Europ. Parlament, Dok. 1—414/81
(zit.: Sieglerschmidt, Verantwortung des Gerichtshofes)

— Zweiter Bericht über den Schutz der Rechte des Einzelnen angesichts der fortschreitenden technischen Entwicklung auf dem Gebiet der Datenverarbeitung, Dok. EP 1—548/81, PE 70.166 endg. v. 12. 10. 1981

— Arbeitsdokument für einen Bericht über die Verantwortung der Mitgliedstaaten für die Anwendung des Gemeinschaftsrechts, Europ. Parlament, 18. 2. 1982, PE 77275
(zit.: Sieglerschmidt, Verantwortung der Mitgliedstaaten)

Simitis, Spiros: Produktenhaftung: von der strikten Haftung zur Schadensprävention, in: Festschrift für Konrad Duden, S. 605 ff., München 1977

von Simson, Werner: Der politische Wille als Gegenstand der europäischen Gemeinschaftsverträge, in: Festschrift für Otto Riese, S. 83 ff., Karlsruhe 1964
(zit.: v. Simson, Der politische Wille)

— Die Marktwirtschaft als Verfassungsprinzip in den europäischen Gemeinschaften, in: Zur Einheit der Rechts- und Staatswissenschaften, S. 55 ff., Karlsruhe 1967
(zit.: v. Simson, Marktwirtschaft)

Smit, Hans / *Herzog*, Peter E.: The Law of the European Economic Community, New York 1976
(zit.: Bearbeiter in: Smit/Herzog)

Sørensen, Max: „Eigene Rechtsordnungen“, in: Europäische Gerichtsbarkeit und nationale Verfassungsgerichtsbarkeit, Festschrift für Hans Kutscher, S. 415 ff., Baden-Baden 1981

Spinelli, Altiero (koordinierender Berichterstatter): Bericht im Namen des Institutionellen Ausschusses über den Inhalt des Vorentwurfs eines Vertrages zur Gründung der Europäischen Union, Dok. EP 1—575/83/A—C

Starkowski, Reinhard: Die Angleichung technischer Rechtsvorschriften und industrieller Normen in der Europäischen Wirtschaftsgemeinschaft, Berlin 1973

Steindorff, Ernst: Der Gleichheitssatz im Wirtschaftsrecht des Gemeinsamen Marktes, Berlin 1965

Strauss, Walter: Fragen der Rechtsangleichung im Rahmen der Europäischen Gemeinschaften, Frankfurt 1959

Strupp, Karl / *Schlochauer*, Hans-Jürgen: Wörterbuch des Völkerrechts, Band 3, Berlin 1962
(zit.: Bearbeiter in: WbVR III)

Taschner, Hans Claudius: Rechtsangleichung in der Bewährung?, in: Rechtsvergleichung, Europarecht und Staatenintegration, Gedächtnisschrift für Léontin-Jean Constantinesco, Köln-Berlin, Bonn, München 1983, S. 765 ff.

Tindemans, Leo: Die Europäische Union, Bulletin der Europäischen Gemeinschaften, Beilage 1/76

Thieme, Werner: Das Grundgesetz und die öffentliche Gewalt internationaler Staatengemeinschaften, in: VVDStRL 18 (1960), S. 50 ff.

Thorn, Gaston: Rede vor dem Europäischen Parlament am 16. 2. 1982 anläßlich der Vorlage des Arbeitsprogramms der Kommission, abgedruckt in: Programm der Kommission für 1982—1983, S. 7 ff., Brüssel/Luxemburg 1982

Ulmer, Eugen: Die Bekämpfung des unlauteren Wettbewerbs im Gemeinsamen Markt, in: GRUR Int. 1973, S. 135
(zit.: Ulmer, Unlaut. Wettbewerb)

Ulmer, Peter: Zum Verbot mittelbarer Einfuhrbeschränkungen im EWG-Vertrag, in: GRUR Int. 1973, S. 502 ff.

Vedel, Georges (Vorsitz): Bericht der ad hoc-Gruppe für die Prüfung der Frage einer Erweiterung der Befugnisse des Europ. Parlaments, Bulletin der Europ. Gemeinschaften, Beilage 4/72
(zit.: Vedel-Bericht)

Veelken, Winfried: Maßnahmen gleicher Wirkung wie mengenmäßige Beschränkungen, in: EuR 1977, S. 311 ff.

VerLoren van Themaat, Pieter: Die Rechtsangleichung als Integrationsinstrument, in: Zur Integration Europas, Festschrift für C. F. Ophüls, S. 243 ff., Karlsruhe 1965
(zit.: VerLoren van Themaat, in: FS Ophüls)

— E.E.G.-richtlijnen betreffende discriminierende aankoop-politik overheidsinstellungen, discriminierende prijsvorschriften en andere maatregeln van geligke werkung als kwantitatieve invoerberperkingen, in: SEW 1970, S. 258 ff.

— La libre circulation des marchandises après l'arrêt „Cassis de Dijon", in: Cah. Dr. Eur. 1982, S. 123 ff.
(zit.: VerLoren van Themaat, libre circulation)

Vignes, Daniel: 43—100 et 100/235, in: Studi di Diritto Europeo, Festschrift für Ricardo Monaco, S. 809 ff., Mailand 1977

Vogel, Hans Jochen: Die Europäischen Geimeinschaften auf dem Weg zur Rechtsunion, in: NJW 1977, S. 977 ff.

Vogelaar, Theodore W.: The Approximation of the Laws of Member States under the Treaty of Rome, in: CMLR 1975, S. 211 ff.

Vygen, Hendrik: Ergänzung des EWG-Vertrages im Hinblick auf eine europäische Umweltpolitik, in: ZRP 1974, S. 58 ff.

Wagner, Heinz: Grundbegriffe des Beschlußrechts der Europäischen Gemeinschaften, Köln-Berlin-Bonn-München 1965

Walker-Smith, Derek Sir: Rede vor dem Europ. Parlament. Debatte über die Harmonisierung der nationalen Rechtsvorschriften am 10. 10. 1978, Amtsblatt der Europäischen Gemeinschaften, Verhandlungen des Europ. Parlaments Nr. 234/Okt. 1978, S. 112 f.

Weis, Hubert: Verstaatlichungen aus gemeinschaftsrechtlicher Sicht, in: NJW 1982, S. 1910 ff.

Whincup, Michael: Product Liability Laws in Common Market Countries, in: CMLR 1982, S. 521 ff.

von Wogau, Karl: Zwischenbericht über die Beseitigung der technischen Handelshemmnisse in der Europäischen Gemeinschaft, Europäisches Parlament, DOK. EP 1—440/80, 1. Oktober 1980

Wohlfarth/Everling/Glaesner/Sprung: Die Europäische Wirtschaftsgemeinschaft — Kommentar zum Vertrag, Berlin-Frankfurt 1960
(zit.: Bearbeiter in: Wohlfarth-Everling u. a.)

Zuleeg, Manfred: Die Auslegung des Europäischen Gemeinschaftsrechts, in: EuR 1969, S. 97 ff.

— Das Recht der Europäischen Gemeinschaften im innerstaatlichen Bereich, Köln-Berlin-Bonn-München 1969
(zit.: Zuleeg, Recht der Eur. Gemeinsch.)

— Diskussionsbeitrag, in: KSE 11 (1971), S. 763 ff.
(zit.: Zuleeg, Diskussionsbeitrag)

— Die Anwendbarkeit des parlamentarischen Systems auf die Europäischen Gemeinschaften, in: EuR 1972, S. 1 ff.
(zit.: Zuleeg, Parlament. System)

— EG-Richtlinien auf dem Gebiet des Wasserrechts und die innerstaatlichen Auswirkungen, in: Zeitschrift für Wasserrecht 1975, S. 133 ff.
(zit.: Zuleeg, Zeitschrift f. Wasserrecht)

— Gedanken zu einer Europäischen Union, in: ZRP 1976, S. 118 ff.
(zit.: Zuleeg, Gedanken)

— Der Verfassungsgrundsatz der Demokratie und die Europäischen Gemeinschaften, in: Der Staat 1978, S. 27 ff.
(zit.: Zuleeg, Demokratie)

— Die Wirtschaftsverfassung der Europ. Gemeinschaften, in: Ernst Dürr u. a.: Wirtschafts- und gesellschaftspolitische Ordnungsprobleme der Europäischen Gemeinschaften, S. 73 ff., Baden-Baden 1978
(zit.: Zuleeg, Wirtschaftsverfassung)

Zweigert, Konrad: Europäische Zusammenarbeit im Rechtswesen, Tübingen 1955
(zit.: Autor in: Zweigert, Europ. Zusammenarbeit)

— Grundsatzfragen der europäischen Rechtsangleichung, ihrer Schöpfung und Sicherung, in: Vom Deutschen zum Europäischen Recht, Festschrift für Hans Dölle, Band 2, S. 401 ff., Tübingen 1963
(zit.: Zweigert, FS Dölle II)

— Das große Werk Ipsens über europäisches Gemeinschaftsrecht, in: EuR 1972, S. 308 ff.
(zit.: Zweigert, Rezension)

FSC
www.fsc.org
MIX
Papier | Fördert gute Waldnutzung
FSC® C083411

Kolibri 360 GmbH
Ferdinand-Jühlke-Straße 7
99095 Erfurt, Deutschland
produktsicherheit@kolibri360.de

Druck:
CPI Druckdienstleistungen GmbH
im Auftrag der
Kolibri 360 GmbH
Ferdinand-Jühlke-Str. 7
99095 Erfurt